無宗教亡国論

宗教はなぜ必要か

宇野弘之

国書刊行会

序に寄せて

今日の社会は物質的には何一つ不自由のない、実に豊かな社会になったが、何か現代人は心の拠りどころ、心の糧を持たないが故に、精神的に弱い人間であるとよく言われる。

科学には理解を見せるが、宗教というとアレルギーを有する人たちもいるようである。果して仏教は現代人を救済することができるのであろうか。地球規模の温暖化、二酸化炭素の削減問題、人類生存の危機、地上では心病む人が日々増加し、幼児虐待や家庭内暴力、引きこもり等々、社会問題は山ほどある。

一方、超高齢社会の日本においては、老病死の人生行路にあって生きられる時間、すなわち寿命・人生の終焉・人間の死と葬儀は避けて通れぬ不二の関係となっており、葬儀を回避できぬ現実もある。

それ故に寺院のあり方、社会貢献が願われ、仏教寺院の社会的役割を考えさせられる。

現代社会は一体どんな社会であろうか。二十一世紀社会のありのままの姿の把握が求められている。現代仏教の役割を知るためにも、まず現代社会の問題点、社会病理学的諸現象をありのまま理解する必要があるようである。そしてそこから、宗教はなぜ必要かという問題の所在、解決の糸口も顕現するのではなかろうか。

二十一世紀という現代社会における社会病理の実態把握に臨んだところ「三つ子の魂百までも」という人間の成長段階にある子どもの育て方、養育のメカニズムに現代社会の世相を反映した諸現象の根源があることが明確になった。

宗教不要論に応えて、宗教はなぜ必要かという哲学的思索を試み、宗教的実存を求道してみると、信仰心のない無信仰こそが自らの生き方を見失わせているばかりでなく、アイデンティティーの形成不全が無信仰亡国論を語らざるをえない諸現象を発生させ、病根となっている事実をも発見することになった。

現代史に至る史実には、明治政府の宗教政策、廃仏毀釈と天皇制国家復古神道に立脚する神道の国教化・国体護持・神州不滅を叫び、聖戦完遂を呼号し、戦争に国民をかりたてた誤った国策が存在し、戦争という悲劇が自業自得の現代史を形成し、今日なお尾を引き、影響を与えている。

本稿は、宗教はなぜ必要かという宗教哲学者の問答でもあり、なるべく筆者の言葉で語るように心がけている。

浅学非才な点はご指導いただければ幸いである。

平成二十三年二月

小雪舞う自坊阿弥陀寺書斎にて之を識す

目次

現代病理社会の背景

二十一世紀社会に生きる子どもの育て方

宗教はなぜ必要か——宗教不要論に応えて

二十一世紀という時代社会

現代の日本はどんな時代社会を迎えたか

私たちの住む二十一世紀という時代は、一体どんな社会なのであろうか。

経済を国策として見事に戦後復興をとげ、今日コンピュータ社会となったわが国は、リーマンショック以降の世界不況の風も吹いたが、先輩たちの努力のお陰もあって、いまだ恵まれた現代生活をエンジョイしつつある。

アメリカの影響下、能力主義が一般化し、オートメーション・ロボット化、エレクトロニクス等の発達により、国民総生産が一挙に増大し、国民の経済水準は飛躍的に向上した。めざましい技術革新により高度産業社会、情報化社会、管理社会を迎えて、皮肉にも高度な社会の中で「人間疎外」に悩まされているようにも見える。

平和が続き、社会が安定し、経済的繁栄をとげたこの社会に生きる現代人に、なぜであろうか「心病む人々」が増えつつある。

正論としてよく言われることは、戦前は皇国の発展という大義・目標があり、たとえ誤った方向であっても、強い力で人々がその方向に動き、そして大きな流れに従い、その目標に添うことで安心を得、生き甲斐を感じていた。ところが第二次世界大戦の敗戦により、個人主義的、民主的かつ平等な社会が誕生した。統一された国家的目標は失われて、私たちは目標が多様化した自由な社会に生きることになった。

経済的な繁栄を目指し、その目標がかなえられると、経済的には豊かな社会の中で何を目標として生きたらよいのかわからない人々が現れ、シラケ、アパシー、モラトリアム等の流行語や新人類を生み出した。

国民に共通の統一された価値観が消滅し、自由になり、多様な人生を選択する機会が多くなった。自らの主体性と生き甲斐を、自ら発見せねばならぬ状況下で何を選択したらよいのか、どのような生き方をすればよいのか等々、不安を増大させることになった。自由に呪われ始めたのである。

管理化され、ますますコンピュータ化が進む多様化した社会の中で、目標選択に迷い、そして無気力傾向を伴う人格を生み出し、目標喪失性の不登校、家庭内暴力、学校内暴力等を発生させ、現代社会は精神的基盤が失われた不安な時代を迎えることとなった。

そのような今日、仏教の思想と救済実践はどのように応えねばならないのであろうか。

歴史あるわが国には寺が多く存在し、しかしながら必ずしもそれが生きた仏教になっておらず、生活の基盤に「宗教的なものが何もない」という根本的な欠陥や、仏教の無力化の指摘を受けている。

宗教とは、自己の内に絶対的なものとのつながりを自覚することで、永遠の生命に生き、それに生かされていること、自己の内にあらゆるものを超えた、生死をも超えた不動の核心が与えられ、超越的なものを自覚する智慧を身につけることであろう。しかし、現代社会には人生における宗教的模索が明らかに欠如している。

無信仰がはびこり、人間の形成過程に空白が生じ、宗教教育の不在もあって、生きた信仰活動、創造的な知慧が見られない。その意味では現代は危機的状況にあるのではないだろうか。

多くの家庭に宗教が生き、「ありがたい」「もったいない」という宗教的情操教育が行われ、報恩・謝徳の心が育てば何よりであるが、家庭教育そのものがすでに壊滅に瀕している。社会そのものに精神的基盤の消失が見られ、砂漠化していると言われる。

私たち人間は、有限的な存在であるが希望に向かって生きるものである。私たちはある目標を立て、価値意識を持って事物にかかわる。私たちは有限な志向の体系として存在している。その志向において常に希望に動かされ、意味と価値の世界、自分自身の生と存在に意味を認めることでのみ生きることができるのではなかろうか。

そのことを教える宗教の智慧が現実との接点を失って、現代の人々の要求に応ずる力を発揮しえず、人々の要求が空《くう》に放散されざるをえなかったらどうであろうか。

人々が最期の落着き場所を見つけようと望むのは、今のような時代には当然ではなかろうか。

かつて精神的基盤となっていた仏教や儒教は、なぜか現在生きた力になっておらず、その意味では宗教心に欠けた二十一世紀社会と言わざるをえない。

信仰心が失われ、精神的基盤を喪失し、物質偏重化した「心」不在の現代社会であるからこそ、社会病理学的諸現象が現れる。母親の首を持って警察に出頭する高校生や、親、友人、大切な家族の命に畏敬の念と思い遣りを抱かぬ猛獣以下の恐ろしい人面獣心の人間が街を歩きまわり、人を襲う。誠に悲惨で悲劇的な社会現象が顕現している。

現代日本社会の精神的基盤の喪失という根本的な欠陥、精神的な空洞、家庭における宗教教育の不在が、社会生活を危機的な状況に追い込むことのないように現実を見つめ、宗教の役割、信仰心の復興を祈念すべきである。それが仏教の社会的役割であろう。

テレビの普及に伴う情報化が商業主義と結びついて、人々の自己内省力を弱め、子どもの人格形成にも良からぬ大きな影響を与え、テレビゲームや携帯電話のメールに夢中になる子どもたちが増えている。魚やおたまじゃくし、ザリガニを採り、カブトムシ、クワガタを見つけ、自然の中で子どもらしく走りまわるような自然学習は次第に忘れられ、テレビ中心の商業主義や知識偏重の競争教育などが、青少年の心にも大きな影響を与えているのではなかろうか。

家族関係や家庭の意識も希薄化し、核家族化し、家庭内の人間関係が変わりつつある。女性の社会進出に伴い母親のあり方も変わってきた。現代社会における家族構造の変化と歪みが、さまざまな社会病理学的現象を生み出す原因をつくっているのではないだろうか。家庭は、現代人の心のやすらぎの場であり、憩いの場でもあるはずだ。

現代社会には物が氾濫し、物質偏重の社会と言われて久しい。物質の大切さは申すまでもないが、物質の豊かさのみでは人間生活は充分でない。つまり、人間には精神、心の発達があり、精神生活が必須であり、心身一如の生活こそが人間生活の真髄である。信仰心が薄れ、心の拠りどころを持たない現代人は脆く、くずれやすく、壊れやすい。

弥陀の五劫思惟の願をよくよく案ずれば、
ひとへに親鸞一人がためなりけり。
（『歎異抄』）

信仰心や心の拠りどころを持った人間の存在は、信仰心を持つがゆえに精神的にも安心立命を得、強固である。容易には壊れない。

物質偏重、経済重視、信仰心を大切にせぬ現代人の生活が続くならば、今後ますます「心の病」にかかる人が増え、歪んだ社会を拡げることになろう。

現代は価値観も多様化し、人生の目標や生きがいが見出しにくい時代である。

機械文明が高度化し、社会機構が巨大化して、個人が管理社会や官僚体制の一つの「歯車」にすぎなくなっている。人間関係においても満足感が得られにくく、世の中に役立っているという生の実感が乏しい社会になりつつある。

家庭における親子間の人間関係、とりわけ病的性格形成に対する家族力学の影響、現代社会における家庭内での親のありかた等の特色を見てみると、家庭内にあって主権的人物を中心とした服従的依存関係がしばしば見られる。家庭内の相互の人間関係が自我独立の育成に対して支持的、許容的でなく、自我独立の育成土壌に乏しく、逆の立場から見ると、自我独立にふさがる障壁となって、心の病を誘発する家庭とも言えるのではないだろうか。

心の病の発症は、幼時、ことに乳児期に両親の愛情を受けなかったため、孤独的、内閉的な傾向を持つことになり、他人の愛情を受け入れることができにくい病態であり、「乳幼児期に両親の感情欠乏を経験している」とよく指摘されている。乳幼児期の両親の不和、両親との別離、両親の性格異常による排斥的態度など、生後間もなく両親の不和からほとんど母性的愛情を受けず、食事も不充分で、栄養不良になったりした人に発生しやすい。

慢性の統合失調症にかかった人は、肉親に対する温かい感情、友人との友情感を失い、学業や自己の職業への興味をも喪失し、自分一人だけの主観的な世界に閉じこもる傾向を示す。社会性を喪失する病者は、急激な人格の変化、厭世感等を経験し、外界の夢幻的、錯覚的な容態を自覚する。疾病の進行とともに人格に統一性がなくなり、まったく脈絡のない思想や行動が衝動的に現れ、社会的現実からの逃避過程にある。統合失調症の人には、一般に病前から非社交的、内閉的な性格の人が多いと言われる(1)。

うつ状態では「漠然たる空虚感」「何を見ても、何をしても興味がない」「世の中が何となく面白くない」と訴えることが多い。うつ病者は、よく自殺念慮を伴う厭世感、すなわち「生きているのがいやだ」「死にたい」と訴えることが多い。決断力がなくなり、仕事に対する積極的な関心がなくなり、能率の減退、思考力・記憶力の減退等を訴える。将来への不安、過去の出来事に対する悔恨を主とする無用な考えが浮かんで困るという。劣等感が強くなり、他人が皆自分よりえらく見えるので人に会うのが苦痛になり、引っ込み思案になる。熟眠感の消失、就眠困難、早朝覚醒、朝早く目が覚める等の不眠も見られる。あるいは眠りすぎる、昼間も眠くぼんやりする過睡眠型もある。

全身倦怠感、疲労感、心臓や消化器系統の不調、頭痛等の種々の身体症状が見られる。病状がさらに進行すると心気的な訴えが心気妄想の形をとり、罪業妄想、貧困妄想が現れ、苦悶不安感を伴う自殺念慮が繰り返し出現し、高度の不眠が持続したりする。「気のせいだから元気を出せ」という励ましは、症状を悪化させる場合が少なくない(2)。

〔注〕

(1) 村上仁『精神病理学論集二』みすず書房、一一四頁、一九七一年。

(2) 同、一三二〜一三六頁。

高齢化の波

毎年、敬老の日を迎えると「長寿国日本」に関する話題に花が咲く。

定年を迎える六十五歳以上の人を高齢者ととらえるのが一般的であるようだが、六十五〜七十四歳を「前期高齢者」、七十五歳以上を「後期高齢者」と二期に分ける説もある。その六十五歳以上の高齢者人口が、二〇〇六（平成十八）年は前年より八十三万人増え、二、六四〇万人で総人口に占める割合は二〇・七%に達したという。二〇%を突破している国は欧米にもなく、文字通り世界最高水準の長寿国、日本であることは、間違いないようである。

ちなみに七十五歳以上の「後期高齢者」は、前年より五十四万人増え、一、二〇八万人となり、六十五歳以上七十四歳以下は二十九万人増の一、四三二万人というから、七十五歳以上の人口の増加が目立つ高齢者人口世界最高水準というわけである。

高齢社会、高齢化の波、その視座から社会を眺めると、二〇〇七年版『高齢社会白書』は、団塊の世代が六十五歳になる二〇一二（平成二十四）年には、三、〇〇〇万人を超える高齢社会が到来し、総人口に占める高齢者の割合である高齢化率は、二〇〇六年十月一日現在、二、六六〇万人と前年より九十三万人増えて、二〇・八%となり、日本社会は、世界で類をみない高齢社会を迎えるという。

このように日本社会は、高齢者が二〇%以上、障害者が人口の一〇%近くともいえる状態にあり、その対策のためには専門的な智慧と施策が必要となろう。

現代人の私たちは「主体性の喪失」から精神病理学の領域に漂うことが多い。とすれば、青年期には自分が心から行いたいこと、好きなことを発見し、日々が生きるに値する人生行路となるように生き甲斐や生きる意味を発見し、目標に向かって不退転で努力する、そういう生き方を見つけ、実践することが大切であろう。

健全な精神と身体を持ち、主体的に目標に向かって生きること。そのために生き、そのためであったら死ぬことができるような真理を発見し、主体的に生きることができるならば、人間は何と幸福であろうか。

しかしながらその人間は一体何歳まで生きられるのであろうか。

厚生労働省が、敬老の日を前に、二〇〇六年九月十五日に発表した全国の百歳以上の高齢者数は、昨年より二、八四一人増えて、二万八、三九五人というから驚きである。女性がやはり長生きで、二、四七〇人増の二万四、二四五人で、八五%を占め、男性は三七一人増え、四、一五〇人で、人生五十年として人生計画を立て、生活してきた団塊の世代は考えを改めねばならないであろう。

都道府県別に見ると沖縄が五、四三七人で、三十四年連続の一位である。高知、島根と続く。最下位は埼玉県、次点は千葉県であり、日本列島西高東低の傾向にあるという。長寿日本一は百十三歳の女性であり、男性も百十歳と善戦している。

平均寿命は男性七八・五三歳（世界第四位）、女性八五・四九歳（二十一年間連続世界一）である。わが国では高齢者の自殺が死亡原因として浮き彫りになっており、生き甲斐や心の拠りどころ、家族や社会の思い遣りも重要になっている。その長寿少子化社会、日本の今後はどうなるのであろうか。

どこまでも推測であるが、国立社会保障・人口問題研究所によれば女性が生涯に産む子どもの出生率は一・三九から一・二六に低下傾向と予測し、人口減少が加速する。

総人口は、二〇四六（平成五十八）年には一億人を割り込み、二〇五五年には八、九九三万人に減少、と同時に六十五歳以上の老人が、人口の比率に占める割合が四〇・五％、つまり五十年後には四割がお年寄りの社会、超高齢化社会に突入するという（朝日新聞、平成十八年十二月二十一日）。

少子化対策を国も進めることになろうが、まさに若者の少ない少子化社会到来の推計である。

親和力喪失の現代

近世以降、現代に至る人間の社会は、科学的な見方や知性的な見方が支配的になり、宗教的見方や展望は失われてきた。宗教は無力化し、信仰心の欠如により人々の精神的な荒廃が拡がりを見せ、人間の分裂状態がテンポを早め、人間の存在と社会そのものの危機的な状況と様相を生み出している。

宗教的な形跡すら人間の心から失われ、人間としての本質が失われ、人格に分裂や歪みを生じ、統合を失いつつある。親和力の喪失が顕著である。

人間は、信仰心により真に自分自身になり、人間が人間になる道、究極的で本質的な自分自身になれるという発見があり、自覚、目醒めも生じ、人生の最も根本的な魂の根源に触れることができる。

その意味では、人生には「宗教的実存」そのものが大切であり、根本的に存在を把捉することで本当の人生を生きることになる。死や虚無の克服・超克も、宗教的叡智なしでは解決不可能であろう。

大切な家庭内における親子、兄弟、夫婦、友だちとの良き関係、人と人との関係が正常に働かず、毎日のように悲惨な事件がテレビや新聞の三面記事をにぎわし、見聞きしたくないような人命軽視の殺人事件に、一体世の中どうなっているのかと深い危惧を覚える。

原因のいくつかを考え正視して見ると、思想や情意のうえで自分の意見を押し通す、我をはる、我執、永遠不滅の自我が実在すると考え、執着する主我性にあるように思える。自分だけ良ければという自己主張が心の中でとぐろを巻き、親しみ、相互に仲良く睦み合う親和力を打ち消す。怨恨の情、ルサンチマン[1]に支配され攻撃を始め、無知なる怨念の情が病根となって、残虐な事件が現象として現れる。

人間としての真の心がなく、人間としての核となる「感謝の心の不在」が社会問題を誘発し、悲惨な人間社会、人間分裂の時代の危機を発生させるのではなかろうか。お世話になった人への感謝・報恩という人間の謝徳・報恩の道、感謝の心は皆無である。

信仰心の欠如が、いろいろな形をとって現象として現れ、毎日の新聞記事、テレビ映像をにぎわしている。母親が子どもを産み落とし駅のロッカーに放置したとか、子どもの虐待、ドメスティックバイオレンス、親殺し、子殺し、友人殺害、お金めあての夫や友人の殺害等々。このような現代人のあり方は、宗教心の欠落に根本原因があるとしか考えられない。

人間の尊厳、信じあえる家族愛、人間相互間の信頼が重要なのであるが、それらが失われ、索漠とした、牙をむき出した猛獣的社会の訪れが現実となっているように思える。平和そうな社会の影に展開する殺しあい、戦争とも言えよう。

〔注〕

（1）ルサンチマン（ressentiment）はフランス語。怨恨、憎悪、嫉妬等の感情が反復され、内攻して心に積っている状態を意味する。

牙をむく人間たち

私たちが今、家族や友人、人々と生活するこの日本の現代社会はどのような人が住む社会なのであろうか。

日常生活に新聞やテレビは今や欠かせない。目にする朝刊、テレビは繰り返し現代社会の悲劇や事件を放映する。親が子どもを虐待し、殺害してしまう。子どもが親を殴り殺す。庖丁で刺し殺す等々。妻が夫を酒瓶で殴り殺し、しかも身体をバラバラに刻む。遺体は道路や空き地に遺棄する。兄が妹をなぐり、風呂の水につけて息の根を完全に止めて、体をバラバラに切断し、押し入れに隠し、平然と隠蔽を図る。見聞きしたくない残虐な殺人事件が頻繁に繰り返しニュースとして映像に映し出される。

一体、日本の社会はどうなってしまったのだろうか。親子、兄弟姉妹、夫婦、親戚、友人関係は、一体どうなっているのか。怨念に支配されていると思わざるをえない歪んだ人間関係に身震いし、寒さを感じ、震えあがるのは果して筆者だけであろうか。

日本の現代社会は、身体が病むのと同様に社会が種々の病理に病んでいるのではなかろうか。家族（家族問題、家族の解体、核家族化）、学校、地域、職場の病理、古き良き時代とは違う現代の歪みが、人間関係や生活の亀裂を生み、病理的な症状を起こしてはいないか心配である。

戦後、わが国は経済を柱に復興し、豊かな時代を目指し、焼け野原と化した索漠とした大地から、先輩たちの努力のお陰で経済大国日本と言われるような豊かな黄金の国を形成した。資本主義はある意味で、弱肉強食の競争社会である。そのため弱者が犠牲となる。そこで、その資本主義の欠陥を補充すべく福祉政策が実施され、弱者への思い遣り、救済も政策・制度として行われ、福祉国家としての社会充実もかなり進んできた。思い遣り国家である。なのに皮肉なことにこの豊かな社会が、人間としての大切なものを見失わせ、本当に大切な精神や心を喪失させてしまったかのように、今日も生命軽視の殺人事件や残虐な犯罪が横行している。

このように戦後復興の中で、「大切なものが失われた」と言わざるをえない状況がある。生命への畏敬、人間の尊厳、宗教哲学的基盤が社会から失われ、経済大国は砂上の楼閣と化したのではあるまいか。このような生命軽視の現象が今後も続いていくのであれば、世直しの方法、応病与薬の方法は存在するのであろうか。

二十一世紀の人間社会は、生命軽視の社会であることを悲嘆述懐し、命を尊び、生命への畏敬が求められねばならない。

生命が軽んじられる社会の背景にあるものは何か。人間が物質文明やコンピュータ社会の中で即物的になり、宗教的精神や天地自然、父母・兄弟・祖父・お世話になった人への恩恵・感謝の心を忘れ、信念や哲学を持たず、人々を敬う崇敬の精神・思い遣りの精神が欠如し、姿かたちこそ人間の顔をしているが、大切な人間としての精神を失っているからではないか。お世話になった人に「ありがとう」という感謝・報恩の誠を持たず、不平不満、恨みつらみの人生が骨髄に徹し、人間を猛獣化させてしまっているのではなかろうか。

現代社会の危機

現代社会はどのように危機的状況なのであろうか。

仏法が衰え、道義、人の踏み行うべき正しい道が廃れた末法の時代、末の世、末世ではないかとよく言われる。

世界の終末をめぐるキリスト教の神学思想にも、世の終わり、終末論（eschatology）という信仰の教説があり、最後の審判によるキリストの再臨等が知られているが、仏教で言う末世の意味は、仏法の廃れた世の中、乱れた世の中のことである。乱世の結末はどんな危機的状況を生み出すのか。末法思想は、仏教の歴史観である。

釈尊の入滅後を三期に分けて、始めの五百年間、または千年間は正しい仏法が行われていたとされる時期、すなわち教法がまだ存在する「正法」の時代である。信仰が次第に形式に流れるとされた時期、「像法」の時代が訪れ、そして「末法」の時代に入る。末法の時期は、仏教が廃れ、教えのみがあって、行ずる人、実践し悟りを得る人がいない。

仏法が衰えて教行証のうち教法しかなくなり、修行も悟りもない濁世となる。約一千年間または一千五百から二千年間は末法の時期にあり、一〇五二（永承七）年がその始まりであると考えられていた。当時の社会不安と相まって平安時代末から鎌倉時代は、末法観が流行した。

その末世の歴史観が鎌倉新仏教の出現、浄土教の顕現につながったことは否めない。末世の社会不安により、新仏教の誕生ルネサンスを迎えた史実がある。

繰り返すが、現代社会は何か大切なものが忘れられ、道義が廃れ、乱れた世の中ではなかろうか。そして、現代社会は危機的状況にありはしないか。

その問題の第一は、哲学でよく語られる「人間疎外」である。

人間疎外という現代の問題は、人間が「もの」としてとらえられていて、本来の自分自身に無関知の関係に立たしめられ、よそよそしくして近づけない状況を言い、人間が自分自身を人間にする、そして人間になる、そういう道が閉ざされた状態である。そのため、問題の解決法は、人間が本当の自分自身を人間としてつくっていくこと、有機的に生きていくだけでなく、生きたものの関係を回復するという、本当の人間になる回復過程とも言えるだろう。

親子の関係が本当の人間関係になっておらず、親殺し、子殺し、怨念・執念・遺恨を原因とした家庭悲話・崩壊等、知恩・報恩の誠による親子関係でなく、育ての恩を忘れた忘恩の人となり、年老いた両親の面倒も見ず、後継ぎは財産のみを搾取しようと考える。親孝行を考えぬ若い世代との断絶、それも人間疎外の姿であり、人と人との関係が本当の人間関係になっていない現代社会の証左とも言えるだろう。

人間が本当の人間になった時には、親子関係にも慈悲心や人間愛に裏打ちされた深いつながりができるはずである。また、友人もともに生きる（being together, togetherness）、大切な存在になるであろう。

友人を池に落として殺害するというのは畜生道（人に値しないもの、けだもの）であり、人間の道ではない。親子関係、夫婦関係、兄弟関係が断絶してしまうというのは、人間疎外現象にほかならない。存在と存在を結ぶ絆、根源の喪失が現代の問題としてありはしないか。

人間の踏み行うべき正しい道、道義が廃れ、何か大切なものを忘れて乱れたこの二十一世紀を嘆き憂い、心を痛めているのは筆者だけであろうか。実に嘆かわしい。

人間疎外、人間性の喪失には、応病与薬、人間回復の道があるはずである。

大切なものを忘れた日本人

現代社会は、昔に比べ物があり余り、何の不自由もないありがたい社会である。それは、先輩たちが築いてくれた汗水の結晶としての豊かな時代の到来であり、先輩たちが願ったのは、心身ともに充実した幸せな豊かさではなかったか。

戦後育ちの私たちも決して豊かな日々ばかりに生きてきたわけではない。「欧米に追いつけ、追い越せ」「貧乏だけは嫌だ！」と心に叫び、実感を持って豊かさを模索し、希求したのではなかったか。「本当に貧乏だけはしたくない、勘弁してほしい」と心に願った日々を忘れてはいない。

飽食でない時代には、お寿司一つだって高級なものであった。決して贅沢三昧の時代ではなかった。それでもその時代の日々も、それなりに楽しかった。わずかなお小遣い銭も上手に使い、庭の柿の木に登って柿を採り、アメリカザリガニを田んぼで泥んこになって獲り、貧しい時代の庶民生活にも楽しい思い出、記憶がいっぱいある。

本当にお金はなかった。経済力が充分でないのに、よく親は、東京の大学に遊学させ、教育を通して智慧を身につけさせてくれたと思う。東京の公害もすごかった。この貧しさだけは、克服せねばならぬと誓った。魂に逞しさを与えてくれた。「今に見ていろ、僕だって」と、歯を食いしばって豊かさを願った。

東京オリンピックがあり、新幹線や首都高速道路を始め各地に高速道路も整備され、高度経済成長も手伝い、生活は年々歳々豊かになり、日本は経済大国になったという言葉を耳にし、気がつけば、舶来物のコンプレックスからもぬけられていた。このような時代の思いは、筆者だけの生活実感ではないと思う。

物があり余り、氾濫する物質偏重の社会、その豊かな社会は、国の施策である経済を支柱として戦後の復興を願い実現すべく、私たちも望んだ国策のお陰であり、その結実であろう。経済は、国を治め人民を救う経世済民政治である。済民の心を忘れ、物の欠乏する社会を精神論のみで解決するには無理があろう。

今日、世界で類を見ない豊かな時代を迎え、ただ一つ気になることは、物質優先社会の影に、心なき人々が大勢存在し、はびこり始めたことである。心不在社会、それは物心双方のバランスを喪失した歪んだ病的な社会の到来のことである。歪んで、いびつになり、壊れかけた人間、牙をむき出しにした、正常な働きを失った多くの人間を生み出し、社会は蠢動し始めている。

日本人の宗教観をテーマに、読売新聞社が年間連続調査を行い、二〇〇八（平成二十）年五月三十日に公表したが、宗教を信じていない日本人は七二％、信仰心のある人は二六％、そのうち二十歳代は一四％と低く、人生の夕暮れにいる七十歳以上の高齢者は四一％という状況で、これが本当ならば日本社会は淋しい限りである。

盆・彼岸の墓参り、しばし家の仏壇に手を合わすことはあるものの、信仰を持つ人は二六％と少なく、七〇％以上の人たちが無信仰、無宗教と回答している。お世話になった人に感謝・報恩の心がなく、「ありがとう」とも言えない生活者ばかりなのであろうか。一体七〇％以上の人たちが無信心という社会が本当であるとすれば、それは何を意味するのであろうか。

無信仰者が大数を占める現代社会は、物質偏重の物のあふれた経済的繁栄を善しとし、大切なものを見失い、その結果、いかなる現象が日々発生しているのか見ておく必要があろう。

人間の生命を軽視し、尊い命をあやめることすら何とも思わぬ狼藉者たちが人間顔をして毎日のように犯罪を犯す、このような社会を形成したのは、一体何なのであろうか。それは戦後の情操教育の欠陥が原因であるとも言われている。

芸術、道徳、宗教等の価値を理解し、人を愛する高度で豊かな心の働き、その豊かな心の働きを育てる学校・家庭・社会の風潮、時代の風潮の中に精神的な空洞を生み出し、それが社会生活の中の宗教心を育む基盤喪失につながっているのではないだろうか。

その結果、物・お金だけが大切な価値観となり、「地獄の沙汰も金次第」という、鳥肌が立つような、聞きたくもない言葉を発する。世の風潮を風刺する言葉として口ずさむのであればまだよいのであるが、悲嘆の思いにかられる。

大切な価値は、そもそも一体何なのであろうか。

生命あるものへの畏敬であり、不殺生、生命の尊厳、人間を尊敬し思い遣る心ではなかろうか。大切なものはたくさんあろうが、人間を殺さぬ価値観、家族・友人・知人がともに楽しく生きられる共生社会、それぞれの人命や文化への畏敬、宗教心の高揚・復興は不可能ではないであろう。

人間の行為が地球環境を壊し、因果応報の結果として環境破壊を生み出す。宇宙の法則同様、今日の心不在の、信仰心の薄れた人間社会を形成するのには何か原因があるはずである。

生きる意味の喪失

戦後、経済政策を国の柱として、豊かな国家を願い、汗水を流して努力の日々を重ね、今日の不自由のない生活、暮らしができるようになったのは、日本人の勤勉さ、真面目さの恩恵であり、努力を惜しまなかった先輩たちのお陰であると、多くの人たちが感謝しているであろう。日本人は優秀な民族であり、すばらしい文化や伝統を持っている。

戦後の貧しい暮らしを思い出すと、確かに今日のように豊かな社会生活ではなかったが、そのような日々にあっても、お寺によく参詣し、日曜学校へも通い、本堂のご本尊にも手を合わせた。仏法を宝物のように崇敬し、聴聞し、心の糧として、楽しい思い出がいっぱいあった。

国民総生産（gross national product：GNP）が、アメリカに次いで、世界第二位の経済大国日本と聞き、驚きを隠せなかった。たとえGNP世界第三位であっても豊かさはありがたい。感謝の念を忘れ、合掌の生活を怠る時、なぜか心が荒む。

心の勢いが尽きて衰え、宗教的な心身の喜びが欠如して、何か大切なものを、現代人の私たちは忘れてしまったかのように見える。現実、心病む人たちは増えつつある。

地球の裏側では、繁栄の影で三分の一ともいわれる人たちが飢えに苦しみ、大勢の子どもたちが、きれいな飲料水、食物にも恵まれず、やせ細って毎日死亡している。

一方、先進国は飽食の時代、豊かさに呪われて、成人病、国民病、メタボリックシンドローム、心の病等で苦しみを増し、懊悩している。それのみならず、私たち現代人は、感謝の生活を忘れ、神社仏閣等に対して尊敬を払わなくなり、久しく無信仰の歩みを続けている人も多い。

戦後、私たちが体験した日本の学校教育は、伝統的に宗教を白眼視し、公立学校での宗教教育の禁止という憲法の明文化を背景として、無宗教的教育というよりは宗教否定の教育を実施し、日教組も手伝って、嵐に巻き込まれたかのように、左翼唯物論、社会科学思想の影響を受け、信仰心なき人々を育てあげた感がする。

人間の苦しみや悩みを解決し、人間に生きることの喜びを与えるのは宗教や哲学であり、人間の存在に究極的な解決を与えるのも宗教の働きであり、その役割であろうが、生きた人間の問題、人間を深く掘り下げて、人間の探究をしない生き方をよしとする風潮があったのではなかろうか。

人間は、独生独死、すなわちひとりひとりそれぞれ別々に生まれて、死んでいかねばならない。人間の尊さ、その価値は万人平等であるが、人生の大切な智慧、叡智の伝授を怠り、頭でっかちな、知識偏向教育を行ったのではなかろうか。

わが国は、明治以来、これまで行われたことのない神道的な宗教教育が行われた。そして昭和の半ばから一層強化され、教育勅語に加えて、神道的要素が急速かつ多重に織り込まれ、学校の行事にも、そのような教育が取り入れられ、国民を国家の危急に向かって立ち上がらせるため、国家意識、民族意識の強化が図られた。強力な神道的精神教育は、若者の心を国家主義に導き、独尊的民族優越感情を植えつけ、極めて偏った形にて、若者の心に宗教的理想の光を点じた。そして、若者たちは、民族の歴史の中に永遠なるものを発見し、死しても悔いのない生き甲斐を感じたのである。

終戦とともに、神道的精神教育と「教育勅語」が学校から排除された。

ご存じの通り、「教育勅語」は、明治天皇が国民道徳の根源、国民教育の基本理念を明示するため、一八九〇（明治二十三）年十月三十日に発布し、第二次世界大戦の終わりまで、教育の基本方針を示すものとされた勅語（天皇の言葉）である。

終戦とともに、修身科教科・科目、神道的教育、教育勅語が姿を消し、今まで精神的教育の根幹をなしていたものがすべて失われて、日本人の精神教育に大きな空洞があいたかのような状態となった。

新しい日本建設を目指し、新憲法は「信教の自由」および公立学校における宗教教育を禁止（no religion in the school）、明文化し、学校基本法は、一宗一派に偏した信仰を教室で教え込んではならないと、無宗教教育、宗教否定教育を行った。

終戦によって、教育勅語や天皇崇拝を放棄した学校教育にあっては、精神的理想が失われ、心の糧なき漂流船の状態となった。

政教分離とは、宗教を政治方針の一部に取り入れ、政治方針と一致させる祭政一致ではなく、政治と宗教の結びつきをなくし、政治と宗教を分離させるものであった。

思えば、一九四五（昭和二十）年八月十五日、わが国は、連合国に無条件降伏し、八月三十日には最高司令官、マッカーサーが厚木飛行場に降り、それ以来、ＧＨＱ（連合国総司令部）は日本軍の解体と軍国主義の排除に努め、日本の宗教についても建て直しを計った。

一九四五年十二月二十八日、宗教法人令公布（この宗教法人令は、一九五一年四月、認証制の宗教法人法に改められた）。神社神道に対する国家保護を禁じ、軍国主義、国家主義的要素の除去を命じた。そして、一九四六年一月一日、天皇の人間宣言がなされ、同年十一月三日、新憲法の公布となり、その中にうたわれたのが「信教の自由」「政教分離」の原則であった。

信教の自由は、何人に対してもこれを保障する。（憲法第二〇条）

何人も、宗教上の行為、祝典、儀式又は行事に参加することを強要されない。（同第二項）

これらの条文は、自分自身の信仰は、何人にも干渉されない。信仰は自由であり、他人からも、政府からも、指図を受けたり、強制されたりしないということであり、信教の自由の保障である。

個人的な人間価値の目醒め、信教の自由の保障は重要であろう。人間生活の究極的な意味を考え、人生の問題解決は、自身の主体的な問題ということになった。信教の自由は、布教活動の自由であり、どの宗教を信じてもよいという自由であるとともに、「信ざざる自由」でもある。

国民は、社会の安寧秩序を害さない限り、いかなる宗教を信じようとも、あるいは信じなくとも、まったく自由である。国家は、各人の信仰について、いかなる制約や干渉を加えてはならない。信ぜざる自由が、家庭教育も手伝って、無信仰者を育てることになる。「国及びその機関は、宗教教育その他、いかなる宗教的活動もしてはならない」という憲法の建前から、国家は宗教に関することに関与することができない。

憲法の公布後、約半年遅れて公布された教育基本法第九条は、「国及び地方公共団体が設置する学校は、特定の宗教のための宗教教育その他の宗教的活動をしてはならない」と、公立学校の宗教教育について述べ、「宗教に対する寛容の態度及び宗教の社会生活における地位は、教育上これを尊重しなければならない」と、学校教育における宗教の取り扱いが述べられ、公立学校における宗教的な教育の禁止が、憲法にうたわれたのである。

つまり、国家は国民に対して、信教の自由を基本的人権の一つとして保障し、国民各個人の信教の自由を保護し、自由を脅かさないように護る責任があることになった。信教の自由は、信教の奨励という意味ではなく、国民の幸福のため、欠くべからざることであったが、信ずるか信じないかすらも、個人の自由である。

宗教に熱心ならば信仰は盛んになる。国民に鋭い選択眼がなければ、奇怪な宗教が誕生し、乱立もする。その乱立も、社会秩序や治安に重要な問題のない限り、無統制、放任ということになり、国民が無関心ならば、自ずと信仰は衰えていく。

私立の学校であれば、学校の根本的な教育方針に従って、相当自由に宗教教育を施しても、信教の自由に触れることはない。学校の教育方針に賛成の人々だけが、宗教的素養を持つことが大切であるとし、私学の教育に賛同し、それを受ける。

歴史を理解し、現代の社会を正しく把握するためには、文化遺産である宗教について充分な知識を持つことが必要不可欠である。日本史は特に仏教の歴史と相関関係にあり、基礎的知識を学校にて学ぶことは最重要であろう。

教育とは人づくりであり、心ある人を育てることである。単に知識を与える知識の切り売りではなく、頭でっかち、知識偏重教育ではなく、心のこもった伝授が教育道に見られねばなるまい。

日本の文化伝統には、宗教が極めて重要な位置にある。

では、どのようにして宗教教育を展開すればよいのだろうか。

宗教というのは、それぞれの思想的見解、宗門の教義を説く教えである。言語では表示できない究極の真理と、それを人に伝えるための教えであり、自己が奉ずる教えである。宗とは、第一とするものという意味である。

ところで、人間は「一体何のために生きているのであろうか」「どう生きればよいのだろうか」という人生の根本問題にいきあたることがある。忙しい生活をしている一般の人々は、ともすれば忘れがちであり、解決もないまま忘れていることが多いが、若者にはごまかさず真摯に考える真面目さがある。人生というものの意味、生きる意味をどう理解するかは、重大な問題である。[1] 人間は何のために生き、生き甲斐とは何であろうかと。

学校は既成宗教の出先機関ではないので、宗派教育はできないとしても、積極的な人生問題への取り組みは大切であり、人生問題に処する基本的な心構えを、教師と学生がともに考える授業は、必要不可欠であろう。

私学の心ある教育と、仏壇のある家庭教育に期待したいところである。教師も信仰心を持たず、生徒も無信仰で生涯を生きるとすれば、精神生活の乏しい、精神力に欠ける日本人が生み出されるであろうことは、間違いない。

学力はあっても肝心な人として大切な叡智や心得を見落とし、家庭においても感謝・報恩の心が欠如している現代社会にあって、仏壇のある暮らしやお寺を大切にする信仰者はその豊かな心によって、社会や本人の人生を歓喜に満ちた人生にするに違いない。

現代社会は、機械文明の中の人間喪失の時代であり、マスコミ文化による自己喪失の時代とも言われる[2]。

老若男女が生きる意味を見失い、自己の支えを探しあぐね、欲求不満になり、人の命を何とも思わぬ生命軽視の人間社会を形成していて、まさに現代は危機の時代、末世とも言えるだろう。何が原因なのか。問題の所在をしっかりと見つめ、自ら信仰心の確立を願い、皆の発心を希求するが、如何であろうか。

〔注〕

（1）脇本平也、柳川啓一（編）『岸本英夫集　第五巻　戦後の宗教と社会』渓声社、一九七六年。

（2）田村芳朗『日本仏教史入門』角川選書二五、一九七七年。

青年期のアイデンティティーの形成不全

青年期は、親の庇護から離れ、職業選択も含め、これから自分がどのように生きていくかを見定める大切な時期である。本当に自分がしたいことは何なのか、人は皆模索する。アイデンティティー（identity）の形成のためである。アイデンティティーは、自我同一性、主体性、自己確認、居場所と邦訳されている。自分は一体何者なのか？　その答はそう簡単には見つからないことが多いが、自分が一体どういう人間であり、本当に何がしたいのか、そして何ができるのか、そのことがわからなくなってしまうことがある。このような状態をアメリカのE・H・エリクソンは、「アイデンティティーの拡散」と呼んだ。

そして、アイデンティティーの確立を先延ばしにしている状態を、モラトリアム（moratorium　人間の発達を可能ならしめる一定の準備期間）と呼んだ。自分が本当に何がしたいのか発見できれば、人生は楽しく、生き方も決まって有意義な日々になろう。

貫く魂の不在・無気力な人たちの存在

アパシー（apathy）は、無気力、無気力症と邦訳されている。無気力な若者のことを今日では、アパシーと呼ぶのが一般化している。一過性のアパシーが最近増え、大学生はもとより、中高生にも多発し、予備校生、専門学校生にも見られる。高校中退者、無職の青年、サラリーマン等の有職青年にも広範に見られる。プー太郎、フリーアルバイターと呼ばれる無職青年、サラリーマンでは、受身人間、新人類等もその部類と言われている。

（一）登校拒否挫折型アパシー：登校拒否は、早い人では小学校時代、普通中学校時代に始まりだらだら続く。登校拒否と母子の分離不安がよく話題になる。神経症アパシー（無気力）であり、神経症性の学校嫌いとスチューデント・アパシー退却反応者がいる。思春期挫折症候群とも言えよう。

（二）虚脱型（荷おろし型）アパシー：大学生で長期間、過酷な受験勉強を続けてきた人に見られる。やっと念願の大学に合格し、ほっとして重荷をおろした後に現れ、入学後数カ月、一年ほどたって起きることが多い。近年、高校生にも増えてきた。社会人にも見られる。一度始まるとだらだら続いて留年を繰り返し、退学になることが少なくない。就職後仕事をやめ、だらだら休んで周囲を困らせる。

(三) 怠け型アパシー：もともと勉強したり、働いたり、束縛されたりするのが嫌いな人に見られ、次第にさぼるようになり、だらだらと無気力で気ままな生活をしているタイプである。軽ければやがて通常の生活にもどるが、重ければ慢性化し、アパシーを延々と続けることになる。
(四) シンナー等の薬物依存アパシー
(五) アルコール依存アパシー
(六) 心身症等が遷延化（のびのびになってはかどらない、長びく）するアパシー
等がある。
病状発症後一年以内を初期、一〜三年の経過を中期、三〜五年の経過を後期、そして五年以上経過すると固着期と言い、退行が加わるとまったく自分の世界に閉じこもり容易には立ち直れない。長引いて慢性化するほどひどくなる。
退行度一：小児段階への退行であり、小学生に似た情緒の状態となる。母親に反発しながら甘え、物やお金をねだることが多い。ファミコン、テレビ、マンガ、プラモデルにこったり、少女っぽい、少年っぽいタレントにあこがれる。ファッションにこったり、コンサートに行ったりする。概して軽度であり、初期、中期のことが多い。
退行度二：幼時段階への退行。情緒的に幼児化し、母親に幼児のようにつきまとい、いつも自分のそばにいさせたがる。夜一緒の布団で寝たがったりする。父親を極端に嫌うのが大きな特徴であ

る。興味や関心の持ち方、言動等がすべて幼児的な特徴を示す。

退行度三：乳児段階への退行。情緒的に乳児的特徴を示す。自閉的で動かない。乳児のようにいつもそばに母親を引きつけ、母親の保護と密着を求める。母親が買物に出ようとすると大変で、不安からパニックになりかねず、母親の外出を何とか止めようと駄々をこねたり、絶叫したりする。動物の鳴きまねをしたり、赤ちゃん言葉を大きな声で発したりする。テレビはあまり見ず、自己の内面的な、単純な願望に支配されていて、学校や社会生活に関心がない。

退行度四：胎生段階。重症であり、人間的ふれあいは一切望めない。母親の胎内のように自室に引きこもって内鍵をし、外からの侵入を防ぐ。親との交流も遮断する。食事は母親にそっと運んでもらい、夜中に自室より出て食物を集め、他はこもりっきりである。昼夜逆で、昼間はカーテンを閉め、ほとんど寝ている。起きていてもぼんやりしており、まれにテレビ、ラジオ、雑誌を見る程度で「生産的な事柄」は何もしない。勉強とほど遠い状態である。

人生には夢、希望が大切である。問題は、夢、希望のない人生行路で自分は一体何を望んでいるか、明確でないことであろう。本人の夢を明らかにし、希望達成まで退転なく進む、決意ある人間として、自分らしい主体性を発見できれば、無気力の症状を脱し、人生に目標を持った人として、回復する可能性がある。本人の自己実現をどう持たせるか、ここにテーマがある。大切なのは、「自分らしさ」「自己の存在証明」「主体性の発見」であろう。問題なのは、行動の中心となるもの、自発的・能動的なアイデンティティー、人間としての自主的・能動的な態度、その「主体性」であり、それらが喪失することによって「無気力人間の誕生」「退行の精神病理学的現象」「登校拒否」「中途退学」が生じる。

「精神一到何事か成らざらん」のたとえの如く、それらは人間の魂、精神の問題であり、その図式は現代人の心の病とも関連があるようである。

中退者、登校拒否者の多くは、無為に自閉的な生活を続け、「遊び人的な生活」をしがちである。高校中退者が増える一方、大学入学後の中退者、予備校中退者、大学は卒業したものの仕事につかず、無為に無気力な生活を送っている者、特に打ち込むものもないまま、気力もないまま、フリーアルバイター、プー太郎をしている者も増加傾向にある。

これらの人に統合失調症やうつ病等の基礎疾患があるわけではなく、無気力で、時として引きこもった状態が続いている場合が多い。自己実現ができていない状態であり、建設的なことは一切考えもしなければ、行動もしない、悩まない青年期の臨床である。

(一) 無為で非生産的な毎日を送っている。
(二) 抑うつ状態でなく、無気力である。
(三) 長期に何年も恒常的に続いている。
(四) 実務を忌避し、趣味的世界にひたっている。
(五) 男性に多く、女性には少ない傾向にある。
(六) 親世代には理解できない。

（七）恵まれた世代である。激動世代の次の世代である。

これらの臨床事例の三要因を考えると、以下の通りである。

（一）本人の要因：本人の性格形成、自我形成上の問題。思春期の不安定性も手伝う。耐性欠如（困難に直面するとすぐぐまいってしまう）、対人困難、心配性、自己中心、わがままで、自己アイデンティティーが未確立である。自分がしっかりつかめておらず、深い意味の人生の目標や方向が見出されていない。

（二）家庭の要因：親の性格、養育態度、家族関係にある。

①養育態度：母親の過干渉、過保護、溺愛が多い。父親の放任、逃避傾向、過保護、溺愛、厳格、過干渉。

②家族関係：本人と母親が母子密着で過保護、過干渉に育つ。上品であるが過敏で線が細く、ひ弱である。両親に不一致があり、父親と本人が断絶している。兄弟がしっくりいっておらず、家族がバラバラである。

（三）社会の要因：学校の勉強や受験に一辺倒で人間味に欠け、面白くない。競争意識が強く息が抜けない。

過当競争等にたじろき、不安と恐れを持ち、立ちすくんでしまう。立ち向かい、乗り越える野性味に欠け、無気力、引きこもりへ傾斜していく。コンピュータが人の心を大きく変え、自らの存立基盤を危うくする重大な落し穴の構造をつくり、その穴に陥る危険もある。機械文明は生活に便利さを与えたが、その反面、機械文明のとりことなり、押しつぶされてしまう現代人の姿も否定できない。

〔**参考文献**〕
稲村博『若者・アパシーの時代——急増する無気力とその背景』ＮＨＫブックス、一九八九年。
笠原嘉『青年期——精神病理学から』中公新書四六三、一九七七年。

現代病理社会の背景

無宗教の時代

現代は、よく無宗教の時代と言われる。

信仰心の希薄な、信仰を持たない、無信心な人、親和の情に欠如した現代人が増長している。むしろ警告と受け止めるべきで、心不在社会を象徴する言葉であろう。

信仰心とは、仏を信仰して祈念する心である。人間の誠の心、真心であり、最も大切な根源的な心であろう。

現代社会における既成仏教に目を向けた時、仏教は死んでしまったのではないかとよく言われる。人々には、仏教が現代社会に真の意味で生き生きとしているとは映じていないのである。

法消えうせて伽藍あり。

広大な伽藍は、奈良、京都、地方の村、町に寺院の繁栄をもたらし、門前町を形成する。それは盛況を誇っている日本の文化のようにも思えるが、それは文化遺産、文化財としての興味に向けられていて、宗教的祈りが忘れられ、宗教的祈りを捧げる人が不在の観光寺院と化し、その状況を果たして手離しで寺院の繁栄と喜んでよいのだろうか。

文化遺産として古代、中世の寺院を賞賛するばかりで、民衆の生活史において、いかにその社会を生きる心の拠りどころとして、人々の生活にどれほど大きな生きた役割を果たしてきたか、生活と一体の宗教という視座を忘れてよいものだろうかと危惧する声がある。

日本民族の生活の中で千数百年にわたって果たしてきた仏教の役割を見過ごし、生きる苦悩の支えとして宗教がどのような役割を果たしてきたかについての関心が示されていないのではないか。

観光寺院としての条件を持ち合わせていない多くの寺は、「檀家墓地の墓守り的役割」に終始して、法要、葬儀の際寺に布施をする檀家制度に支えられている。あるいは、田舎では学校の教員や役所勤めをしつつ住職として寺に暮らす生活形態も多くみられる。

檀家制度は、江戸時代に幕藩領主がキリスト教徒禁圧のため、寺と檀家の間で契約を結ばせた経緯があり、近世のキリシタン禁止[1]に伴う宗門改制、寺請制の制定により成立している。

寺は、信仰結社的な組織によって支えられ、講的な寄合、法座が寺の経済的組織を支えている例もあった。人々がキリスト教徒であるかないかを判断する権限が全国的に寺に委ねられ、寺の住職の判断で身分差別的人事支配をとらせることになっていた。寺側としてはキリシタン改めを梃にして檀家を寺院経営の経済的基盤として組み込むようになっていく。

寺の住職の果たした役割は、幕藩領主の下級役人的役割であり、民衆の人身支配の最前線に立っていたと言われ、そのことは寺が大伽藍を築きあげることのできた所以ともなり、僧侶たちの信仰、布教の意欲を削ぐ（省く、減らす）結果ともなった。すなわち、寺院経営の基盤は確立したものの、仏教保護による「堕落」が指摘されるようになった。

近世初期に檀家制度が成立すると、僧侶の生活は一変する。戒律は、簡単な五戒すら守れない。

（一）不殺生戒：生き物を殺さない

（二）不偸盗戒：盗みをしない

（三）不邪淫戒：淫乱であってはならない

（四）不妄語戒：うそをついてはいけない

（五）不飲酒戒：酒を飲んではいけない

僧侶の律は二五〇条あり、五戒すら守れない僧侶の「堕落」が問題となった。

寛文五（一六六五）年七月、幕府は、寺院保護政策から寺院を統制してゆく形に方針を変更し、寺院中心の寺請証文（寛永十二〈一六三五〉年、キリスト教徒でないと寺が保証する寺請証文の作成を命じた）から行政中心の「宗門人別帳」の作成に全国的に踏み切る。

寛文五年を境として幕府は、檀家制度に立脚した葬祭寺院こそが寺の姿、住職の本来の姿とした。寺請制度は、民衆一人一人に寺を檀那寺として受け入れさせるものであった。

寺院経営は、分限相応にすべきで、寺に住する僧侶の数は大寺といえども住職一人と伴僧一〜二人ほどにするよう指示している。檀家墓所も大きな墓石を競わず、なるべく小規模にするよう命じている。

江戸時代の仏教が中世以前と異なるのは、中世までは仏教が外護者によって支えられていたのに対して、江戸時代は全国民が仏教徒であり、国家仏教であった。江戸時代の檀家制度は、キリシタン改めを梃にして全国民がどこかの寺の檀家となるという形をつくり上げ、生まれてくる前から葬式を行う寺が決まっているという檀那寺と葬祭檀家という寺檀関係が築かれ、葬式・仏事はすべてこの寺、菩提寺に委ねられた。その関係は今日にも及んでいる。

檀家としての宗門人別帳への登録は一家一寺の形をとったので、寺院と檀家との関係は、家の信仰、すなわち家の祖先への供養を介して結びつき、葬送儀礼を通じて古来の祖霊信仰と一体化し密着することになった。

宗門改制の廃止、寺請制度の廃止、新しい戸籍法が公布（明治四年四月）され、寺檀関係は終結しても実態的な檀家と寺院との関係はほとんど変わることがなかった[2]。

日本人は古代以来その生活の支えとして宗教を信じてきた。民衆の生活に密着した信仰、中でも仏教は長い間重要な役割を演じてきている。

それでは、民衆の求めるものは一体何であったのであろうか。求めた、かけがえのないものがあったはずである。

現代社会ほど多くの人が宗教に無関心に社会生活を送っている時代、社会は、過去見られなかった。

仏教を心の支えにしている人々がいかに生くべきかの指針や叡智を身につけ、宗教的生命を枯渇してしまわぬよう願うばかりである。[3]

既成仏教は葬式仏教化していると言われるが、仏事を通してご法義を深める人々が仏に導かれて深い信仰に至る状況が生じることを願わずにはいられない。

信仰心に生き、法城を護る篤信の人々がいるので心強いが、私たちは物質にとらわれず、現代人として大切なものを忘れぬよう妙好人の人生行路を進むことが願われる。

〔注〕

（1）四邪宗門としてキリスト教、日蓮宗不受不施派、バテレン、悲田宗があり、キリスト教、バテレンの全面禁止は寛永十五（一六三八）年のことであり、日蓮宗不受不施派は寛文九（一六六九）年、悲田宗の禁止は元禄四（一六九一）年である。

（2）柏原祐泉『日本仏教史　近代』吉川弘文館、五四頁、一九九〇年。

（3）笠原一男『現代人と仏教』評論社、一九七一年。

無信仰亡国論

私たちが生活する現代社会には、気を病んでいる人たち、心を病んでいる人たちが多く、病理社会の様相を呈しているかの如くである。

気は「心の働き」であり、「生命力」「活動の源泉」「人の体内にある勢い」であり、「体にみちたもの」である。気にみたされた充実した日々が人生には望まれる。

一方、気が渋る、なぜか志そうとする気がわかない、気が抜けた無気力な人たちや気を病む人たちも結構見られる。自我の殻を抜け出られず殻に閉じこもり、自分をつつんだ殻に安住している蝸牛《かたつむり》人間である。

自分の壁、限界を脱皮する努力、志が大切であり、一日に一歩でも先に抜き出る努力が私たちには求められている。

自我の殻に安住し、人間関係を拒否して生活していたのでは、引きこもりの人生となるであろう。

本心を失い目がすわった人たち、抗うつ薬、睡眠薬を夜服用せねば寝つけない人たち、それがこじれて慢性の心の病にかかる人たちが大勢いる。悩みに悩んで、自分を苦しめ気が滅入り、ふさぎ込む人たちも増加している。現代社会には「心病む人たち」が多数いる。生活のリズムにも狂いが生じている。

一言で言えば、「主体性を喪失した人たち」である。しっかりとした自分の考え方や立場で積極的に取り組もう、行おうとする心構えを持たず、自分の好きなことも明白でなく、夢や希望を持たずにただ漂流している人生とも言える。

人生には、哲学や精神的な支柱、拠りどころが最重要である。基礎が充分でなく、砂上の楼閣では外見は立派であるが、土台が弱くて物事は実現できない。それが長続きせぬ理由であり、問題であろう。

このような現代病理社会において人々をアイデンティティー形成不全に導いた原因は一体何なんだろうか？　その一つには学校教育、義務教育、高等学校教育等で宗教教育が行われなくなり、唯物論や科学教育、社会科学教育等の知識教育に偏重し、精神的な知慧・叡智の継承・発展が行われなくなったことにあるのではないかという意見もある。

さらには、平安中期以降に成立し、仮名の配列表として近代まで用いられてきた日本語の初歩の「いろは歌」、

いろはにほへと　ちりぬるを
わかよたれそ　つねならむ

うゐのおくやま　けふこえて
あさきゆめみし　ゑひもせす

を学校教育で教えなくなったことである。この作者未詳の七五調の四句、四十七文字のいろは歌を、昔は、子どもたちに習字の手本として、また国語の初歩として学校で教えていたが、今では忘却せられ、それが大切な事柄であるにもかかわらず、教育に生かされていないのである。

実はこのいろは歌は、『涅槃経』に見られる「諸行無常　是生滅法　生滅滅已　寂滅為楽」の訳といわれ、『涅槃経』の有名な偈の意を詠じたもので、仏教の心を諭している。

色は匂へど　散りぬるを（諸行無常）
我が世たれぞ　常ならむ（是生滅法）
有為の奥山　けふ越えて（生滅滅已）
浅き夢見じ　酔ひもせず（寂滅為楽）

いろは歌の忘却は信仰心の不在を招き、砂漠のような人生を送る要因の一つであるとの指摘である。

さらには、明治元（一八六八）年の廃仏毀釈の影響が、今日の無信仰亡国論へ結びついているとも言われている。

慶応四（一八六八）年三月、神祇官が復興され、太政官布告によって神仏分離の政策が行われ、仏教排斥運動が行われた。その運動が激化し、各地で仏像、経巻、仏具の焼却や寺院の廃合が行われるようになった。意図するところは、復古神道に基づく祭政一致であり、王政復古であった。廃仏毀釈は、仏教教団が他から受けた諸種の迫害、法難であった。全国にわたり神社から仏像、仏具、経巻等を撤去し、破壊する運動が広がり、寺院の統廃合が断行された。

越中富山藩では、一宗一寺とすべしとの令が出され、奈良の興福寺の五重塔（今日の国宝）は二十五円で売却に出され、今日の国宝級の仏像が薪として焼却される有様であった。

このような政策に対し、民間の心ある人たちより、廃仏反対の気運が起こり、信教の自由を求める主張が高まってきた。そこで、明治政府は、明治五（一八七二）年、教部省を設置し、宗教政策を転換し、これによって廃仏毀釈の政策は終息に向かい、各地に寺院の復興を見るに至るが、後の世に及ぼすこの影響は大であった。

明治維新の大日本帝国憲法や教育勅語は、天皇制国家体制の出発点を捉え直そうという王政復古の精神であり、それが現代社会にも影響を及ぼし、無信仰教育も手伝って、仏とも法とも思わぬ無信仰社会を形成し、排仏派の温存を許容し、人命軽視の風潮・世の中をつくり出していったのではないだろうか。

二十一世紀社会は、ライオンや虎、豹以上に猛獣化しつつあり、殺人等、殺生を平気で行う人たちが街の中を彷徨っている。虎の尾を踏んだかのように猛襲する様々な事件を日々の報道等で見るとき、思わず現代社会の影を嘆き、仏教の復興を願わずにはいられぬのは、果たして筆者だけであろうか。

篤信者の存在

いつの時代においても民衆が大切にした叡智がある。

発願回向と言い、悟り、人生の完成に向かって仏道を実践する道心を起こし、あることをなしとげようと決意したり、それを一念発起し、衆生済度の心を発することである。その発心が仏道修行、人生修行の最初の出発点である。

思いたつ心・求道心が起きた時、信仰心に目覚め、仏を崇敬する心に、感謝・報恩の心に満たされる。いつの時代にあっても大事に自身を育てて、育んでくれた人たちに感謝の真心を捧げることは、人の道として大切にすべき「人間の心得」ではないかと思う。

皆、両親の愛情に大切に育てられて今日があるのであろう。師恩（先生の恩、師匠の育ての恩）、社会の人たちから受けた衆生恩、仏法僧を篤く敬う三宝の恩などを思う時、「お陰様でありがとう」と自然と手が合わさるはずである。

ブッダは、外道（仏教以外の教え）と異なる三つの教え、三法印を仏教の特色として次のように説く。

（一）諸行無常印：諸々のつくられたものは無常である。常に変転してやむことがない。

（二）諸法無我印：すべてのものは因縁によって生じたものであって実体性がない。

（三）涅槃寂静印：仏が、涅槃寂静の教えを説き、迷える衆生を、生死を離れ度脱して寂滅に至らしめる。

仏教の知慧のお陰で、般若の智慧のお陰で、安心立命が得られる。仏智（悟りの智慧）のお陰であろう。

仏道において私たちが仏に導かれて合掌の心を継承し、仏縁、父母、祖先、師恩のお陰で知恵の継承ができる。まず知恩・報恩を心得て感謝の真心に生きることが人として最も大切なことであろう。

さて、わが国の近世、江戸時代を見てみると、織田信長（一五三四〜八二）、豊臣秀吉（一五三六〜九八）の時代と政策を変え、徳川家康（一五四二〜一六一六）が一六〇〇（慶長五）年に関ヶ原の戦で勝利して、慶長八（一六〇三）年に将軍となって江戸に幕府を開いて以来、一八六七（慶応三）年徳川慶喜の大政奉還に至るまでの約二六〇年の間、寺院弾圧政策ならぬ仏教保護政策を行った。

もともと三河岡崎の浄土宗大樹寺を菩提寺として浄土信仰をあがめていた家康は、寺院を大切にして社会も人心も安定させ、以後二六〇年間の泰平を実現した。戦争なき徳川政治を、二六〇年間行った政策は、誉めても非難することができないくらいすばらしいことに違いない。

その後、明治十（一八七七）年の西南戦争、明治二十七（一八九四）年の日清戦争、明治三十七（一九〇四）年の日露戦争、大正三（一九一四）年の欧州大戦、昭和六（一九三一）年の満州事変、昭和十二（一九三七）年の日支事変、昭和十六（一九四一）年の第二次世界大戦と、昭和二十（一九四五）年の終戦に至るまで十年周期で戦争があり、大勢の犠牲者、戦死者にみまわれた。戦争で失われた人命は三百万を下ることはあるまい[1]。

その意味では徳川時代は、戦争なき泰平な時代であった。その政策は、寺院を大切にし、保護した篤信富国政策論と言えるのではなかろうか。

〔注〕

（1）金岡秀友『仏教学と密教学』人文書院、八二頁、一九八三年。

三宝帰依

その昔、釈尊のサンガは、諸人が平等な思い遣りに満ちた無差別社会であった。

当時のインドは、インド独特な閉鎖的な身分階級・差別社会であり、出生（jāti）によって、社会的な身分や職業の一切まで、カーストの区分にて規定づけられて、特異な社会階級制度を構成していた。異なったカースト間の食事、通婚を禁じ、極めて複雑で厳格な風習、戒律を持っていた。

釈尊は、人は生まれによって差別的な扱いをされるのではなく、行いによって評価されるべきであるとし、サンガの一員、すなわち仏教信者になれば、身分の上下はなく、あらゆる人たちは平等であるとした。

仏教徒になるための入門条件は「三帰依文」を唱えることにあった。絶対の帰順、真心をささげる帰命、帰依が重要であり、すぐれた者に帰順し、よりすがる絶対の信仰心、「帰依三宝」が仏教徒を決定づける最少条件であった。

仏（buddha）と法（dharma）と僧（saṅgha）の三宝に、信心の誠をささげること。すなわち、仏とその教えと教団（僧侶の集団）との三つの宝に帰依することであった。

サンガ入門の時には、「仏に帰依したてまつる」「法に帰依したてまつる」「僧に帰依したてまつる」と三度唱え、仏教徒になる。いわゆる入門が許されたのである。

このことは今日でも重要な意味がある。三帰依文を口ずさむ。それは仏教徒、信仰者の基本的姿勢であろう。

人身受け難し、今すでに受く。仏法聞き難し、今すでに聞く。この身今生に於いて度せずんば、さらに何れの生に於いてかこの身を度せん。大衆もろともに至心に三宝に帰依したてまつるべし。自ら仏に帰依したてまつる。まさに願わくば衆生と共に大道を体解して無上意を発さん。自ら法に帰依したてまつる。まさに願わくば衆生と共に深く経蔵に入りて、智慧海の如くならん。自ら僧に帰依したてまつる。まさに願わくば衆生と共に大衆を統理して一切無疑ならん。

と、礼讃文を唱える。

つまり、私たちには、神仏等すぐれた者に服従し、すがり、帰依する姿勢が信者の基本として求められている。

喜び仰ぐ信仰心がなく、神仏を信じず、自己の存在、主我性を取り出し、固執し、命題を自明なものとして定立し、措定（setzung）して、自己、自我、私の殻の中に蝸牛のように閉じこもり、自己を主張し、そればかりでなく、時として中傷誹謗する。誹謗正法というが、仏法の悪口を言い、僧侶を中傷誹謗する。仏門に入って袈裟を着けて仏道を伝える僧侶、人の師範としての僧侶の人格を中傷したり、悪口を言うことは、仏門帰依の信仰者の姿勢にあってはならないことである。それどころか、その行為の恐ろしさ、罪悪性にも気づいていないのかもしれない。

そしること、非難することによって、大切な仏教の真髄を聞思することや、仏教の諭す根本真理に巡り合うことができない。自らのおごり高ぶりや心の傲慢・放逸では、信仰の実りを得ることができない。

三宝に香華、飲食等を供え、ほめたたえて敬い、教えに従って修行する精神的崇敬の態度がないため、仏に礼拝し、諸々の物を供えて供養、回向することがない。宗教を不必要な害悪として、唯物論的反撃を加える。

「自業自得」と言われるように、人には業(行為)による報いがある。善悪の業因に応じて苦楽の果報が現れる。すべてのものはこの因果の法則に支配され、善因には楽果、悪因には苦果が必ずある。あらゆるものは因果の法則によって生滅変化する自然の法則である。

行為における因果応報の関係であるが、因果応報の理法は存在しないと考えて、それを無視し、否定する考えが因果撥無《いんがはつむ》、いわゆる、無智、無明である。

人のなす行為、身と口と意とのなす一切のわざ、身体の動作、口でいう言葉、心に意思する考えのすべてが後に何らかの報いを招く。潜在的な業力となって、人の活動に何らかの報いを招く因果応報である。

前世の所業によって現世に報いを受け、結果を生ずる原因としての行為、すなわち人が活動を行うことによって、その一つの行為は必ず善悪苦楽の果報をもたらす。

過去から未来へ継続して働く一種の力が業力である。業の和訓は「つみ」と読むが、悪業、惑業を行う人たちの身・口・意の三業、個人業、社会的な広がりを持つ共業等、種々の業が仏教には採用され、注目されている。

悪業が身を害する業火となり、行為によって招く報いが必ずある。無間地獄へ堕ちる罪もある。

人の行為として、最も重い逆罪として、五つの重罪がある。
（一）母を殺すこと
（二）父を殺すこと
（三）聖者（阿羅漢）を殺すこと
（四）仏の身体を傷つけ出血させること
（五）教団の和合一致を破壊し、分裂させ、攻撃を加えること
①塔寺や仏像の破壊
②聖教の誹謗
③修行の妨害
④業報の否定

教団を誹謗中傷し、破壊することは、父を殺す以上に重罪で、大乗仏教を誹謗した者は楽のない、苦しみを受けることが絶え間のない無間地獄（無救）へ堕ちると言われている。

無間業をつくる人たちが、現代社会には大勢見られる。無間の奈落行きについて無知、無自覚の人も多い。現代人は、そういう意味では神、仏を信じないばかりでなく、無信仰者としての恐るべき行為についても、気づいていない。知らぬということで怖がることもなく、恐ろしさも自覚せずにいるが、やがて現代社会の悲劇に結びつく結果を招くことになるであろう。

昔の人は、罰があたると仏罰を恐れ、謙虚に暮らしていた。街の中や家庭で殺人を犯す犯罪も現

代人の行為である。

人生には信仰が大切である。人を思い遣る心、人命尊重、救助の思想が、ともに生きる社会には必要不可欠であろう。

仏教の宣布には、迫害がつきものである。「法難は、時として群れをなして威圧する」と、経典にはそう説かれている。

末世である現代社会に仏教が復興し、人々が崇敬心を持って心豊かに暮らすことができる時、物心双方の調和のある、豊かな社会生活が可能となるのであろうが、物のみが氾濫し、無信仰が蔓延し、増長する時、間違いなく歪んだ病理社会が現実のものとなる。因果律はそのことを予言し、警告している。

現代人は、仏罰を信じないようであるが、仏罰は当たらないのだろうか。

悪事やおごりのために、神仏にこらしめられる、いわゆる「罰が当たる」ということが余り信じられておらず、悪事をすれば、すぐにその報いがあるという「罰は目の前」ということや、悪い行いが悪い結果をもたらすという「因果応報」についても無知であったり、信知せぬことが多いようである。

最近、お墓のスチール製のお線香たてが盗難に合ったとの記事が目にとまり、また、富山県の村墓地の墓石にペンキで大量に落書きがされて、信仰深い北陸の人々を悲しませた。お墓だけに一層の驚愕を隠せず、日本人のモラルもここまできたかと信仰心のなさに悲嘆述懐の思いが込み上がる。

二十一世紀の日本の社会は、ここまで悪逆無道の社会になってきたのかと仏罰を信じない悪玉たちの行為に、ほとほと呆れ果てる。

今日の日本の社会は一体どうなっているのであろうか。

学生時代に読んだドストエフスキーの『カラマーゾフの兄弟』の主人公が、「神がいないのであれば、人殺しも許される」と語っていたことを思い出す。キリスト教は、天地万物が唯一絶対の神によってつくられた教理を語る。しかしそれらにとってオパーリンの生物学的な生命誕生説やダーウィンの進化論、すなわち生物は長い進化過程を経て変化・発展してきたという考えや学説は誠に不都合な学説となる。

ブッダの宗教哲学は、無神論であり、神の存在を語らない。では、神の存在を否定する無神論であるから悪い行為は許されるのか。仏罰などないのではないか。それでは、因果応報の理法を否定できるかと言うと、人の行いは身体と言葉と心によってなされ、その身、口、意の三業はカルマによって必ずある結果がもたらされる。善い行いによる善い結果、楽しい結果もあるが、悪業のため浮かばれぬ、いわゆる業に沈むこともある。

ある時、信仰なき者が仏罰などあるものかと和尚に言って「ほら、仏罰など当たらないではないか」と神社の鳥居や本堂に向かって立ち小便をして得意顔をした者があった。すると和尚は、「神社や仏閣に犬や猫のように立ち小便を得意になってしているが、まさにそのことが犬猫同然の行為であり、畜生の姿ではないか。仏罰によって畜生道に堕ちている姿ではないか。それに気づかぬか」

と信仰なき者に、よく自分の姿を見るように諭した。仏罰とは、そういうものであろう。

人間の姿形をした五尺の体を親からいただいても、その動作や態度、振る舞い、行為によっては輪廻転生の人生を送ることにもなる。人間の尊厳どころか犬猫同然の人生にもなるだろう。

無神論の仏教も、まさに人間のその行為に注目し、業感縁起（世界の一切の現象は、衆生の業を原因として生ずる）を展開する。

まずは仏教に帰依し、従順にその教えを聴聞することが大切であろう。自我をむき出し、仏教真理を誹謗したり、中傷している態度では、大切な仏教の真髄も身につかないであろう。したがって仏門入門者や仏教者は逆悪な無信仰的な態度を見せてはいけないと、厳しく禁じるのである。仏教徒の大切な心得であり、自業自得は仏教の肝心な問題であり、哲学思想そのものなのである。

宗教無用論者——救いがたい人々

人間にとって宗教は不要であろうか。

現代人は、宗教という二文字に幾分アレルギーがあるかも知れない。「宗教」という日本語には、神や仏など人間よりすぐれた力を持つと考えられるものを信じ、安心や幸福を得ようとする意味があり、身心一如の人間の精神生活を語るうえで大切な言葉である。

神、仏、霊といった超人間的存在やその力、意志を拠りどころに平安（無事でおだやかなこと）を得ようとする信仰であり、それは精神文化でもあろう。

この「宗教」という二文字は、南北朝の末期から隋、唐にわたり、天台宗や華厳宗の学者たちが、経典解釈の中心問題等を要約するのに用い、やがて宗教という言葉をつくったと言われ、「仏教の要点を説く教法」がすなわち「宗教」であり、仏教の根源で成立した言葉である。

明治以降、西洋のレリジョン（religion）の訳語として、「宗教」なる語が使用されているが、人間と神々との結合、交通の意味に解釈することは、仏教の根本精神を著しく歪曲することにもなる。

キリスト教、イスラム教、ゾロアスター教等では、宗教とは、神と人間との結合、交通との定義を適当とするのであろうが、ブッダの悟りは、有神論の思想とまったく性格を異にし、「無我縁起観」を説き、人間の存在を誤りなく観察し、すべての苦悩の根源である無明（無知）を根底から絶滅する究極的な智慧の獲得、智慧の完成を最高目的とする般若の智慧の信証であり、したがって狭い宗教概念に固執し、レリジョン＝仏教と解釈することは妥当ではないのである(1)。

信仰（神仏等を信じ尊ぶ）の心、信仰心という日本語を用いる方が身近なのかも知れない。最近多く見られる、宗教無用論についての論議（充分話し合って物事を明らかにする）を論鋒（議論の矛先）として、解説してみよう。

世の中には、信仰深い家庭に育ち、先祖伝来の神仏を大切にする伝統に生きた良き家庭の崇仏派の人もいれば、信仰は無用で、神や仏は不要と、無慈悲な情に欠ける人もいる。そのことにより、体温のある身体論はともあれ、精神現象、心の奥にある魂を認めない人たちが、正しい自分の生き方を見失うような世の風潮を生み出しているようである。現代人は灯りなき漂流生活をしているようにも見える。

その人生観にあるもの、一番大切なものは、お金であり、金銭を無上のものとして尊重する拝金主義であり、それはある意味で世の中をよく知る人たちとも言える。

彼らは、お金次第の世の中をよく知り、安定した生活ができればよいという経済中心の人生観に立ち、拝金主義に心を占有された人たちであり、経済が最重要である。自分たちの現代生活には信仰や宗教等は無用の長物（あっても役に立たない無駄なもの）であり、時として「私は、無神論者である」ということをあたかも良いことのように自信を持って誇る。

物事がよくわかっているようで、実は大切なものを見失っている。生活には確かにお金が必要であるが、金満家の生活が必ずしも幸福とは限らないであろうに、本人はお金万般を何気なく語り、一見無用と思われるものにかえって大きな効用、すなわち人間的価値があるということに気づいていない。

現代人は、功利主義の人生観に立つ人が多いようである。行為の目的を功名、利益に置き、自分の利益が幸福の実現に役立つと考え、自分の利益やその事柄を優先する。自分の利益の追求をものごとの中心に置く。実際の利益、実益を重んじ、自分に都合の良いものは有用（価値がある）、有益（ためになる)、役に立つものとし、自分に利益を与えぬものは無益(役に立たない、無駄)とする。こういう判断が行動力学の源になっているようにも思える。

マルクス主義、実存主義、分析哲学等と並ぶ、二十世紀のアメリカに生まれた代表的哲学の一つにプラグマティズム(pragmatism)がある。それは現代アメリカを特徴づける思想であり、一つの心的態度であろう。

パース、ジェイムス、デューイ等がよく知られているが、W・ジェイムズ(一八四二〜一九一〇)は、世界は主観と客観の未分化な純粋経験からなり、それは直接経験として与えられる「意識の流れ(stream of consciousness)」であるとし、ラッセルや西田幾多郎のみならず、若き日の私たちにも大きな影響を与えた。

アメリカの影響を受けている日本では、実用主義として知られていて、ものごとの性質は時間的に変化すること、そして行為や現実に重きを置き、認識や思惟を行為の手段と見なし、実用、すなわち実際に日常生活に役に立つかどうかで価値を決め、実用を第一の目標に置く心的態度と理解されている。

実利主義(実益、実際の利益)や効用を目的とする功利主義など自分の利益の追求をものごとの中心に置く考え方のはびこりにより、自分に利益を与える自利、時として私利(自分だけの利益)、私欲が優先されて、自分の功徳のために修行することよりも他の人々のために生きることで自分の幸福が実現されるという「忘我利他《ぼうがりた》」の風潮が忘れられ、今日の精神文化の危機、すなわち人間存在への究極的関心や価値が見失われているのではなかろうか。

それに加えて、安保闘争の頃のマルクス主義者たちが宗教を「民衆の阿片」としたことの影響が残存しているのであろうか。

島国日本においても大切な宗教や信仰の存在理由が忘れられている。

「人は、パンによってのみ生くるにあらず」と言われるように、信仰心は心の働きであり、宗教も道徳も不要ならば人間は犬猫同然でよいかということにもなる。

昔から人間のことを、ホモ・サピエンス（知恵ある人、賢い人、英知人）と言い、「汝自身を知れ」とソクラテスは諭している。ホモ・ファベル（Hómo fāber 物をつくる人、道具をつくる人）も人間であり、ホモ・ルーデンス（遊戯をする人）は芸術、文化を生み出すとされる。ホモ・デメンス（Hómo demens 錯乱する人）、ホモ・エコノミックス（経済人）としての人間に問題点、課題があるようにも思える。

信仰は、教養や知識や学問ではなく、自分の心のありよう、心の働き、心持ちであり、助けられる、救われる「救済」も仏の慈悲心、精神的な問題である。

篤信の人・信仰心の薄い人、宗教的な人・極めて非宗教的な人、それに楽観的にものを見る人・悲観的に見る人、ものを考える人・考えぬ人、よく了解する人・了解せぬ人、人はそれぞれ個人差もあるであろう。

本質の世界、信仰心、そういう心持ちがいかにできるか、育つか、喜びの心・法悦に恵まれるかは仏法を聞くこと、聞法が必要であり、精神的信仰を獲得するためには訓練を必要とする。

自分の心に信仰の働きが起こり、信じられるようになる。人間の精神の働きは順次発達する。だんだん下等な動物から上等な精神の働きに発達するため、心を育てることが大切であると言われている。仏教の真髄を理解した信仰深い妙好人の家庭に育つことが最良と言われている。

「宿善開発」と言い、善い種をまくこと、過去世に善根、善い果報をもたらす善い行い、すなわち善を樹の根にたとえ、善の生ずるもと、功徳の種がまかれていて、今まで修めてきた善根がある時期に開き現れることによって信仰心が得られる。これまでに修めた善い種が開き現れる、そして信心を得る。それが「宿善の開発」である。

その反面、そういう善根を積んできていない「無宿善」の者、前世に植えた善根がない人はどうなるのであろうか。

仏とも法とも思わず、縁なき人、過去世にいまだかつてその仏、菩薩と因縁を結んだことのない衆生は一体どうなるのか。救われないではないか。

縁なき衆生は度し難し　（『諸芸袖日記』）

とこのような衆生（人々）、無縁衆生は、仏、菩薩も済度することができないと、仏縁を結ぶ尊さを語る(2)。

過去世において仏、菩薩と深い因縁を結んだことのある人々を「有縁衆生」と言うが、過去世において仏、菩薩と深い因縁を結んだことのある衆生、仏道に縁があって仏を信ずる人々は種がまかれていてある時期に開花し、白蓮華が開花結実する。誠に、「ローマは一日にしてならず」である。どの家庭にあっても仏を持たぬ家庭、不幸を経験せぬ家庭はないはずである。死すべき存在者、人間は、諸行無常によって死を迎え、祖父母および生きとし生ける者すべてが命終を迎える。老若男女老少不定である。

一番大切な身内の不幸に合えば度肝を抜かれ、お世話になった恩・知恩・報恩の心に気づき、仏の導きにより信仰心に目醒めるものである。覚醒し自分の浅はかさ、愚かさ、内省の心を得るものであろうが、そこにおいても、奥義の伝授を授けていただき、法を伝え諭してくれるよき師との巡り合いがあればこのうえもない素晴らしいことである。まさに最高であろう。

仏法聞きがたし、それゆえ三宝、すなわち悟りを開いた教え主（仏）、その教えの内容（法）、その教えを受けて修行する集団（サンガ）の三つの大切な要素、三宝に帰依することは、仏教徒としての基本的条件である。

そして入門に向かう欠くことのできぬ姿勢として、仏法の悪口を言う、誹謗正法の者は「救いがたい」と、最もすぐれた仏法を信じない者は「どうにもならぬ」と、寺院や教義や僧侶を中傷する、根も葉もないことを言いふらして人の名誉を損なう、誹謗する、悪口を言う人は「仏道に入る縁、仏縁を結び未来に救われるゆかりをつくることはできぬ」と戒める。仏教に関心のない人に関心を持たせて関係づけること、極楽往生の縁を結ぶことはむずかしいと、仏教崇敬の心の大切さを諭すのである。「僧侶憎けりゃ袈裟まで憎い」では、仏教は心に染み込まない。

崇敬心を持って直入すれば、広大無辺な摩訶不思議な仏心、慈悲は自然とその人に豊かな心を与え、安心立命を与えるであろうと、聞法求道の姿勢、謙虚さの重要性を明らかにしている。

宗教無用論者や唯物論者の宗教阿片論は、そのような意味で度しがたい、救いがたい人々の群れであり、回心、改心が必要であることは言及するまでもなき事柄であろう。

〔注〕

(1) 山口益、横超慧日、安藤俊雄、舟橋一哉『仏教学序説』平楽寺書店、四頁、一九八一年。

(2) 中村元『広説仏教語大辞典　上、中、下』東京書籍、二〇〇一年（やさしく理解できる現代文にするため参照にした）。

仏教寺院の社会的役割とは何か

大乗仏教

大乗相応の地である日本に根をおろした大乗仏教は、大きな乗り物（mahā-yāna）を意味する。それは迷いの世界である此岸から悟りの世界である彼岸へと人々を運ぶ大船にたとえられている。

大乗とは、偉大な教え、優れた教えの意味である。仏教の二大流派の一つであり、小乗（hīna-yāna）に対して言う。小乗仏教は声聞乗とも言い、仏の教えを聞いて修行し、自己の悟りだけを求めることに専念する修行者であり、阿羅漢の位に到達するが、劣っている、遅れていると大乗の側からつけられた貶称である。最近では上座部と言われている。

大衆の救いを目指す新しい仏教運動である大乗仏教は、紀元前後もしくは一、二世紀頃興起した。その特徴は、自利行（自らの利益、己れの力をもって、己れを利しようとする自力の計らい）よりも、広く衆生を救済するための利他行（他者を利益し、衆生を救うこと、衆生を利すること、衆生が利せられること）を実践し、それによって仏（煩悩の繋縛を解脱する、悟った者）になることであろう。

仏とは、目醒めし者であり、「ほどけ」という心の解けることからきた言葉である。

あの人は仏のような人だ（仏のように慈悲深い人、正直で純真無邪気の人）

仏心（悟り深く、ものに迷わぬ心、情け心）

仏を作って魂入れず（物事を、八、九分果たしながら、肝要の一事を欠くこと）

仏も昔は凡夫なり（仏も元は凡夫であった、何人も修行を積めば仏になることができる）

等という諺はよく知られている。

仏は buddha の音写であり、完全な人格者、尊敬されるべき人、自ら真理を悟り、他者を悟らせ、悟りの働きが極まり満ちた究極の覚者である。無明（因果の道理に無知の状態）を断じ尽くし、解脱した覚者（真理に目覚めた者）を意味する。

大乗菩薩道

一切衆生とともに、生死を出離せんことを求める大乗仏教の特色は、大乗の修行者としての菩薩道にあろう。ブッダとなるべく道心を起こして修行し、悟りを求めるその求道者としての姿は、自ら仏道を求め、他者を救済し悟らせる者であり、上に向かって菩提を求め、下に向かっては衆生を教化しようとする人であって、向上的には自利の行として悟り、菩薩道を体得し、向下的には利他の行として悟り、菩薩道を体得し、衆生を利益する者、人々の救済のために活動する者を意味する。民衆の救済のために活動した高僧、行基菩薩は、世人により有徳の僧として尊称「菩薩」と尊敬され手を合わされた。わが身を捨てて一切衆生の抜苦与楽せん（苦を抜き、楽を与えよう）というのが菩薩の行というわけである。

在家仏教

釈尊在世当時の原始仏教は、その後、部派仏教を経て大乗仏教に至るが、日本の仏教、すなわち大乗仏教は、在家仏教、すなわち家庭にとどまり、世俗の生活、家にあって出家しない在家止住の輩の仏教であり、出家仏教ではない。

在家仏教は、僧侶の道、住職道の否定ではない。家庭生活から出家して、専心に道の修行を行う修行者、出家者の僧侶の道もあるが、家庭生活をしつつ職業を持ち、生計を営む世俗の人が仏教に帰依し、仏弟子として信仰を深める、いわゆる僧侶でない一般の人、在家者の生活仏教である。

東南アジア、ネパール、チベット、タイ、スリランカ、ミャンマー、ラオス、カンボジア、マレーシア、ブータン等々の仏教国では、僧侶は頭を丸め、結婚はせず、肉を食べず、いわゆる肉食妻帯をせずに戒律を守り修行生活を営むが、日本では妻子を有する沙弥が多く、肉食妻帯、酒好きの酒豪の僧侶もいて少々不思議な感がするであろう。

破戒僧

女犯の罪、不飲酒戒を守らぬ破戒僧たちであるが、日本では何のお咎めもない。十善戒も守られていない。それは一言で言えば、日本の仏教は在家止住の人々と同じ生活形態をし、民衆の苦悩を理解する大乗仏教であるからと考えられている。

鎌倉仏教の主潮をなす無戒主義は、最澄が南都の『四分律』を破棄した時点から出発し、特に親鸞聖人以降は、無戒主義が滔々と流れをなし、今日の日本仏教の如く宗派を問わずまったく無戒主義になっている。本来、戒・定・慧の三学を具備しなければ真正の仏教とは言いがたい(1)。

最初に僧侶として結婚をした人々の一人として、鎌倉時代の親鸞聖人(一一七三〜一二六二)がいる。大正十(一九二一)年、『恵信尼文書』の発見により史実が明らかになった。

すべての人々が救われる念仏による救済、救いのないと見られた下層の者に対してこれほど開放された教えはなかった。しかし、非公認の浄土教の勃興は、南都北嶺の僧徒の批判を蒙るに至る。元久元（一二〇四）年、比叡山の僧徒たちが朝廷に念仏の禁止弾圧を願い出た。法然上人（源空）は、一九〇人の念仏者の連署をもって起請文を差し出し、念仏者の立場を釈明したが、朝廷は前後十五回にわたり弾圧を行った。

建永元（一二〇六）年、法然上人の弟子が後鳥羽上皇の女房と密通したのではと嫌疑をかけられ、建永二（承元元、一二〇七）年、それをきっかけに専修念仏は停止され、奈良興福寺の訴え出た大弾圧では、安楽房らは死罪になり、法然上人も讃岐（香川県）へ流罪、親鸞聖人も越後（新潟県）に流される法難（宗教者に対する弾圧）、承元の法難が起きた[2]。

この頃から親鸞聖人は、非僧非俗（僧に非ず俗に非ず）の愚禿と称し、妻の恵信尼と越後にて生活をする。

建暦元（一二一一）年に、罪を許されたが京都には帰らず妻子とともに関東に移り、下野（栃木県）、常陸（茨城県）、下総（千葉・茨城県）にかけて求道と布教に励み、稲田の草庵にて『教行信証』の執筆を行った。煩悩具足の凡夫という人間観に立って、凡夫の念仏による救いを大乗仏教精神によって展開するのであった。

寺院と民衆

全国には一〇万カ寺くらいの多くのお寺があるだろう。その伽藍、仏教寺院は修行の場であり、無住の寺もあろうが、一般的には、寺には住職がいて檀信徒がいる。

今日の仏教は形骸化し、本来の力を発揮しておらず、民衆の精神的生活の糧になっていない感もする。魂の真の憩いの場としては無力かもしれない。

寺と民衆を結ぶものは法要であり、最も重要なつながりとしては何と言っても仏恩報謝の法要であり、葬送儀礼であろう。人々の信仰としてどれほど心の光となり慰めとなっているか。民衆の精神生活の糧になっているか。しかし疑問の声もあり、「お葬式仏教」であるという批判をよく耳にする。

寺院に命ある活動を求めるこのような意見には賛同者もいるが、筆者は敬老・教育・霊園事業等社会のニーズ、希望に応える寺院の役割を遂行している。できればそれが心の豊かさ、精神生活を豊かにすることに結びつけばと常に願っている。

生老病死の人生の諸相

人間の存在は、生老病死の四文字で表される。「生まれること」「老いること」「病むこと」「死ぬこと」の四苦は、人間が生存する限り避けられない苦しみであり、人生の諸相である。「生まれること」「老いること」「死ぬこと」、つまり生老死を機縁として、「死すべき者の自覚」により積極的に生きる仏教の叡智を求め門をたたくことになれば最高であろう。ゴータマ・ブッダは、人間が死すべきものであることを「一切の生きとし生けるものは死すべき存在」であるとし、死を本質とするもの、死を超えないものであることを明らかにしている。

死に徹することを通して人生を積極的に生きる人生観を東洋人は身につけていたのであろう。ここに時間の中に生かされている人間の存在がある。

四十年ほど住職道に専念し、寺院生活をしていると、葬儀の依頼が仏教寺院には不可欠であることを現実に知らされる。最近は、百歳で逝去される方や、八十歳代の長寿者が大勢いらして、長寿で亡くなられることが多い。

訃報の知らせで門信徒に接すると、「え、こんなにお歳をとられておられたのか」と愕然とすることがある。老病死の姿であろう。「五年前、十年前は、あんなにお元気でしたのに」、老いて、病み、死を迎える人生の諸相、現実を目にする。

他人ごとに思っていたいが、老いの現象は、すべての人が避けがたい。老境になり自分の法名を一念発起、住職に依頼し、あらかじめ決めておけば心が落ち着くことであろう。

インドにおける釈尊の教団は、三帰依文によって入門が許され、如是我聞（私はこのようにお聞きしました）と釈尊の法身に帰依し、サンガの生活を営んだ。

そこでは、葬送儀礼は行わなかった。いわゆる葬式仏教ではなかったのである。したがって社会に生活と一体の宗教としては根をはらず、十三世紀にインドでは仏教は滅びてしまう。あまりにきれいごと過ぎたという人もいる。

お世話になった仏に感謝・報恩の誠をささげる法要は、現代人にとっては僧侶の読むお経もまったく意味がわからず、それよりも足の痺れがつらく、一刻も早く読経の終わるのを待つばかりで、心に充分な満足を与えないかもしれない。

しかし、まったくお寺に参詣せず、お世話になった仏に感謝の心も示さず、無信仰の生活を続ければ、仏心は受け継がれず、その家系は大切なものを忘れてやがて朽ち果てる運命にあろう。自業自得の道を歩むはずである。ちなみに、最近は本堂にイスも用意されている。

葬儀、法要を通して仏の導きにより大切なものを忘れぬよう仏が加護し導いてくださる。私たちの手柄ではなく、仏の導き、回向により大切なものに目覚める。そこに生活と一体の仏教が存在する。

僧侶には、人々の精神的指導者たる使命があり、その真の使命を自覚した指導が望まれる。と同時に、在家止住の輩は「ローマは一日にしてならず」という良き精神的伝統・家風を継承し、さらに強固なものにすべき責務がある。後生菩提の心である。

東洋的な煩瑣《はんさ》な仏教学、すなわち学問仏教に終わることなく、「光は東方より来る」の如く、あらゆる機会を通して僧俗ともに信仰心を深めるべき、機縁とすべきである。

私たちは、村や町にある仏教寺院を大切に崇敬すべきである。文化遺産としてのみならず、仏壇同様に現代人の心の拠りどころの合掌礼拝をし、精神的支柱、宝物として大事にすべきであろう。

現代人は頭でっかちで、知識本位となりやすく、物知りになって仏心や大切な叡智を忘れがちになる。無信仰者として廃仏毀釈や仏教弾圧、法難を平然と行い、法城を守る人を攻撃し、大切な心を忘却する時、現代社会は索漠とした砂漠のような、心不在の空虚な、誠に生きづらい社会になるであろう。

〔注〕

（1）宮坂宥勝『日本仏教のあゆみ――その歴史を読み解く』大法輪閣、二〇一頁、一九七九年。

（2）松尾剛次『仏教入門』岩波ジュニア新書三二二、一一八〜一一九頁、一九九九年。

失われた家庭の憩い

崩れる生き甲斐

一般的に「家庭」は憩いの場であり、明日への活力を蓄える場である。この家庭も最近、ただ寝泊りするだけの魅力に乏しい場所になっている場合が少なくない。

家庭が、「憩いの場」と言えなくなった場合、悩みからノイローゼや心の病になる人もあろう。不眠、イライラ、食欲不振、憂うつ感、不安が生じ、すべての絆から解放されたい、どこかに逃れたい、心の居場所がほしいということになる。

職場でも仕事が手につかず、劣等感に悩み、精神的緊張が続き、ぐったり疲れてしまう。このような現代人の心の疲労は、かつては健全で平和な家庭、憩いの場としての家庭の中で癒されたものである。果たして今日、家庭内の人間関係の破綻や人間関係の歪みに問題はありはしないか。

中高年のアルコール中毒、アルコール依存症も増えている。うつ病も襲う。

「躁状態とうつ状態の周期的変動をくり返すが、人格崩壊を生じない精神病を躁うつ病と呼ぶ」とクレペリン（Kraepelin 一八五六～一九二六）は言ったが、躁うつ病は「生命のリズムの障害」である。躁病は、「生命的感情が高揚している状態」であり、うつ病は「生命の流れが停滞して生命的感情が低下している状態」である。

うつ病の発生頻度は、二百人に一人とされ、思春期が初発で、以後老齢になっても発病することがある。中高年期にうつ病が初発することも多く、それが「初老期うつ病」である。うつ病は、患者特有の性格、発病しやすい体質、状況の変化により発病する。

生きる張り合い、喜び、生き甲斐のある人生を送ること。その人らしい生き方は、何よりも大切である。人は自分が生き甲斐にしている支柱が崩れるとうつ状態になりやすい。女性の場合、転居、出産、配偶者の死亡、子どもの結婚等、家庭的な問題が発病状況となる。男性の場合、転職、転勤、失職、地位の昇進、定年等、仕事に関係した問題が多い。

男女に共通したものとして、

（一）引越しうつ病：住み慣れた居所を移る。

（二）荷おろしうつ病：永年悩んでいたことが解決し、ほっとしたとき。
（三）根こぎ抑うつ病：これまでの生活状況、目的を突然失って生ずる。
等がある。

精神衛生上の健康には、生活のゆとりを持つこと、趣味を持つこと、健全な人間関係の形成（職場）、家庭では一家団欒の憩いの場をつくる努力が大切である。家庭の憩い、心の安らぎが失われ、生き甲斐の支柱が崩れると生きる望みを失うのが、人間という魔訶不思議なデリケートな生きものである。人にはパンも必要であるが、人はパンによってのみ生きるにあらず。心の糧の重要性にキーポイントがあるように思える。

核家族

戦前には祖父母、その息子夫婦、子どもが一緒に暮らす三世代型の大家族の家庭が多くあったが、戦後は核家族化現象が起きて夫婦とその子どもとだけからなる小家族の家庭になった。核家族は、典型的には、一組の夫婦と未婚の子どもからなる家族のことである。つまり、父母と子どもの二世代だけで暮らす家族である。日本における核家族化は「独立核家族」が社会の基本的な家族形態になることを意味している。

家制度のもとでは、男子の一人が他家から嫁をもらい父の家を継ぎ（父系）、居住上も父方居住となる。日本国新憲法も、第二四条にて結婚と家族が個人の尊厳と男女平等のうえに築かれるべきことを強調している。その一方で、マイホーム主義、家庭の中における父の座の喪失、子どもの過保護等の問題が生じている。

農業を中心とした村落共同体が社会の基盤をなしていた時代には、出産、育児は、共同体全体の関心事であり、子どもたちは親だけでなく、共同体内のたくさんの大人たちによって育てられていた。農業社会から工業社会、そして高度産業社会（情報社会）を迎え、現代社会における育児は、少子化、核家族の関心事となった。

戦後、育児は、もっぱら母親一人の責任と関心に委ねられていた。そのため核家族という孤立化等から母親は育児に対する自信を喪失し、育児不安の問題が起きた。母親の実母が健在な場合は、実母のアドバイスが子育て期の若い未経験な母親の育児不安を解消し、育児ノイローゼや子殺し、母子心中等の育児不安の解消に一役かっていた。若き日の子どもの養育経験は、孫の成長にとって、心強い味方となった。

就労する母親と育児の問題も深刻で、父母の育児休業の活用や保育施設の充実が望まれるとともに、父親の育児責任の自覚と育児参加も必要とされ、現代社会の核家族の新しい役割構造が形成されつつある。

核家族化は、女性の発言力、権限、支配力を強め、弱まった父親の権力と強まった母親のそれは、家庭内の雰囲気を変えてゆく。物事の正しい順序、道筋、いわゆる「秩序感覚」の衰弱が起きる。父親が黙っていても父親に威厳のある家庭は、起床、食事時間、あいさつ、帰宅時間、入浴、就床とリズムを持った生活となり、この日常性の中に家族や両親に対する敬愛、信頼、服従、軽蔑、反抗、不信が表出される。この「秩序感覚」が、その人のその後の人生形成の土台にもなる。

幼児期はしつけ、青年期は情操によって人生形成の土台がたもたれる。父親の影が薄れ、母親が男まさりの強い家庭にあっては、青年は性役割を学習し、性的アイデンティティーを確立することが、両親をモデルにするがゆえに困難となる。その拡散は深刻になろう。反動的な歪んだ男らしさ、先輩への絶対的服従、後輩への高飛車な命令口調が現れ、人間性を否定し、女性を蔑視し、極端なイデオロギーを信奉したりする。「弱い父親、強い母親」の家庭からは、特異な望ましくない青年群が育つことがある。

さらに核家族化は、甘えや秩序感覚の未熟性をもたらす。核家族化による原因、結果としての甘えが母子関係において形成され、日本人のパーソナリティーの特質を理解する鍵概念とも言えよう。日本人のさまざまな行動を特徴づけることになる甘えは、人間関係のあり方にあり、何をしても許されるという馴れ馴れしい気持ちのうえから、したい放題の振る舞いをすることにもなる。

結婚して子どもを産み、そして「家族」をつくる。それは現代人の一つのライフスタイルであろう。家族の基本的なつながりは父母子、祖父母、孫の関係であり、情緒的交流の場として家庭をつくっていて、家庭は一人一人の心の拠りどころでもある。今その家庭で、深刻な問題、精神的な苦悩が起きている。

一つは、夫婦共働きが増え、女性の社会進出、自立が進み、大切な子どもの養育をどのようにするかが問題となっており、それ故に母子関係に変化が見られる。祖父母がスープのさめない距離にいられればよいのであるが、父母子のみの核家族の子育てには悩みが絶えない。

「三つ子の魂百までも」と言われる。願わくば三歳までは子どもの養育に母親が、心の拠りどころとして、愛情を持って育てることが望ましい。子どもが思春期に成長し、親離れの年代になった時、人生の初期段階で子どもの人生に与えられた愛情不足、時には過干渉、過保護等によって精神病理学的な問題が発生することがある。そのつけがまわってきて苦悩を経験することもあろう。親に対する反抗、家庭内暴力、思春期の親子関係の問題で嵐の時期を迎えることもある。そのような親子関係に悩んでいる中年夫婦にやがて危機が訪れる。

この年代の中年離婚も増加している。宗教、文化、育ちなど、結婚してみると夫婦の価値観の違いはいろいろな対立や争いを生むことがある。

家庭には、家庭の役割がある。家庭内の心理的緊張を緩和し、情緒的な統合を維持する役割や老幼弱者を介護・養育する役割等は主に妻によって分担され、経済機能、会社で働き経済的収入所得を得る役割や家庭を代表する役割は主に夫によって分担されることが多い。

子どもの教育の問題、子どもと一緒に食事をつくり食べる親としての役割、子どもの養育機能、これらの役割機能がどれだけうまく家庭の中で保たれているかが重要である。性格の一致が望ましく、不一致の場合、破綻に向かいがちである。回復力、修復能力、相互性が危機崩壊を救うことになろう。

夫婦間の勢力関係は、夫優位型、妻優位型、夫婦平等型、夫が決定権を持つ領域と妻が決定権を持つ領域が明確に分離している自立型、夫婦が相談して決定していくタイプ一致型があろう。離婚は夫婦関係の法的解消であり、婚姻の継続は破綻によって終了する。子どもがいれば単身家族、母子家族、父子家族になる。それらを欠損家族、片親家族と言ったが、差別的ニュアンスが伴うため、現在は一人家族、単身家族と言う。その場合、

(一)家事・育児と職業活動の両立困難

(二)親の愛情欲求の不充足

(三)バランスのとれた成人モデルの欠如

等、子どもへの様々な影響が見られる。母子世帯には、「母子及び寡婦福祉法」(一九六四年)があり、「母子福祉事業」「母子福祉資金貸付制度」等もある。

(一)母親の労働力の問題:労働問題から派生する貧困問題、保育家事サービスの欠落、児童の養育の低下・欠落、逸脱状態があり、家事の能力、習慣が乏しかったりすると時間を充分に確保できない。家事、育児時間の確保のため、就労時間を減らし、転職等で生じる収入減、貧困問題も生じる。

(二)子どものパーソナリティーへのマイナスの影響の問題:子どもの保育の問題、家事・育児の代替者や援助者の有無、家庭養育支援が子どものパーソナリティーに対してマイナスに影響するであろう。そして、それが子どもの心身の発達を阻害し、歪んだ子どもを形成する場

合もある。

父子世帯、死別、離婚、心身障害、妻の服役等により、父親と養育を必要とする子どもとで構成される家庭は、夫婦関係の崩壊により、子どもが犠牲になりやすい。円満な家庭、夫婦円満がいかに大切か知らしめられるが、離婚・再婚家族も増加している。その間に生きる子どもは如何であろうか。問題をかかえる場合が多い。

このように、家族内における人間関係は、子どもの人格に影響を与える。したがって家族はしばしば病理発生の源にもなっている。

親子・夫婦の関係

親殺しや子殺し等が多発する今日、私たち現代人の親子関係はどうあったらよいのだろうか。

私たちには、皆、先祖・家系があり、今日の自分がある。自分の今の存在が、先祖の血を引いているというその血脈については、多くの人が理解しているように思う。しかしながら、私たちは、五十年、百年の人生で接し、祖父母から見聞きした先祖のことしか知らない。過去帳をみても、そこまで詳細に、血脈は書かれていないことが多い。

ブッダは、親には育ての恩恵がある。両親、親に対して私心を捨てて力を尽くすこと。願わくば、恩に報いることと「知恩・報恩」を諭す。

親に養ってもらった、その親の苦労に対し、恩を仇《あだ》で返すのでは、恩返しにならない。労苦に報い、親のためになることに心いたすべきであり、家系を存続させたり、財産を相続し、家系を保つことも子どもの親への思い遣りであろう。

子が親を敬い、親につくす親孝行、親思い、親を大切に思って常に心をつくす、その人は、尊敬に値するであろう。親は、子どもを愛するであろうし、親の愛情なくして子どもは健全に育たない。

ブッダは、子どもに対しての親の愛する心の表れとして、以下のように諭す。

（一）悪から遠ざけること：悪事を働かぬよう、悪徳、人の道にそむく心や行い、悪友にも交わらぬように、悪い因縁から遠ざけること。

（二）善に入らせること：何が善で、何が悪であるか、しっかり教え、悪いことをせぬよう、善いことをするように基本的人倫をまず教えること。ある意味で、しつけ教育である。七仏通戒偈は、信仰実践の基本を述べている。「諸悪をなすことなかれ、衆善を奉行せよ。自らその意を浄くせよ。これが諸仏の教えなり（諸悪莫作、諸（衆）善奉行、自浄其意、是諸仏教）」（『法句経』一八三偈）。過去七仏が、共通して受持したと言われる、釈尊の戒めの偈であり、仏教のすべての教えをこの一偈に摂した。

（三）技能を学習させること：人が、一人前に自らや家族の生活を保持し、安定させるのには、多くの常識、知識、教養を身につけて職、腕を持たなければならない。生活を安定させるのには、専門的な知識と技術を身につけねば大切な家族の豊かな生活は望めない。二十一世紀はインターネットの時代であり、時代相応の技能も必要であり、高度な能力が要求される。

生甲斐、遣りがいのある仕事を発見するとともに、自分の生涯を支えるに足る、周辺を安心させることのできる生活の技法を学習させることも、親の子どもに対する思い遣りであろう。モラトリアムの期間は、自らの目指す職業発見のために必要な猶予期間であり、遅い人は、アイデンティティーの形成、発見までに三十歳くらいまで、猶予期間が望まれる場合もあり、早い人は高校時代に自らの目指す方向、職業が明確な人もいる。習練、技能、知識の学習、習得に専念して、プロ、専門職者を目指す教育を受けさせる道は、本人のみならず、親としての務めでもある。そのための経済的援助、財産も万般も、適当な時期に相続させるのも親の義務であろう。

（四）結婚をさせること：配偶者を迎えるのには、適齢期があり、特に女性は、母親になりたい希望は、老婆になってからでは実現しない。母親業としては、子どもが成人するまでの養育期間もあり、体力も必要であり、結婚適齢期もあろう。家族ほど大切なものはないが、家庭を持ち、子育てをし、孫の顔を見せるのも親孝行かも知れない。子は鎹《かすがい》と言われ、子どもは夫婦の間をつなぎとめる働きをする。子どもは多い方が、家庭はにぎやかである。

（五）適切な時期に財産を相続させること：財産、家や山林の相続を相続とばかり考えがちであるが、親から学校へ行かせてもらい、教育を受けさせてもらったことも、ひとつの財産である。教育に理解のある親心はありがたい。親の生き方が上手であれば稼ぎも多いが、戦後日本は貧困から立ち上がり、豊かな今日の日本をつくりあげた。知恵の相続も、家庭の繁栄財産形成に大きな宝物となるであろう。

夫は妻に奉仕し、妻は夫を愛すること

一般に夫は、妻の面倒を見、養うものと言われる。ゴータマ・ブッダは、青年たちに、夫は、妻に次の実行をし、奉仕しなければならないと説法した。

（一）妻を尊敬すること、妻を敬うこと：妻の人格や行為を高いものと認め、尊敬の念を抱くこと。妻を対等に扱い、男尊女卑の考えを捨てること。男を重んじ、女を見下す態度や思想は差別である。男女は平等であり、話し相手として種々のことを相談し、意見をよく聞いて受け入れるべきである。男女平等と言えども、女性は子どもを産み、母親となり、上手に子どもを育てる能力があり、男性にはない母親としての素養、愛情が身についている。腹だたしいことも、長い人生の中にはあろうが、母親としての女性は、特に子どもを育てる人として尊敬に値する大切な存在である。

（二）妻を軽蔑せぬこと：妻を軽んじさげすむことや、馬鹿にすることは禁物である。妻を見下げる、つまり軽蔑することは人として厳禁である。妻も女性として夫と仲良く暮らし、尊敬されるにふさわしい内助の功を心がける。妻も家庭内で夫の働きを助け、夫を愛する精神も大事であろう。

（三）妻以外の女性と邪淫せぬこと：ドンファン型の男性、尻の軽い女性の不倫は、家庭不和の原因であり、結婚解消、離婚の原因にもなる。不倫は、配偶者でない者との男女関係であり、ドラマとしては面白いのであろうが、人が踏み行うべき道からはずれ、結婚時の約束違反となる。夫以外、妻以外の男女関係は、リスクが大きい。血気ざかりの若いころは野菜を多く摂取して、エネルギー源の肉食を少なくし、アダルト映像や刺激を避けること。人間に内在する煩悩を増やすと無限であり、煩悩は人生を狂わしてしまうこともある。人間は、華のようにデリケートで弱いので、不必要な刺激は避けるべきである。ブッダは出家前、美しい女性たちに囲まれた王宮生活をしていたが、女性の寝姿に嫌気がさし、出家者となり、菩提樹のもとで開悟し、法を説き、仏教の開祖として歴史に名を残している。

(四)家では妻に権威を与えること：かつて女性は五障三従と言われ、五つの障りを持っていて、梵天王、帝釈天、魔王、転輪聖王や仏になることができないという差別思想があった。幼い時は親に従い、結婚すれば夫に従い、年老いた時は子どもに従うというのが三従である。

女人禁制の山もあり、男女完全に区別する方策がとられ、修行のさまたげになると、女性の入山を禁止した。高野山等は千年以上にわたって女人禁制の山であった。男性に増して女性は穢れた存在で、罪深く、業が深いとして扱われた歴史がある。

女性の五障とは、女人に生まれながらに存する五つの障りである。

(一)煩悩障：解脱を得るうえでの障害、煩悩という妨げである。煩悩の障り、道徳的障害である。

(二)業障：業の障り、正道の妨げとなる悪業のみをなす障りにより、仏法に入る機縁が熟さない業。

（三）生障：女性の身のままでは悟りが得られないから、男子に生まれ変わり（変成男子）、男子の身に生まれてから成仏すると考えられた。

（四）法障：正法（教え）を聞きえない障り、機根は熟しても仏法のない所に生まれる。

（五）所知障：知らるべきものに対する妨げ、一切の所知について、智の働きの妨げとなる無智をいう。これを滅した時、一切智者たること、菩提が得られる。

なお、障りの字は「さわり」と読み、精神的な妨げや邪魔のことである。

最初に出家した女性は、釈尊の母マーヤー夫人の妹で、養母のマハーパジャーパティーである。仏教では人間平等の立場から、男女をまったく平等に見た。女性の教団が成立したのは、世界の宗教の歴史において仏教のみである。

女性も男性と同じように出家修行をすれば、聖者の位に入ることができるとの人間平等の思想を実現した。

アダルトチルドレン

アダルトチルドレン（AC）は、アメリカでアルコール依存症の臨床の中から生まれた言葉で「アルコール依存症の問題を抱えた家族の中で成長した大人（AC of alcoholics：ACoA）」を意味している。[1]

現代社会の中には、家族に心を傷つけられ安全な場所を欠いた子どもたちがいる。

飲酒癖と酒乱による夫からの暴力に脅える被虐待妻は、夫によって生傷が絶えない状態に追い込まれる。「家庭内暴力」は、望みを託した子どもにも波及し、母親は叩かれ、父親は腕を折るというように、子どもからの暴力に心身とも傷つくようになる。

このように精神病理学的現象を起こさせるほど強力、かつ刺激的、打撃的となった「主観的体験」は心的外傷（トラウマ）と言われるが、精神発達の初期にトラウマがあったか否かが心的外傷後ストレス性障害（post traumatic stress disorder：PTSD）の強さに影響し、トラウマが人生を支配し続けることもまれではない。そのような性的虐待、強姦、夫婦間暴力に苦しむ女性たちのＰＴＳＤは、今日では一つの病気として認知されるようになった。

ＰＴＳＤは、

（一）侵入性反応：侵入性回想として、思い出したくない記憶が何の関係もない場面で意識の中に侵入してくる。しかも何度も何度も繰り返し再現される。

（二）感情鈍麻性反応：感情鈍麻は、感情の荒廃が進行し、感情そのものが欠如・消失してしまう。いわば「失感情症」である。強姦や災害という事件以来トラウマにより深刻な「人格の変化」が生じている場合が少なからずあり、閉じこもりがちになり、憂うつになって、人間関係の深いところで情緒的な関係を避けてしまい、一人になりがちで、友人との関係もうっとうしく、配偶者との関係も以前ほど親密なものでなくなり、「こんな思いをしながらどうして生きていかねばならないのか」「人生は何もおもしろいものではない」「生きる価値などないの

「……ではないか」と悩み嘆く。

という特徴を持つ。

ＰＴＳＤは、強い情動体験により意識の統合性が一時的に失われる（dissociation）現象である。フランスの心理学者ジャネは、子ども時代の性的・身体的トラウマとこの症状を結びつけた最初の人である。

解離性障害には、

（一）心因性遁走：家族や職場から突然蒸発してしまった人がその理由、経緯を回想できない。

（二）心因性健忘：ヒステリー性健忘とも言われているが、不快な事件、体験、人物等を思い出すことができない。

（三）離人症：自分がしているという能動意識が障害されている。自分のやっていることに実感が伴わない。現実感が失われる意識障害である。自分が自分でないような感じ、自分がなぜここにいるのかわからなくなった感じが離人感である。

などがみられ、そのほか繰り返される悪夢、アルコール・薬物依存、手首きり（リストカット）、自傷行為（虐待体験を持った者に高率に生じる）、自殺企画等は、解離性障害が背景にあると言われている。解離性障害の多くは家庭内トラウマを原因として発生する。児童期のトラウマの後遺症を抱えた人が思春期、青年期に摂食障害（過食症、拒食症）、中年期のアルコール依存症、うつ病になり、さらには境界性人格障害になることも少なからずある。過食症の少女たちは、万引きをしたり、窃盗癖、手首きり等を行うことがあると言われている。事件の強烈さ、人生のどのような時期にトラウマ体験を受けたか、子ども時代に受けたトラウマは、強い後遺症を残す。

児童虐待

心の発達に必要かつ欠くことのできぬ「愛情」を受けなければならない子ども時代に親から受ける児童虐待には、以下のようなものがある。

（一）身体的虐待（被虐待児症候群）：子どもに暴力をふるう親に育った子どもは、親の攻撃性の影響を受け、不安や怒りを調節する能力の発達が不良となり、攻撃的な加害者になる。いじめを行い、大人になって妻に対する暴力の加害者になることが多い。成長してから加害者の役割を繰り返す。虐待されている母親を見て育った女の子は、母親と同じ被虐待妻の立場にいつまでも拘束される女性となる傾向にある。日本での家庭内暴力は、思春期の子どもが親を殴ることをいうが、アメリカでは、妻、性的パートナーへの強姦を含む暴力という意味あいで用いられている。

（二）性的虐待：近親姦、強姦等、女性の被害者には、感情鈍麻が見られ、売春のような反社会的行為をする人も発生しがちであり、近親姦は感情鈍麻に続いて解離性障害が生じ、多重人格にいたることもある。親から虐待されている子どもは、自己評価が極端に低く、成績が低下し、学習困難をきたす。ＩＱも発達しにくかったり、時には犠牲者が加害者になり、自分の子どもを殺すこともある。

（三）心理的虐待：父親や兄弟の学歴が無言の圧力を加え、あるいは母親の期待に答えられず、心理的虐待によって、家にひきこもり、登校拒否をする。見えにくい暴力、虐待である。

親との関係で生じたトラウマによって人生を支配され、親との関係の中で情緒的な傷を負いながら大人になった人（アダルトチルドレン）は、通常、健康な家庭にある安全な場所が破壊され、夫婦間暴力等、子どもたちは虐待されている母親を繰り返し見る目撃者として母親の不安定な情緒の影響を受けながら育つ。あるいは、児童虐待（虐待する親の下で大人になった人）、近親姦という家庭内虐待の中に育った人たちであり、親との関係で何らかのトラウマを負ったと考えられる成人である。言いかえれば、「機能不全家族」のもとで大人になった人たちでもある。

健康な家族の機能は心の発達を含め、子どもにとって安全な自らを充分発達させることができる家庭なのであるが、「機能不全家族」は、ワーカーホリックで子どものことが念頭にない父親や、夫婦喧嘩が絶えない状態にある。子どもが親の関心を必要としているのに、それらが遮断されて育つ。したがって、子どもの心の発達はある段階でとまる。そしてアダルトチルドレンを世に出す。機能不全家族とはそういう家族であろう。重要なことは、子どもを虐待する親に育てられた子どもたちは、成人してやがて親と同じ人生の軌跡をたどるということである。いわゆるサバイバーとして繰り返し、サバイバル（生き残り）して、親と同じ生活パターンにはまってしまう。

わが国の家庭内暴力には、老人虐待、妻や性的パートナーである女性への虐待、児童虐待等があるが、恐いことに繰り返されるのである。仏教で言う業（行為）が消えず、受けつがれていく。児童虐待に走る親たち自らが、児童期に親から虐待されていた子どもであったということである。子どもたちはその時幼かったのであるが、大人になって不安定な家族を形成し、再びこの親の子どもたちが加害者、被害者、目撃者になるのである。

〔注〕
（1）斉藤学『アダルト・チルドレンと家族』学陽書房、五頁、一九九六年。

ライフサイクル

人間はただ生まれただけでは不充分であり、人間には、教育が必要である。（M. J. Langeveld）

父母のお陰で誕生した人間の子ども（乳児）は、親の保護を必要としている。親の手厚い保護や養育が大切である。もうこれで大丈夫、無事にこの地上で生きてゆけるという段階まで成長するには長い月日を要する。

「育て上げる」「育てる」とは、一人前に立派な人間になるまで育て上げ、教育をすることであり、一人前になるまでの過程がうまく進むように世話をやき、助け導く。若木が育って大木になるのと同様であり、生まれてから一人前になるまでの過程、成長するのに歳月を要する。人間は決して既にできあがった人間として生まれてくるのではなく、教育やしつけによって子どもは初めて人間になるのである。

人間の一生は、乳幼児期、児童期、青年期、壮年期、老年期と進む。発達段階に応じ課題がある。精神分析家、エリクソン（Homburger Erikso Erik　一九〇二～九四）は、アイデンティティー論、ライフサイクル論を確立し、人間は段階的に成長すると、ライフサイクルを八つの段階に区分し、それぞれの段階の課題を設定した。

乳児期、幼児期、学童前期、学童期、思春期、青年後期、壮年期、老年期に分けている。

（一）乳児期（生後一年まで）：この時期において重要なのは信頼感である。信頼感のない人には抱っこされない。顔見知りもする。幼児が愛情深く信頼すべき母親の元、愛情豊かに育てられることが重要である。母と子の肌の触れ合いが大切な時期である。愛情の欠如は人生を曲がったものにする可能性がある。

（二）幼児期（満一～三歳まで）：自立性の時期である。「三つ児の魂百までも」と言われるように大切な時期である。人間の記憶は、満三歳にさかのぼる。この幼児期こそ一生の人格的基礎をつくる。

（三）学童前期（三〜六歳）：普通の遊びに必要な身体的技能を学習する。友達と仲良くする。男子、女子として社会的役割を学び、読み書き計算（そろばん）の基礎的能力を発達させる。日常生活に必要な概念を発達させ、良心、道徳性、価値判断の尺度を発達させる。一人きりで遊んだり、ごっこ遊びをしたり、自分だけの時間をほしがる。自発性の時期でもある。

（四）学童期（六〜十二歳）：学童期は、子どもの活動が家庭から学校へ移る。学校教育では、知的な技能、必要な書物、訓練等を与える。勤勉の段階である。遊び、スポーツ、友達、先生とのかかわりによって、創造性や社会性を身につける。全人格の成長のため、欠かすことのできない学習の時期である。

（五）思春期（十一〜十八歳）：自分の身体の構造を理解し、身体を有効に使うようになる。両親や他の大人たちから情緒的に独立し、経済的な独立について自信を持つ。職業を選択し準備する。結婚と家庭生活の準備をする。そして市民として必要な知識と態度を発達させる。苦しい模索の季節でもある。人生観を持つことが課題である。思春期には、アイデンティティー（identity）の形成という課題がある。アイデンティティーは、「自分であること」「自己の存在証明」「真の自分」「主体性」「自己固有の生き方や価値観」「同一性」等と訳される。本当の自分の好きなこと、生涯を通して一生取り組めるであろう課題を発見する時期でもある。自己のアイデンティティーの確立が課題であり、形成に失敗するとアイデンティティーの混乱、役割の混乱に陥る。アイデンティティーの喪失（自己拡散）とノイローゼ、神経症、虚無感、価値の喪失、うつ病、心の病とのむすびつきが課題となる。青年期の課題は、自己のアイデンティティーの確立であり、最も純粋に価値を追い求め、これに従って生きようとする。生きる価値、生存理由、存在理由の探求時期である。

（六）青年期（十八～二十五歳前後）：青年前期は、社会的猶予期間の延長が課題となる。モラトリアムは猶予期である。青年期は社会的成長のための猶予期間である。青年後期は他人、特に異性との親密度を成就することが主要課題となる。真の友情もこの時期に生まれる。職業の選択、恋愛、配偶者の選択等、人生の本番への関所がずらりと並んでいる。生きる喜びの欠如は、青年期の一つの危機として特別に扱う。精神医学の視点である。

（七）壮年期（二十五～五十五歳頃まで）：働き盛りの二十五～五十五歳頃まで。三十歳代後半から四十歳初めは悩み多い時期である。無私の世話、ケアーこそ壮年期の徳、または力であり、生殖・出産もこの時期であろう。そろそろ老化も始まる。生理的には下降線をたどり始めている時期に、内面的には上昇し始める。残されている自分の半生を、本当に自分のやりたいことをなすことに捧げようという意味の方向転換が必要であろう。もう余計なことをしている暇がない。なるべく自分にとって本質的なことをやろう。より創造的な生き方、真に人間らしく生きていける時であり、経済的、社会的なゆとりができてくる時期でもあろう。生き甲斐の喪失は、病につながる。心の張り合いを感じ、真に生きている実感を持つことが大切である。

（八）老年期（六十五歳～）：先進国では六十五歳以上、発展途上国では六十歳以上をもって老年期と見なす。還暦六十歳は本卦がえり。六十歳で、再び生まれたときの干支に還ることから還暦という。「人生七十古来希なり」（杜甫の詩）と言われる。古希は七十歳の称である。労働からの引退、親の役割の終了、祖父母の役割（孫からおじいちゃん、おばあちゃんと呼ばれ、かわいい孫たちに恵まれる）となる。老成を自覚する。定年後の役割や生き甲斐の喪失、死の受容等もあろうが、老年期は社会からの離脱のみならず、社会への総合活動が優位を占めるようになる。暗いイメージの老人ではなく、高齢者である。人口の高齢化が人々の関心を集め、雇用機会や学習の機会を確保し、高齢者教室や福祉サービスの充実は、高齢社会に対処する積極的な取り組みの姿勢を示すものであろう。しかし、生命の終わりの段階であることに間違いはない。社会的定年は無用になり、家庭の中では毎日身を持て余す隠居となり、子どもたちは巣立ち、社会的時間の枠が次第に外されていく。自己の経験の統合を保ちつつ、後の世代にこれを伝えようとする年代である。老、病、死には、宗教的な解決が必要となろう。壮・老年期は、人生の総決算の時期であり、壮年期は、社会的役割も安定し、人生に自信を示す、いわば人生の絶頂期である。

中年（四十歳前後）の年齢になると、身体機能の衰退や回復力の衰え、慢性的精神疲労等から疾病傾向は高まり、更年期障害が起きる。健康状態は、高血圧、心臓病、がん、胃潰瘍、アルコール中毒等慢性疾患にかかる者が増加し、家族のこと、経済的なことのみならず、健康上の悩みが必然的に生じてくる。老年期は、脳器質性の精神病も増加する。

高齢者は、「死」という言葉をたえず自己の問題としてとらえ、不安を抱く。現実的な事柄として自分の死について考えたくない、考えまいとしている人もいる。

高齢者の自殺には、うつ病と痴呆初期のうつ状態が多く、うつ病、うつ状態と自殺は、極めて密接な関係があり、回復期や発病初期の比較的しっかりした時期に多い。自殺企画者の性格特性もある。徹底性、強い責任感、律儀、生真面目、凝り性、非融通性、職務上の過労・心労、強い道徳感、それらの素質に関係があるとも言われている。嫁と姑の葛藤も老人の自殺に影響する。

望み、希望をまったく失うことも人生にはあり、それが「絶望」である。自分の存在の意義を見失う不安の激しい感情が人間にはある。

(一) 病気、事故による能力の喪失、衰退。

(二) 高度の成功をなし終えたあとの限界。

(三) 達成感の欠如。

(四) 望まれる目標の喪失。

(五) 能力を発揮する場の喪失、絶望体験。

壮・老年期は、身体疾患が増加し、身体疾患の増悪がさまざまな喪失体験や精神疾患の発生を招き、それが自殺につながり、自殺が生じやすい。

自殺の要因をまとめてみると、

（一）自殺者の性格
①自己顕示性が強く、人格が未熟で衝動的
②主体性に欠ける、依存性が強い
③情緒が不安定、社交性に乏しい
④現実認知能力に欠ける
（二）家族構成および環境
①実父母の欠損状態
②過度の愛情飢餓等
③嫁姑の関係不和
④失われた家庭の思い等
（三）自殺者の精神状態
①生きていてもつまらない、死にたい、自殺したい
②人生の見通しが絶望的
③うつ病との関係
等である。

自殺大国日本

自殺の要因・精神障害

老人の自殺の多くは、生前に何らかの「心の病」にかかっていることが多い。気分障害、つまりうつ病、うつ状態である。その他、統合失調症、アルコール依存症、人格障害等の診断をくだされる例が多い。生きる希望や目標の喪失、最も望んでいたことが失われて絶望を体験したり、能力の減退により、能力を発揮する場を失うことが生きる意欲を失わせやすい。喜びの人生にあって自殺する人は少ないであろう。自殺する人は、深刻な悩みをかかえている。しかし、荒波の人生行路を生きのびてきた人たちが、なぜ老年期に自殺をするのであろうか。

確かに人生の夕暮れにさしかかっている。死も遠からず訪れる。それなのになぜ急ぎ、自ら命を絶つのであろうか。

老人自殺の最大の原因は「病苦」、すなわち老病死の病苦である。身体の病気の病苦ばかりでなく、心の病苦も含まれていて、心身一如と言われるように、心と身体の双方は分離できない。

老後の配偶者の存在は、情緒的安定にとって欠かせない要因である。高齢とともに有配偶率が落ち、死別は、高齢の寂しさに一層の寂しさを加える。親子の不和、嫁姑の不和、家族の不和が存在し、家族からの疎外感があると、絶望的になる。温かい手がさしのべられれば、人生は好転するのであろうが、人間は一人では生きられず、孤独な生活の中にあって周囲からの助けを得られない人は、自殺の危険が高まる可能性がある。

疾患とは、疾（矢によるきず）と患（心が苦しむこと）であり病気、やまい、苦しみを意味する。精神疾患は、自殺の危険因子であるが、すべての精神障害者に自殺念慮があるわけではない。

人生には、気分の障害がある。気持ち、心持ち、心身の調子の妨げ、障り、故障、感情面、思考、身体のすべてに症状が現れる気分障害の代表として、うつ病（落ち込んでいる状態）がある。

四大症状として、

（一）抑うつ気分：わけもなく気分が沈み、涙ぐみ、空虚感がただよい、自信を失い、自分の存在が取るに足らないように感じ自分を責める。後悔、絶望感が強まり、自殺を考えてしまう。

（二）精神運動性：思考能力が衰え、いつもなら難なくこなせる仕事も苦痛で、多くのエネルギーが必要になる。なかなか仕事に取りかかれない。注意が集中できず、時間ばかりかかって仕上がらない。人と会うのが億劫になる。日常のごく当たり前の決断ができなくなる。決断不能もうつ病の症状と言われる。

（三）不安焦燥感：落ちつかず、いらいらしている。じっと座っていたり、横になって休息をとることができず、部屋中をウロウロ歩きまわったり、髪をかきむしる。

（四）自律神経症状：不眠、食欲不振、体重減少、何となく体がだるい、早朝覚醒、入眠困難、熟睡困難、頭痛、頭重感、めまい、目のかすみ、耳鳴り、喉の痛み、口渇、声のかすれ、動悸、息苦しさ、便秘、下痢、関節痛、神経症、しびれ、性欲減退、インポテンス、残尿感、頻尿感、微熱、全身倦怠感等、あらゆる身体症状が現れる。

さらにうつ病患者には、妄想がある。

（一）心気妄想：がんになってしまった。皆が否定するのはその証拠であると強い確信を抱く（事実とは異なるのに）。

（二）罪業妄想：世の中の万般の悪い出来事は、自分の行ってきた過ちのためであると思い込む。

（三）微小妄想：生きている価値のない人間であると思い込む。

うつ病患者の自殺率は、一般人よりはるかに高い。

二十一世紀社会に生きる子どもの育て方

三つ子の魂百まで——子ども養育のメカニズム

三つ子の魂百まで

という昔から親しまれている諺は、幼い時の性格は老人になっても変わらないという格言である。英語では、“As the twig is bent, so grows the tree.” 三つ子は三歳の幼児、幼い子を意味する。これは魂（soul）の問題である。魂は肉体、身体に宿って、心の働きをつかさどると考えられ、精神（spirit）である。心を改めることを、魂を入れ替えると言う。「以心伝心（心から心に伝える）」の心のことである。人間は身体のみならず、心ある存在である。「三つ子の魂百まで」は、魂ある精神、心身一如、心身相関の人間存在を物語っている。

子どもの時の生活体験は、その人の生涯に影響を与えるという因果関係を物語る金言であろう。

育児の本質

子どもは愛情の中で育つ。

祖父母、良き父母等、養育者に恵まれた子どもたちは、この世に誕生した時から、「おっぱいを飲みたい」「おしっこをして気持ちが悪い」「寒い」「暑い」「寂しい」「怖い」と、放って置かれたら一人では生きていかれない。

牛や山羊《やぎ》等の家畜類は、生まれ落ちた時から即立ち上がり、母乳を飲み、いつしか柔らかい草を食べ、成長する。しかし、人間は生まれて即立ち上がることができない。ハイハイをし、つたい歩きをし、通常、十カ月から一年の歳月を経て歩き始める。父母の愛情の中に泣き声をあげ、「私がいるから大丈夫よ」と、一つ一つ不安と欲求を受け止めてもらいながら、すくすく成長する。

言葉がしゃべれないうちは、泣くことによって意志を伝えようとする。叫び声を発したとき、信頼の置ける親や養育者が受け止めて助けてくれる。決して一人ではない。信頼の中に生育していくのである。

父母・養育者と子どもの信頼関係、乳幼児期の豊かな愛情こそが人間の基本的な信頼感を形成し、自己同一性（アイデンティティー）の形成の芽を植えつける。

大切な人、大好きな人がそばにいてくれるだけで安心でき、心の安全基地が形成され、自然に感化されて、いろいろなことを覚え、豊かな養育のメカニズムの中に育っていく。母親との心の触れ合いは、乳幼児期の生活に極めて重要な意味を持っている。

狼にさらわれ、森の中で狼に育てられたインドのアマラとカマラの話は実話である。母親から生まれた人間の子どもであるが、狼を親として育ったがゆえに、言葉も、歩行も、添い寝も、ご飯の食べ方も狼同然の生活様式であった。二本足で立って歩くことができず、村人に発見されたアマラとカマラは、歩行回復に二年も三年もの歳月を要し、乳幼児期に身につく人間の言葉も話せなかったという。夜中に狼の遠吠えをし、中秋の名月も味わえなかったという。

父母に育てられる人間の、その育児の本質は何かを考えさせられる。

自宅のトイレで子どもを産み、生まれた嬰児の始末に困って、ゴミ袋に入れて捨てたという。夜尿が治らない、子どもが言うことを聞かないと、折檻して殺害したという。母親が遊び歩きたいがゆえに、幼児を家に閉じ込めて放置したという。テレビニュースがそう伝える。

そんな母親にも、子どもは「お母さん」と泣いて寄り添うのである。

ショックなニュースが頻繁に報じられる昨今である。小・中学生のいじめや自殺、子どもの人権を無視した母子心中、家庭内不和、暴力、親殺し、子殺し、夫婦殺害事件等々、人間顔をした冷酷な猛獣が町の中を歩きまわり、人を襲う。

経済的繁栄とは裏腹に、母性を失い、家族関係が破壊され、人間の絆が失われていく冷酷無残なこの社会の変貌の原因は一体どこにあるのであろうか。

育児の基本や、やがて成長する乳幼児の生活の基本も問われるであろう。

父親の生別・死別・別居等で父性が欠如し、あるいは、いてもいなくてもあまり変わりのない父親の精神的支柱の不在家庭にあって、強い母親の言いなりになるだけの父親、父の影の薄い家庭も増えている。

生みの母親を失った子どもは、母性の欠如を補塡されない限り、人間の心身に何らかの影響を及ぼすと言う。人間には、身体とともに心があり、この心は、突然大人になってから形成されるものではない。ものの中心になる核（core）は、種子としてものの中心にある。

乳幼児期までに形づくられる心の核はその後も成長し続け、大人になってからも人間の核の部分で大きな影響を及ぼす。

意識は認知し、思考する心の働きであり、純粋に内的な精神活動である。通常、今自分がしていることを自分でわかっている状態を意味する。知（知識）、情（感情）、意（こころ）のあらゆる働き、それらの根底にあるものが意識である。

仏教には唯識というものがあり、現象は心によって分別された意識のみで、実体がなく、単に識の相続上のものにすぎないと、「意識」の存在、「意識の流れ」を説く。人間の根底をなす「意識の流れ」は、意識下に経験を蓄積し、個性を形成し、すべての心的な拠りどころとなる。唯識派では、阿頼耶識《あらやしき》、第八識の存在について説く。

心の核の中にすべてが記憶され、保存され、乳幼児期の生活によって形づくられた核、因《いん》は成長してからも人間の根本的なところで、意識をつき動かす原動力となるというのである。

人間の成長後に表される精神的な諸問題の万般の根源は乳幼児期にある。生後、三、四年間の就学前の乳幼児期の生活経験、体験は、鋳造され、鋳型に流しこまれて所要の形につくられる。そのため成長後に示す精神的な諸問題の原因は乳幼児期にあると言うのである。

「三つ子の魂百まで」であるから、当然、それ以降の教育も、他者との接触、環境、社会背景、時代の風潮も、全生活史から人格形成に影響を与える。

人生の基礎は乳幼児期にあり、それは生涯を通してその人を支配する種となると、その重要性が指摘されている。

人間の顔、体つき等、身体的特徴が遺伝するということは、現代医学も認めているところである。乳幼児の精神の働き、情緒の発達、芽を出しつつあるパーソナリティー（personality 人格、個性、性格、個人の統一的な持続的な特性の総体）、初期の育児法は将来に影響を及ぼす。

毎日の子どもとの接触や自分のお腹を痛めた子どもの母親としてのかかわりのみならず、家族との接触や家庭環境、精神的伝統、以心伝心が、あるいは良き師との出会いが、人生に影響を与えると考えられている。

乳幼児期に母親にどのように扱われるかが重要な意味を持つことは当然であるが、生まれてからの毎日の生活を通して、子どもの心がどのように形づくられるかに生活の鍵概念があるのである。

戦後の育児法

子どもをどう育てたらよいか。

戦争は人間の生活に最も影響を与える。戦後、日本の育児法の変化がいかに激しかったか、反省させられる。

明治時代に始まった近代化の遅れを、敗戦によって痛感した日本社会は、以来、あらゆる分野でアメリカ文化の影響、模倣に明け暮れた。アメリカ式育児法は、今日格別に意識せぬほど定着したが、何か大切なものを喪失してはいないか。

男尊女卑と言われた男女関係のあり方が、戦後、男女平等になり、敗戦で自信を喪失した男性に代わって、女性の活躍、社会進出が目立ち始める。

自然な母性的な育児法から、アメリカ式の合理的な育児法に変化し、戦いに敗れた父親たちは子どもの教育に関与しなくなり、強い母親と弱い父親が顕著になったとも言われる。また、戦後の支配的な母親のタイプが子どもの心身の発達に影響を与えていると言われる。

生まれてから一、二年は母親の世話を受けなければ、子どもは生命を維持できない。母子関係の特殊性として、子どもは母親との接触を通して、人間としての原型が形づくられていく。

さらにどのように育てられるかが、問題である。一般的には母親に主導権があり、次第に父親との相互扶助的関係に入っていくものであろう。

乳幼児期の体験は、成長後の人間を支配する。母親の愛情とは母性本能に裏づけられたものであり、本質は母子の心が触れ合うことである。母親が子どもの欲求をどう読み取り、それをどう満たしてやるかが、母子関係の心的接触の本質であり、育児における愛の本質であろう。

しかし、ややもすれば母親が自分を押し通し、子どもの欲求が満たされていないのではないだろうか。母子の心の接触不在がおきていないだろうか。子どもを部屋に一人きりにし、どんなに泣いていても放置しておき、いくら泣き叫んでも母親が来てくれない状態では、子どもは母親の心に触れることができず、心の不安な状態に置かれる。子どもが本当に必要とする世話を惜しんではならない。

母性の欠如にも問題が多い。

添い寝をしながら子守歌を歌ってくれる母親の声ほど、安心感を与えてくれるものはない。声を聞くだけで母の存在を知り、安心するであろう。心の触れ合い、スキンシップである。

子どもがやがて独立をしていくことが育児の目標であろうが、そのためにはしつけが大切である。アメリカ式育児法は、子どもの独立を重んずるがゆえに、転んだ子どもを手助けせず、一人で起きあがらせる。子どもを突き放して育てればよいかのように誤解を与える。子どもの欲求を母親が無視し続けると、心身相関から、不安神経症や心的不安を呼び起こす。したがって、母親の直接的な育児が長時間続けられる必要があろう。

精神活動の不活発さを伴った言葉の遅れは、母親の愛情不足や母性的接触の欠乏を示す最も早期にして特徴ある病状であり、放りっぱなしにされた子どもは話し始めるのが遅い。言葉の遅れは母性的接触の欠乏を示すという。

過保護・過干渉

過保護は子どもを育てる時、必要以上に面倒を見て良くない結果を招くことであり、保護し過ぎの母親の態度である。支配的な過干渉は、子どもの成長を妨げる。

親と子どもは別個の存在者であるという自覚に欠け、子どもを無事に育てたいという動機から、支配的、過保護になり、子どもの一人立ちに必要不可欠な、一人で生きていくことに安心感を与えられない。子どもを育児書通りに強制したり、自分の考え通り生きることを無理強いすると、安心感を持たせることができない。

過干渉は迫害であり、本質的に子どもを自分の意のままに動かそうとする支配的な育児態度である。

母親は一所懸命育てている。母親の自己満足、過干渉的、支配的な育児態度が問題になるのは、その育児法が子どもの成長に重大な影響を与えるからである。

過保護の結果、以下のようになる。

（一）子どもが攻撃的になる。

（二）自慢するようになる。

（三）臆病で柔弱になる。

（四）青年期以降も、母親に相談しなくては何一つ自分で決断できないようになる。独立を自分のものにしていない。

（五）友人と一緒の遊びに参加せず、家庭生活への逃避を図る。

（六）かんしゃくや攻撃的行為が表れやすい。

（七）過食、肥満が起きることもある。

子どもの自然な欲求を無視し、母親が自分の思い通りに生きることを強要すれば、子どもは自発的な意思を育てることができず、青年期になっても、母親に指示されなければ何もできなくなる。

子どもを自分の思い通りに動かそうとする支配的なタイプの母親が、アイデンティティー形成不全を生み出す。支配的な母親が育児に熱を入れれば入れるほど、子どもの心を傷つけてしまう。

自分が母親に育てられた通り、親としては子どもを育てる（母親像に基づく）と言われる。支配的な育児法を採用した結果、「家庭の崩壊」という深刻な悩みに直面することもある。支配的な育児法で育てられた人間は、他者とのつながりができず、生きる意味を見出せない。大人の心身症や神経症患者の中には、拒否的、過干渉的、支配的な母親を持つ者が少なくない。それは、戦後のアメリカ式育児法の結果によるものではないかと専門家は語る。子ども養育のメカニズムである。

現代社会という世相

戦後、めまぐるしく発展をとげた現代社会のありさまを、憶測（多分こうだろうという不確実な推測）なくありのままに見つめてみると、そこに私たちの取り組み、なすべき課題が見えてくる。

心身一如、すなわち精神（心）と身体（身）が一つである私たち人間は、「気分」によって左右されることが多い。恒常的ではないが、ある期間持続する弱い感情の状態は、爽快、憂うつ等の気分、心持ちを生ずることがある。物事に感じて起こる気持ち、感情が備わっているからである。

精神、心の動きを知・情・意に分けたとき、知は、知ること、よく知ること、知識であり、情は、物事に感じて起こる心の動きであり、快・不快を感ずる主観的な意識である。思い遣りの心、なさけ、男女間の情愛も、この心の動きによって生ずるものであろう。意は、心の動き、考え、思考活動、感覚的でない抽象的な知覚能力である。

快い、美しい、感じが良くないという主体の状況や対象に対する態度、価値づけをする心的過程、情動、気分、情操などは、心（精神）の働きである。

理知に基づかず、感情に左右される感情論、一見、論理を用いているかのようで、実は感情によって考えが動かされ、判断を下す感情の論理もあろう。

理性を失って感情に片寄ることもありがちである。

百万人を超えた病、躁うつ病患者

躁うつ病は、感情の病気である。躁うつ病の患者が初めて百万人を超え（厚労省調査、二〇〇八年）、十年足らずで二・四倍に増加した。うつ病の大半を占める気分障害が急増し、二〇〇八年調査で一〇四万一千人に達したと調査は語る。

躁うつ病は、感情病（affective illness）であり、躁状態あるいはうつ状態、またはその混合と感情障害を基礎とする病的状態が、通常周期的に生ずる精神疾患の一群である。

誘発因子には、日常生活のストレス的なできごとが多いが、うつ病の要因としては、転居、新築、昇進、職場転換、小さな事故、重篤でない身体病、男女の性的役割の危機、疲労等が重要であることが確かめられている。

近親者の発病も関係があり、遺伝要因が躁うつ病の病因に重要であるという指摘もある。

社会心理的要因としては、今日、ストレスが脳の感情中枢（間脳）に働き、病状を発現するとも考えられている。俗に言う精神的緊張が一因となるストレス説である。

小中高生の暴力行為の増加

二〇〇八（平成二十）年度、全国国公私立の小中高生の学校内・外の暴力行為が、三年連続で増え続け、過去最多の五万九、六一八件、約六万件（文部科学省の問題行動調査）になった。

特に中学生は全体の七二%と増えている。自殺した児童・生徒も一三六人、いじめが絡んだ事件は中高生で三人という。石川県内での暴力行為も一九七件と増加し、過去十年で最多という。一体何が原因であろうか。

世紀末か

諸人の幸せを願う大乗仏教は、社会の経済的繁栄と裏腹に、家族関係がこれほど破壊されている現代社会は世紀末ではないかと心配する。昔もあったが、今日ほど頻繁ではなかった。原因は一体どこにあるのだろうか。

大人になると、人は相手を見つけて結婚し、子どもをもうけ、育て、やがては年老いて死を迎える。ところが、不明長寿者が大勢存在するように、家族の絆、つながりが希薄になり、家族関係が破壊し、親子関係にも地滑り的な変化が起きているのではないだろうか。家庭にも問題がありはしないだろうか。

子どもたちの権利

人間が生きながらに有している権利に基本的人権がある。人種、信条、身分等によって、政治上、経済上、社会上の差別を受けないこととして、「アメリカ独立宣言」（一七七六年）やフランス革命（一七八九〜九九年）の人権宣言等において、自然法的に確立されたものである。

近代の基本的人権は、自然権の思想に基礎づけられて登場し、「人間は個人として尊重される」「人間は平等である」「自然権は国家権力によって奪われることがない」という三原則によって構成されている。市民社会にあっては、財産権の自由、精神的自由、人身の自由等の自由権がある。

現代の基本権においては、新しく労働権、生存権、環境権、健康権等がつけ加えられた。環境権は、健康で快適な生活を維持するに足る良好な環境を享受する権利であり、憲法第一三条の幸福追求権、第二五条の生存権に基礎を置く基本的人権の一つである。

わが国の憲法では、思想・信教の自由、集会・結社の自由、表現の自由、拷問の禁止、黙秘権等も基本的人権として認めている。しかしそれは、何はともあれ、命、生存があってのことであり、生きながらえることが前提にある。つまり、命あっての話である。

「人間が生まれながら持っている権利」として生存権、自然権があり、国家が与えたものでないから、国家はこれを侵略しえない。

社会の各員は、人間らしい生存を全うする権利を持ち、日本国憲法第二五条もこれを確認している。

「子は授かりもの」である。その子どもは小さな大人である。やがて青年期、成人期、壮年期、老年期を迎える。

子どもとは、ほぼ七歳までの乳・幼児期をいい、息子・娘は子孫、後継者たちである。子どもの人格を重んじ、子どもの幸福を願い、「子どもの日」(五月五日)もある。子ども嫌いの人もいるようだが、次の世代をになう大切な存在が、子、孫、曾孫(孫の子)であり、子々孫々継承されていく。

人間は万物の霊長といわれるように、あらゆる生物の中で最もすぐれている。しかし、人の道をはずれた「人面獣心(顔は人間であるが、心は獣に等しい人間)」も増えつつある。冷酷な、恩義(報いるべき義理のある恩)を知らぬ、義理(物事の正しい筋道、道理、人の踏み行うべき正しい道)・人情(自然な人間の愛情)をわきまえぬ者をののしっていう言葉でもある。

「恩を仇《あだ》で返す」とは、恩返しをせぬばかりか、かえって仇をもって報いる姿でもある。恩は慈《いつく》しみであり、慈しみは愛する、かわいがる、大切にすることを意味する。謝恩・恩恵等はよく知るところであろう。「恩知らず」とは言われたくないのも人の心情である。

さて、生存権（憲法二五条）は、人間らしく健康で文化的な生活を営むための国民の「基本的な権利」であり、まだ一人前でない幼い子や、無邪気な子どもたちにも大人同然、当然権利として認められている。なぜか大人だけの権利、思想と考えている人が多いように思える。

身体的・精神的能力を充分発揮できるような、心身ともに健やかな、健全な人間として「文化的な生活」を営む権利が定められている。基本的とは、最も大切なもの、おおもと、土台を意味し、権利は法によって保護される利益である。「文化的な生活」とは、学問、芸術、宗教等、人間の精神生活、技術的活動の所産を人類の生活に役立たせる努力生活であろう。

私たちはロボットではないのである。創造性を誇る文化的な生活を求めるのが人間である。

現代の家族と子ども

日本型高齢少子化社会の影に、日本の児童問題が隠れてしまっていて、現代の家族と子どもの問題が気にかかる。国際条約の「子どもの権利条約」（一九九四年）で性的虐待、身体的虐待の問題が取りあげられているが（第一九、三四条）、最近特に家族問題として「子どもの虐待（殴られる子ども）」「夫婦間の暴力（殴られる妻、殴られる夫）」「老人虐待」が目立つ。

子どもの虐待の中で特に問題となってきたのが、性的虐待、実父による実の娘への近親姦（インセスト）である。

虐待の種別には以下のようなものがある。

（一）身体的暴行

（二）棄児（普通の状態で発見されないところへ子どもを置いてくる、死ぬかもしれないことを想定し置いてくる）、置き去り（必ず発見される病院前、人通りのある所へ子どもを置き去りにする）

（三）保護の怠慢、拒否（食事を食べさせない、病気になってもそのまま放置する）

（四）性的暴行

（五）心理的虐待

（六）登校禁止

加害者には高学歴、高所得の人たちもかなり多い。ストレス社会だからでもある。背景には、親族との断絶、夫婦間の暴力、夫婦不和、期待に合わない子（男の子がほしかったが、女の子が産まれた）、望まぬ子（産もうと思っていなかった）がある。

子どもはウンチもする、夜中に起こされる、トイレット・トレーニング等、面倒なことがいっぱいあると、虐待家族にも言い分はあろう。

飲酒、薬物の使用等によって、子どもの虐待が生み出されることもある。虐待家族の構造である。子どもの意思を踏みにじった生存権、人権無視の親子心中等、殺人行為もある。

このような世相において、大乗仏教はどう考えるのか。沈黙でよいのか。見て見ぬふりでよいのか。ここに大乗仏教としての浄土教、親鸞精神、蓮如上人の現代社会への蘇りの意義がある。その根源は何か。「三つ子の魂」、すなわち幼児体験にあるのではなかろうか。

必要なのは、仏壇のある暮らしである。心の拠りどころ、お世話になった人への感謝（報恩）の生活である。心ある人間の根源としてそれが大切であろう。

恩も知らない、心のない人面獣心の人間が牙《きば》を研ぎ、牙をむき、街を歩いている。このような現代社会は、命の安全の保障のない危険極まりない世の中であるようにも思える。

私たちは大切なものを忘れてはならない。

人権とは、人間が人間として固有する権利であり、家族の一員といえども、犬や猫には人権はない。人権とは、人間の尊厳（尊く厳《おごそ》か）であり、威儀（法則、作法にかなった立派な振る舞い）正しく、厳粛（厳格で静粛、厳かでつつしみぶかい）な法律的な表現であり、その根幹はプライバシー（私事の内密）の尊重と自己決定権の保障であろう。人権蹂躪は、国家権力が憲法の保障する基本的人権を侵犯することである。弱者も一市民として人間らしく扱う必要がある。

私たちは一人ではない。家庭がある。それでは、家庭とは一体何なのか。

家族は社会構成の基本単位であり、夫婦を始め、生活をともにする親子兄弟等の血縁集団でもある。笑顔、やすらぎの場であり、うちとけた気分にひたれる場であろう。家庭は家族が生活するところであり、夫婦、親子等が一緒に生活する場である。家庭の生活環境の中で、父母やその他の家族によって家庭教育が行われる。乳幼児の保育はもとより、就学後も、家庭環境とそこの人間関係により影響を受ける。

子どもを愛せず、虐待してしまう親、危険をはらんだ家庭もあり、家族の崩壊も見られる現代社会である。家族が同じ屋根の下に住み、その中で個人の自己実現（人間として豊かな自己の能力、個性を現実に発揮し、実現すること）を促進する場所が家庭であろう。

母親の権利、女性の人権、子どもの権利、お互いの権利を尊重し、母親の自己実現、父親の自己実現、子どもの自己実現、それぞれの家庭構成員の権利が尊重され、自己実現が図られてこそ人間の家族である。

家族主義的な考えが解体していく現代社会にあっても、家族という大切なものを忘れてはならない。

しつけと虐待

しつけ（躾、仕付とも書く）は、礼儀作法を身につけさせること、身についた礼儀作法を言うが、衣服のしつけは、縫い目を正しく整えるために、仮にざっと縫いつけておくことである。田植えにも関係し、稲の苗を縦横に正しく曲がらないように植えつけることから、しつけ時は田植え期間を意味する。

排便のしつけ、母親のしつけの態度が、歩行や発語に影響を与えると言われる。子どもの排便異常は、母親のしつこい強制(支配)に対する反抗であり、母子間の関係の障害が排便異常として現れる。異常なのは母親のほうであり、子どもの反抗は正常な自衛反応であり、排便異常はこのタイプの母親によってつくられると言われている。母親は自分の考えている通りに排便しなければ、子どもの健康が保たれないかの如く不安を抱き、排便にこだわる。自分が排便障害を助長していることに気がつかない。

子どもの心は、もっぱら母親との交渉を通して形づくられる。排便障害児は、悪い児ではなく、一種の心的障害児であろう。故意に失禁するように見える子どもにしても、排便をしつける保護者(母親)にも責任があり、子どもだけを責めてはいけない。子どもとの関係を、距離を置いて見られない状態にあることに気づくべきである。

解決法は、子どもが排便に対して抱いている緊張感を、できるだけ取り除いてやることである。しつける母親自身の緊張した態度は、そのまま子どもに反映するので、母親がまず緊張を取り除いてかかる必要があろう。なかなかしつけられないからといって、叱ったり、強制を加えたりすることを戒める。強制されると子どもは緊張に追いこまれるだけである。

排便は幼児期の間に自然にしつけられるものである。人為を加えず、ひとりでに、おのずからそうなる。自然力を信じてよい。子どもの発達権の保障という考え方である。

二〇〇〇（平成十二）年、議員立法で「児童虐待の防止等に関する法律」が成立し、子どもの虐待の定義が法律によって初めて定められた。これに先だって、一九八九（平成元）年、「子どもの権利条約」が国連で採択され、一九九四（平成六）年、日本においても批准された。

二〇〇〇年の児童虐待の防止等に関する法律は次の通りである。

第二条　この法律において、「児童虐待」とは、保護者（親権を行う者、未成年後見人その他の者で、児童を現に監護するものをいう。以下同じ）がその監護する児童（十八歳に満たない者をいう。以下同じ）に対し、次に掲げる行為をすることをいう。

一　児童の身体に外傷が生じ、又は生じるおそれのある暴行を加えること。

二　児童にわいせつな行為をすること又は児童をしてわいせつな行為をさせること。

三　児童の心身の正常な発達を妨げるような著しい減食又は長時間の放置その他の保護者としての監護を著しく怠ること。

四　児童に著しい心理的外傷を与える言動を行うこと。

子どもの虐待を人権侵害という視点から見ると次のような問題がある。

（一）身体的暴行：外傷の残る暴行、あるいは生命に危険のある暴行（外傷の残る暴行とは、打撲傷、あざ〈内出血〉、骨折、頭部外傷、擦傷、火傷など。生命に危険のある暴行とは、首を絞める、布団蒸しにす

る、溺れさせる、逆さ吊りにする、毒物を飲ませる、食事を与えない、戸外に締めだす、一室に拘禁するなど）

（二）棄児、置き去り

（三）保護の怠慢ないし拒否（衣食住や清潔さについての健康状態を損なう放置、健康状態を損なう放置とは、栄養不良、極端な不潔、怠慢ないし拒否による病気の発生など）

（四）性的暴行：親による近親相姦、または親に代わる保護者の性的暴行

（五）心理的虐待：極端な心理的外傷を与えたと思われる行為（心理的外傷とは、児童の不安、怯え、うつ状態、凍りつくような無感動や無反応、強い攻撃性、習癖異常など、日常生活に支障をきたす精神状態が現れているものに限る）

（六）登校禁止（家への閉じ込め）

（七）友人によるいじめ

（八）教師による体罰・いじめ

（九）施設による体罰・いじめ

（一〇）学校による登校禁止（法律上の停止は除く）

（一一）警察からの通告事件で本人は非行を否定し、冤罪またはその疑いありと考えられるもの

（一二）施設入所指導に対する親の強い拒否

（一三）親による施設入所の強要

（一四）学校による施設入所の強要
（一五）親による施設入所児（里親委託児）の引き取り強要
（一六）引き取り指導に対する親による強い引き取り拒否
（一七）障害児の療養指導に対する親による強い拒否
（一八）信仰上からの医療拒否
（一九）親による非行の強要
（二〇）友人による非行の強要
（二一）その他

虐待体験が子どもの人生・生涯に及ぼす影響

虐待によって、子どもは身体、情緒、行動や性格形成等に広い範囲で影響を受ける。

身体的虐待は、身体的障害を負ったり、時には生命まで奪われることもある。虐待により身体的発達の遅れ、環境要因による知的発達障害等も認められ、養育の放棄（ネグレクト）、怠慢により、虐待を受けた子どもの行き場のない怒りのエネルギーを根底として、問題行動を起こす可能性が大きいと言われている。

虐待体験は、感情コントロールの障害を起こす。感情調節の機能の発達が充分でなく育っているので、ささいなことから感情爆発（かんしゃく、パニック）を起こす。

被虐待者の問題行動として、万引き、盗癖、摂食障害、アルコール・薬物・異性への依存やリストカット、虚言癖（嘘やつくり話）等も起こす。

虐待より保護をするため、親子分離をすすめる。それが子どもにとって一番良い方法であると思い、分離するのであるが、自分が悪い子だから親から見捨てられたという感情が子どもを支配する。それでも親を慕う。

子どもが帰りたがっても帰らせるわけにはいかないが、それは命や健全な発達に支障をきたすからである。一人一人が基本的人権、人間としての尊厳を持つ子どもたちであり、命は何よりも尊いからである。

両親の不和が子どもにどんな深刻な影響を与えるか

人間の一生にとって、原体験としての幼児体験の重要性を述べたが、父親の暴力行為によって、永遠に癒されがたい心の傷を負うことが多く、狂的な父親の怒りに支配される家族関係の中に置かれた子どもは、父母とどうかかわればよいかがわからなくなる。

一組の男女が憎み合いながら子どもを産み、そのような両親の間で自己形成を始めなければならないとしたら、安息感もなく、両親に対してすら武装を余儀なくされ、人間性を傷つけられた人間が誕生するであろう。

弟妹が生まれてくることで、幼子はどんな影響を受けるか。上の子は今までほど、手をかけてもらえず、ないがしろにされがちになる。三、四歳位の子どもにとって、母親の愛情保護は不可欠であり、すべての子どもに愛情と関心が向けられているということを、子どもに理解させる必要がある。

子どもは母親に冷たく扱われたりすると、自分は実の子ではないのかもしれないと思うこともあると言う。子どもは母親に目をかけられ愛してもらいたいと、絶えず切望している。血のつながりより心のふれあいが、いかに大切かを反省させられる。

父親の役割

子どもは最初のうち、ほとんど母親だけを相手に生活する。生まれてから幼児早期の子どもにとって、母親がほとんど絶対的な存在であり、母親の役割の重要性についてはすでに述べた通りである。

ここで問題とするのは、育児における父親の役割である。両親の不和が長く続くと、それが子どもの人間形成に与える影響は測りしれない。心身症患者にもなりうる。そのため円満な家庭や子どもにとってやさしい父親の存在は重要である。

現代の父親の典型像として語られるのは、育児は母親まかせ、父親は黙って見ているだけ、母親のいいなりというものである。最近の弱い父親の父性の喪失が嘆かれる。父親の座が家庭や社会を支配した精神的基盤はほぼ崩れ去り、父親の権威の失墜が問題とされている。父性・母性欠如、双方とも問題であろう。

不登校の子どもの父親には威厳がない、甘すぎる、完全無力型のタイプが多いとも言われる。父親にはある種の威厳、強さが必要であろう。威張ったり、家父長制（家父、家長の支配権を絶対とする家族形態）の復活を意味するのではない。

父親が子どもに果たすべき役割は何であり、子どもの成長にどんな影響を与えるのか。子どもが成長するにつれて、父親は次第に重要な意味を持つようになる。父親は、人間の思想、法律、秩序、訓練、旅行、冒険等を子どもに教え、道を示す。すなわち父親は人間としての精神世界を表すと言う。

父親は子どもに世界への道を示す人。（フロム）

思春期になって、父親は最も必要となる。権力を振るう母親は、子どもの欲求を無視してしまう。過干渉や支配的なタイプ、母性欠如の母親と言われる。

神経症や心身症は、乳幼児期における母親との交渉に一次的原因があるのみならず、父性を欠いた父親を持つことが発症の必要条件となる。母親との交渉から、子どもが何らかの心身の障害を持ったとしても、父親いかんにより、その障害は克服されうる。つまり、父性を欠いた父親を持つ子どもが、どうして心身の障害を克服できないかがわかれば、父親の役割が何かがわかる。

直接的な母親の強さ、間接的な父親の強さ、そのどちらが欠けても、子どもの正常な成長は望めない。子どもの神経症や心身症、心の病が増加するのは、ひょっとしたら母性のみならず、父性をも失いつつあるところに原因があるのかもしれない。

強い父親を持つか、弱い父親を持つかで子どもは決定的な影響を受ける。人間の心身の異常の治療には、全人的な生き方が問われる。心身の異常、病気は、個々の人間の生き方の総決算である。育児の持つ意味は重い。

小学校を終える頃から、父親の役割は重みを増し、男の子は父親像として父親の背中を見て育つ。母性放棄や父性軽視（女性側）に父性放棄（男性側）が加わって、女性化傾向になり、家庭には父母の両親がいるというより、母親が二人いる状態とすらいえる。

神経症や心身症、不登校、非行、自殺する子どもたちには、父性欠如の傾向が見られる。現代の育児の欠陥が指摘されている。

父親が父性の役割を再認識せずして、強い子どもは育たない。かくして、父親の役割は大きい。

コンピュータ人間・ロボット人間の誕生

二十一世紀の今日は情報化社会である。

コンピュータなしでの仕事は考えられない新しい時代社会を迎えている。今までの読み、書き、ソロバンの三つの能力に加えて、情報処理能力が必要な情報化社会の到来である。

学校へのコンピュータ導入が本格化したのは一九八五（昭和六十）年からであり、パソコン、ワープロにはじまり、学園のキャンパス全域をネットする情報通信網の確立等、キャンパス内のlocal area network（LAN）の構築により、自前のパソコンで学術情報システムにアクセスすることが可能になり、図書館や大型計算機センターに出向かなくても、情報を入手できるようになった。

このようなコンピュータ社会の中でのコンピュータ人間の誕生により、身体の健康問題も発生している。

テレビゲームが子どもの目を直撃

テレビゲームがブームになった一九八五（昭和六十）年頃から、眼科通いが急増し、結膜炎、ものもらい、視力低下、眼位の異常、びまん性表層結膜炎、近視化、眼精疲労、視蒙（かすみ）が見られている。低視力者の増加である。目は脳の出先機関とも言われ、物を見る仕組みには大脳が介在し、目ばかりでなく脳も疲れ、能率もあがらない。

ＶＤＴテレビゲーム障害は、目ばかりでなく、肩、顎、腰、背中、腕、手指足と、身体のありとあらゆる部分に多様な症状が現れる。疲れた、指が疲れた、眼が疲れた（眼精疲労）、涙が出る（流涙）、近くがボーっとする、眼が熱い、肩が凝る（肩凝り）、眼が重い（球結膜充血）、頭が痛い（頭痛）、頭が重い、腰痛等の自覚もある。

ファミコンによる小学生の患者は、熱中することによりますます自閉的になってしまう傾向があり、情緒障害を起こし、他の集団と遊ぶことができなくなるケースもある。

他人に対して乱暴になり、遊びの中でファミコンの主人公のようになった感じで、極端ないじめを行う。ファミコンに夢中になって、学校を休んでやるほど熱中し、情緒が不安定になり、朝まで興奮して、眠れない緊張が続き、やたらに怒りっぽくなり、いらいらする。友人同士の遊びが乱暴になり、殴ることもある。悪者を徹底的にやっつけるような言動が見られる。

不登校の子どもも小学校では増えている。ほとんどがファミコンが好きで、学校へも行かず、ファミコンばかりをやっている。社会や集団に馴染めない子どもが多くなり、ファミコン、パソコン等と一対一の世界の中で、そこでしか自己表現ができないタイプの子どもをつくっている。中学生でも、パソコン、ファミコン、テレビのアニメ好きの不登校の子どもたちがいる。

いつの間にかコンピュータの処理のスピード、動きのスピードに人間が巻き込まれ、長い時間コンピュータにつき合っていると、日常生活に戻った時にテンポが合わなくなったり、情緒不安定になる。パソコンにのめりこみ、パソコンをいじっていて、そこに生き甲斐を感じている。

一歩社会に出ようとすると、うまく外に出られず、人前で緊張したり、不安感を覚えて、電車に乗れない高校生、大学生も増えている。つまり、コンピュータが大人の人格、人間形成期にある子どもに大きな影響を与えている。

コンピュータ化に伴って、家庭や職場も随分変わってきて、人間の考え方も変わってきた。コンピュータ化に伴い、コンピュータ技術のない人間は淘汰される。曖昧さが許されず、人間の豊かな感性、矛盾したものを統合する能力が評価されず、目に見えるデータだけを信ずる社会になりつつある。

昔の義理人情的経営はなくなり、能力主義、競争社会の人間疎外、利害打算の人間関係、人間性・人間らしさが喪失されつつある。このようなコンピュータ社会で子どもたちに何が起きているのか、知る必要があろう。

お年寄りや弱者とふれ合うことによって初めてお年寄りを大切にしようという心が芽生え、形づくられてくるのであろうが、データや出来事をコンピュータで体験する子どもたちは、実体験に乏しく、人間として未熟なため、物事をやりとげる情熱や不退転の精神力、困難に巡りあった時に、克服する信念や応用力に欠け、挫折しやすい。コンピュータを使う技術はとても優れているが、何よりも大切な精神的な強さがない。

コンピュータ社会は、本質的に子どもを呑み込もうとしている。テクノ依存症（コンピュータ過剰適応）の人生観、社会観に誘導されて、いわゆるコンピュータ人間化し、ロボット人間化に向かう。社会は病的な社会を形成し、夢や希望、念願を成就しようとする意志が片隅に追いやられている。社会全体がコンピュータの影響を受けつつある。その中で子どもたちは育つ。人命軽視の傾向もその一つであろう。

さらに、電磁波の影響も心配である。ＶＤＴから出るマイクロウェーブ等の電磁波は、組織の成長や増殖細胞に影響を与え、脳波のパターンや酸素の作用に変化を与え、白内障、心臓障害、免疫不全、突然変異、奇行、低血圧症、神経障害等に影響を与えると言われている。ＶＤＴの静電気の影響による皮膚障害も心配であり、健康問題も心配な高度情報社会と言える。

コンピュータなしには二十一世紀社会は生活できない。すべてがコンピュータによって管理される社会の歯車の中に生活することを余儀なくされ、テクノストレス、妊娠障害、電磁波障害等、人体への影響もありがちなコンピュータ社会の中、日々めまぐるしく社会は変化している。

しかしながら、忘れてはならない大切なことは、現象ではない根源、根本を見落としてはならないということであろう。個性を尊重し、創造性豊かな人間の育成を目指す哲学は、不変ではなかろうか。

コンピュータ社会、ロボット化社会の中で、私たちは大切なものを忘れてはならない。

毎日のように社会をにぎわす非行

道義にはずれた行い、ひったくりや傷害、暴走行為、シンナー、援助交際、虐待等は、親の育て方や家庭環境にその原因がある。母親の養育態度・背景が、父親の養育態度と結びつけて考えられている。

カッとなりやすい暴力的な父親に厳しく育てられ、その粗暴な言動に影響を受けて育った子どもは、どのような人に育つのであろうか。子どもたちへの虐待、身体的暴力、性的暴力(接触や性交)、不適切な保護状態が非行の原因であるとも言われている。

虐待は家庭という密室で行われ、食事を与えなかったり、養育を放棄するネグレクトや性的行為、児童の目の前での夫婦間のドメスティック・バイオレンスも、子どもに影響を強く与え、虐待の範疇に入る。

虐待の傷痕《きずあと》と心の傷

虐待を受けた子どもは、身体的な外傷だけでなく、死亡や重い後遺症を残すこともある。知的発達への影響もあり、言葉や学習の遅れが見られる。情緒的、心理的な影響として、過敏さと傷つきやすさ、感情コントロールの不能、感情の抑え込みと感情の爆発、慢性的な欲求不満、自己イメージの悪さ等が見られる。

行動への影響として、身辺の自立が遅れ、基本的な生活習慣の獲得の遅れや落ち着きのなさ、自傷行為、食行為の異常、トラウマ反応（不眠、食欲不振、無気力、興奮等）、粗暴な言動、非行として表れる。

対人関係では、人と人との間の適切な距離を保てない傾向や、赤ちゃん返り等の退行現象、大人への不信感や絶望感、同世代の子どもと仲良く遊ぶ等の関係が結べない等、心身にわたり深刻な影響を与えることが知られている。

虐待家族の特徴

家庭は、憩いの場、心身を休める場であるが、虐待家族にはストレスが多い。経済的な困窮、子どもの人数が多く、夫婦や親族の間に争いがある等のストレス、夫婦関係や親子関係に歪みがある等の対人関係がある。仲良く協力しあう等の人間の基本が家庭の中になく、砂上の楼閣、基礎のない家庭とも言えよう。

虐待する親の特徴として、衝動的・攻撃的になりやすく、社会的に未熟で共感性に乏しい。二歳児に文字や九九を覚えさせるといった、焦った期待感・価値観・信念、物事を被害的に受けとめる、子どもに対して愛情が持てない、体罰を肯定しがち、といった特徴があると言われている。しつけの一環である、人にとやかく言われる筋合いはない、言うことを聞かない自分の子を殴ってどこが悪いなどと、正当化し、自分の行為、自分のしたことが虐待にあたることを認めないことにより、歯止めがかからず反復して、深刻な事態を招く。

親、配偶者、時として内縁関係にある同居者が、相手に依存感情を向けるが無関心のため、不満がつのり、子どもへの攻撃にすりかわる。八つ当たりである。配偶者同士に支配・服従関係があり、依存傾向の強い両親と、粗暴傾向の強い配偶者・内縁者が、子どもに攻撃を加えることが多い。

子どもの年齢が低ければ低いほど、子どもに大きな被害を与える。人間としての基本的な人格を形成する乳幼児期であれば、なおさらことは深刻で、虐待により親子の基本的な信頼関係が築けず、人格形成の基礎部分が損なわれる。

子どもにとっては、世の中で一番愛され、慈しまれるべき父母から虐待を受けたことから、心の傷となり、さまざまな病理学的症状や社会的不適応を示す。

人生の初期段階には、母親との間に安定した愛情関係が何よりも重要であることは、申すまでもない。母性剝奪がホスピタリズムをつくり、子どもの心身の発達に大きな影響を及ぼす。

小学校入学前までの乳幼児期は、全面的に親に依存する時期で、親からの世話が必要な時期である。乳幼児期は、例え虐待を受けたとしても、親を批判したり、客観的に物事を捉える能力は育っていない。

国の未来を担う子どもたちが、これから人生を歩もうとするときに虐待を受けると、人格的な影響は非常に大きい。現代社会には子育て不能症候群の親たちが多々みられるので心配である。

家族――家庭内の人間関係

家族が皆仲良く笑顔で暮らす、ごく当たり前のことが失われ、やすらぎのない戦場の如き状態の家庭が、実際に存在する二十一世紀社会である。

家庭内暴力の問題である。子どもが親や祖父母等に向かってふるう「家庭内暴力」は、身体に加えるだけでなく、壁、ドア、茶碗等、物品に加えるもの、言葉によるもの等がある。

不登校型非行と精神病理型、神経症型、思春期挫折症候群型があると言われている。また、本人の要因、家庭の要因、社会の要因等が存在する。

(一) 本人の要因：何事かにつまずき、挫折状況が発症の契機になる。交友関係、勉学、進学、急激な環境変化(転校)等によることが多いとされる。本人の性格として、過敏、心配症、自己中心、わがまま、完全主義、几帳面等がある。

(二) 家庭の要因：母親の過干渉、過保護がある。父親は、放任、逃避、または過干渉、厳格等も見られる。親が高学歴、友人が優秀であるなどが本人の負担となっていることもある。

（三）社会の要因：社会規範や社会風潮等、様々である。

今日の子どもたちは、人と人との心の結びつきが苦手である。遊び仲間が近所からいなくなり、「子ども同士で遊ぶ」ことが少なくなり、少子化も手伝い、昔はいっぱいあった「遊び」が喪失してしまった。遊びが奪われれば、子どもたちは対人関係能力を低下させ、仲間とどうかかわったらよいか、仲間にどうやって入ったらよいか、わからない状態となる。

友人づくり、仲間づくりができない子どもたちは、母親を頼るしかない。母子密着、母親が守ってくれるという心情がつくられる。しかしながら、学校や社会では、母親のように必ずしも自分を守ってくれる人がいない。そのため対人関係がうまく保てず、孤立することが多いとされる。

子どもというものは、そのようなひ弱な子どもたちを、からかったり、冷淡にしがちで、それがいじめとして不登校になってしまうこともある。母子密着の生き方、スタイルが学校では確保できないことが一因であろう。母親不在は、子どもに孤独と恐怖感を与えることになる。

閉じこもる子どもたち

不登校、学校教育と無縁になり、自分の部屋に閉じこもる。思春期のみならず、三十歳の大人になっても自分の部屋に閉じこもり、社会へ出ていこうとしない。閉じこもりは、どちらかというと男性に多い。

テレビ、ラジオ、ファミコン、パソコン、インターネットから世界の情報が得られるため、何ら本人は不自由でないが、人と人、顔と顔を合わせて接触する人間的なコミュニケーションが行われず、苦手となる。昼間は寝ていて、昼夜が逆転し、真夜中にコンビニに買い物に行く。人間との話や交流がなくても、無言で買い物ができ、好きなものが手に入る。

閉じこもり青年のわが子を見て、ある時、親はあわてだす。親が元気なうちはよいが、配偶者もなく、閉じこもる息子がただ一人残ったらどうしようかと思い悩む。

閉じこもりタイプの人たちは、対人関係がうまくできず、生活のリズムも不安定となる。対人関係の不安定な人の中には、衝動的な行動傾向の人もいる。アルコール、覚醒剤、麻薬、セックス、喧嘩、リストカット、無謀運転等に走る場合もある。

人生の目標なき人たち

自分の人生の目標がはっきりせず、アイデンティティー形成不全、不明瞭の人たちも、嵐の渦巻きの中に苦しんでいる。

自分が何だかわからない。自分がつかめない。ただ、ボーっと生きているだけで、この苦しさを誰か助けてほしいと思うほど、自分というものがわからない状態が、今、自己同一性障害として注目されている。

自己価値の実現（self-realization）、同一性（identity）を社会とのかかわりの中で、特定の役割、価値観の達成を通して獲得できない危機（identity crisis）的状況であり、自己同一性が確立されず、自己の役割が漠然としている状態である。

このようなアイデンティティー形成不全の目標なき人たちも、心の病と紙一重の状態に置かれている。

虚無感

人生の空《むな》しさ・空虚感が漂い、迷い歩き、ゆらいで安定せず、しっかりしていない精神状態である。ニヒリズム（nihilism　虚無主義）は、生存を無意味であるとして、伝統的な既成の秩序や価値観を否定し、生きる意味などないと、虚無的（ニヒル）な傾向になることである。

無意味な生存に安住する逃避的なものと、新たな秩序や価値が確立されていないため、もっぱら既成のものを破壊しようとする反抗的なものがある。真理や道徳的価値を認めない、虚無主義である。

ニーチェのニヒリズムがよく知られている。虚無感があれば、自殺の危険もある。自殺未遂、リストカットを繰り返し、周りが気づかぬうちに自殺をしてしまうこともある。人生は生きるに値せぬという結論による自殺である。人生は本当に生きるに値しないものであろうか。

生き甲斐のある人生を発見できたら、人生は何とすばらしいことか。歓喜踊躍《ゆやく》できる生き甲斐の発見も、大切な人生の課題であろう。

心の病を患う人の中には、愛情に飢えている人がいる。まるで赤ん坊のような甘えが潜んでいることもある。母親の男性問題の露見から自分は母親に見捨てられ、父親からも見捨てられたという見捨てられ感（abandonment）、愛情不足、飢えも、人格形成に大きな影響を与える。

人に見捨てられるのではないか、自分などいらないのではないか、自分はつまらない人間だから世界は自分を必要としていないのではないかと見捨てられ感が強くなると、「妄想」が出現する傾向にある。仏教語では「もうぞう」といい、妄（みだり）なる想像（おもい）を意味する。

くよくよ考える。真実でないものを真実であると仮構し、誤って考える、誤った思いであり、迷妄の心である。虚妄不実の想念であり、真理ではない。正しくない考えである。

人間は、心が外界を思い量る。理性で物事の善悪・道理を区別しわきまえる。考え、思案をめぐらし判断、思慮する。この分別に病的な誤った判断ないし観念があると妄想となる。なみなみならぬ確信を持ち、病的過程から生ずると考えられる。正常な思想ならぬ妄想分別である。

注意欠陥多動障害（attention deficit hyperactivity disorder：ADHD）

注意散漫、衝動性（多動）、攻撃心が強いという三つの特徴を持つ。四歳以前に発症するが、学童期になって初めて気づかれることが多い。子どもたちの三％に見られるとも言われている。

遺伝もあろうが、脳の打撲、幼児期の感染症や頭部外傷等も考えられる。早熟児、出産時の障害、低体重児等が多く含まれる。脳機能不全、子どもの前頭葉の障害による脳波上の異常も指摘されている。

幼児期から現れ、睡眠は少なく、大泣きすることが多く、注意力が散漫である。思春期や成人期までも症状が持続することが多く、十二歳以前に治ることは少ない。十二歳から二十歳で寛解することが多い。大部分の人は寛解に至るが、完全でなく、行動障害を示し、反社会的な人格障害へ進むことが多いのも特徴であろう。

男性のほうが問題が多く、中学生くらいになると身体も大きくなり、喧嘩や家庭内暴力、友人との喧嘩が頻繁に見られ、不登校を起こす。破壊活動も、軽いものから、家の窓ガラスや家具を壊したり、親に暴力でけがが、負傷させるケースもある。

入院し、薬の投薬で素直な少年に戻ることもある。学校の先生が充分理解していないと、「わがまま、生意気、短気」であると、子どもを叱りつけたり、親に苦情を言ったりすることが多い。落ち着きがなく、集中力がなく、暴力的である。通常学級のクラスに入れても、集団行動がとれず、発達遅滞学級、特別支援学級でも、驚くべき少年がやってきたということになり、安心感が持てない。このような障害の子どもたちを入れる学級がまったくないのが、わが国の現状であろう。

トゥーレット症候群

トゥーレット症候群は、慢性運動性（手足が勝手に動いて止められない）音声チック障害（声が突然出てしまう、汚い言葉が出てしまう）と一過性チック障害に分類され、いわゆるチックの仲間である。慢性運動性音声チック障害とは、運動性チックと音声チックのどちらかが一年以上持続する場合をいう。一過性チック障害は、一年以下持続する。幼児期から発症し、六歳から九歳頃が多い。男子に多く、男女比は三対一ほどである。

初発症状は、まばたき等、顔面のチックから始まることが多い。人前で目立つので、自ら不登校を起こす。チックは、まばたき、顔を歪める、口を曲げる、舌を突き出す、頭を振る、手をぴくりと動かす、肩をぴくりと動かす、足を動かし、ドンドン音をたてたり、飛び上がる、腹部をぴくぴく動かす、胴体を動かす等、いろいろである。

音声チック症状としては、鼻を鳴らす、咳払い、「アッ」「ウィ」「オッ」等の発声、まれに、「バカ」「オッパイ」「シネ」等の攻撃的、ひわいな言葉、汚言を、状況にそぐわず発することもある。

相手の言った言葉を、そのまま繰り返すオウム返しも、トゥーレット症候群では見られる。目の前にいる他者から言いかけられた言葉に対し、そのまま山びこのように返事をするのがオウム返しである。

このように、小児期に運動性チックにて発症し、音声チックも加わり、汚言やオウム返しを伴うまれな症候群である。生涯、継続するとも言われ、統合失調症に移行することもある。

原因は結論が出ていない。治療的には薬物および精神療法がある。

多重人格（multiple personality）

一人の人格がまったく変貌し、他の人格に代わったと思われる状態が一定期間続き、元の人格に復した時、第二人格に変貌した時の言動を、一切記憶していないというのが、典型的な二重人格である。トランス状態、現実感喪失、長時間の強力な威圧的説得を受けた人に起こることのある解離状態とも言われる。

現代人は悩みぬく力が弱く、悩みぬく強さを持たないため、ストレスにぶつかった時、そのストレスから逃れようとするメカニズムが働き、多重人格が増えていると言われる。ストレスに対する一つの防衛反応とも言われている。

心の障害――拒食症・過食症

拒食症は、現代病として増加傾向にある。拒食は、食物に対する拒絶症であり、食事をすべて拒否する状態である。

統合失調症の一病型の緊張病とも言われている。二十歳前後に発病が多く、活発な興奮、あるいは昏迷を主病状とし、被害妄想や幻覚も見られる場合があり、背景には種々の心理的要因がある。

(一) 自分を無視された不満、怒り、反抗
(二) やせたい願望 (神経性食思不振症)
(三) 食べる資格がない、お金がないと思い込む、罪業妄想
(四) 貧困妄想、うつ病
(五) 食物に毒が入っていると信ずる被害妄想 (統合失調症)
(六) 禁止、命令の声が聞こえる幻聴 (心の病)
(七) 緊張病型

がある。統合失調症の頻度が高いと言われる。

平均以上に努力タイプで、能力も高かった学生が、ある時点から理由なしに無気力になり、勉学への意欲を失い、講義や実習に出席しなくなる。統合失調症でも、うつ病、怠け者でもなく、学校場面から離れていれば不安もない。アルバイトや専門科目以外の学業には熱心である。副業可能、本業不能の状態である。

退却神経症、アパシーシンドロームと精神病理学では呼ぶこともある。無関心、無気力、無感動、生き甲斐・目標・進路の喪失が自覚され、行動は退却・逃避タイプである。

人々の機根、教えを聞いて修行しうる生きとし生ける人々の能力、つまり素質、物事に堪えうる気力、根気（物事を飽きずに辛抱強く続ける気力）には、三種類の人間的実存、現実的存在があると言う。不退転位の人、正定聚《しょうじょうじゅ》は、正《まさ》に仏果を得ることに定まっている人である。阿弥陀仏を信じて疑いなければ、現世にて正定聚に入ると、浄土仏教では人間存在の把握を試みる。

悟りまで退転なく進んでやまぬ仏道不退の決定的な人、正しく定まった人の仲間入りである。親鸞教学で言えば、阿弥陀仏に救われて正しく仏になると定まった人、すなわち往生人、即得往生住不退転位の人である。第十八願に誓われた、他力念仏を信ずる人である。

三定聚の一つに、邪《じゃ》（性）定聚《じょうじゅ》という悟ることのない人、および不定聚《ふじょうじゅ》という悟りの世界に安住することなく、縁次第で迷悟どちらにでも向かう輩《ともがら》もいる。

邪定聚は教えを聞かざる人、たとえ聞くと言えども信ぜざる人、いわゆる自力雑行雑修の人と言われる人たちである。具体的には五無間業をなす人々と言えよう。

五種の悪業（悪い行為）により無間業をつくる人々は、無間地獄（無救）に堕ちるであろう。苦しみを受けることが絶え間がない無間であり、楽のまじることがないことから無間と名づける。激しい苦しみの絶えない極苦の地獄である。

無間地獄の果を受く行為、悪をつくった者は、決定的に次の無間地獄の果を受ける。大乗を誹謗した者が堕ちる。人間の最悪の五種の悪業には、五逆罪（重罪）がある。

五逆罪とは、

（一）母を殺すこと

（二）父を殺すこと

（三）聖者（阿羅漢）を殺すこと

（四）仏の身体を傷つけ出血させること（塔寺や仏像の破壊）

（五）教団の和合一致を破壊し、分裂させること（正教の誹謗）

である。

史実の廃仏毀釈のごときの行為であろう。業報の否定はどんなことをしても仏罰は当たらないと信ずる人々のことである。実際に誇らしげに無神論を語る因果応報を知らない人々がいる。

邪（性）定聚の人々は、最悪の行為、五無間業をなす。そして、命終えた後、直ちに地獄に落ちる。浄土教で言う、自ら行じた諸々の善根によって、往生しようとする人々があり、第十九願の機である。よこしまな（正しくない）観想にふける人々である。万行万善、自力往生、観経往生であろう。

不定聚の人々は、正とも邪とも決定されていない人々であり、縁次第で、迷悟いずれにでも向かう。いかなる方向に向かっていくか、まだ未来が定まっていない。自力の念仏によって往生を願っている。

第二十願の機、自己の力によって唱えた念仏の徳で、浄土に生まれようとする人々であり、往生のまだ定まらぬ人々である。自力の念仏者である。自身の力、自ら修行した功徳力、自己の智解、分別の力、内の力、仏の力をかりないで、自分の力で悟りを開くことができると信じて善行を積む、自力作善の人々の人生観である。他力の救済を疑い、自分の修めた小善を回向する、自身の修行の力である。

自力による修行には、まだ我執がある。まだ他力の名号に帰命していない。自ら善を実行して真理を悟ることができると教える諸法を信じ、自己の力を持って悟ることができると教える教法を信じ、自己の力を持って悟りを開く修行をする。

他力信仰は、如来の本願力の加被力《かびりょく》、加護力《かごりょく》、人々を極楽に往生させる阿弥陀仏の願力を信ずる。

あらゆる人々を救いとらないではいられない阿弥陀仏の本願の働き、念仏往生の本願を信楽《しんぎょう》すること、如来の本願力を信ずる。阿弥陀仏の願力に乗じて、浄土に往生する。他力の救済である。他の力、他からの力添え、他力往生である。信仰を得て仏恩を感謝する気持ちから口にのぼる念仏は、凡夫自力の心から起こしたものでなく、仏の方から回向されたもので、思議することができない。

あらゆる人々を救おうという阿弥陀仏の本願（大乗仏教の心）を救われる側の人々から見て、人々に呼びかける仏の働き、阿弥陀仏の大慈悲心があり、凡夫の力ではなく、仏の方から回向されたものであるというのが他力信仰である。

さて、正定聚不退転位の反語は、退転位であろう。退転は、修行によって到達した境地を失い、もとの下位の境地へ転落することである。進んだ境地から退くことである。

不退転位の決意がそこにはない。どんなことがあっても初心を忘れず、初志貫徹、やりとげる精神力が念願成就には求められよう。

しかしながら、退行（regression）は、心的体制や機能や行動様式がすでに到達している水準から、より以前の低次の水準に戻ることである。

フロイトは『精神分析入門』（一九一五年）で、神経症症状の一つとして扱っている。発達的により以前の心的形成物が、再び現れる時間的退行が語られている。いずれにせよ退行は、後にさがることであり、発達または進化のうえで、前の状態に戻ることである。

この概念を精神病理学に導入したのは、ジャクソン（J. H. Jackson　一八三五～一九一一）であり、ジャクソニズムによって、進化（evolution）と解体（dissolution　退行）を説明しようとした。それは、フランスのリボー（T. A. Ribot）、モナコフ（C. Von Monakow）、ムルグ（R. Mourgue）、エー（H. Ey）のネオ・ジャクソニズムと器質力動論へと受け継がれた。

もう一つの流れは、精神分析における退行理論で、フロイトはジャクソンの解体を退行の概念に発展させ、心理学的・精神病理学現象を説明する深層心理的理論の中心概念となった。

病気は気が病むことであるから、「生命の原動力になる気」「あることをしようとする心の動き、状態、働き」、根気を「持ち続ける精神」「関心」等が薄れ、やる気がない・気力が湧いてこない・気力がない気の病、病気と考えられる。心身症的な症状、吐く、頭痛、腹痛といったことが起こる。

心身症は身体症状を主とするが、心理面の配慮を特に必要とする疾患である。ストレスが重要な意味を持っている場合が多く、治療の基本はセルフコントロールである。注意集中や自己暗示等の訓練によって、心身の状態を自分で調整統制する自動制御、克己《こっき》（己れに克つ）、自制（欲望等を意志の力で抑える）である。

生活態度のひずみのために、みずからストレス状況をかもし出すことによって、心身のアンバランスを招き、これが発病につながる。

生得の体質、気質をよくわきまえ、自分自身をよく知って、自分に相応しい心身両面の健康保持法を身につけることが大切である。

人間存在の基本的なあり方は、生きとし生ける者、人々は皆「時間内存在」として限られた命を生きる存在であり、死に至る存在である。

この覚醒は、今のこの人生でベストを尽くし、積極的に生きるという、最も充実した生活態度、生きる喜びを得て、主体的、調和的な人生のあり方に道を開き、叡智による生き甲斐のある人生を形成するであろう。

今の若い人々は、心の奥に虚無感を抱えていて、信仰心も薄い。貧困の時代から、物の豊富な社会になったが、青少年の病理が増えている。衣食足りて、物が豊かになり、心の貧困が明らかになり、現代のような繁栄社会の中で苦しんでいる人々が大勢いる。

現代社会、大切な豊かな心に、どのようにして到達しうるのであろうか。自分の目指す人生の道標、アイデンティティーの形成不全の超克、初心を貫く不退転位の正定聚位に住する生存のあり方に鍵概念があろう。

人間の理解——人間とは何か

人、人物、人間は、人と人との間を意味している。人間の本質を解明しようとする哲学的研究は人間学であるが、人と人との間には倫理がある。人として踏み行うべき道であり、決まりである。しかし、「人間の皮を被《かぶ》った獣《けもの》」もいる。人間の形をしているが心は獣と同じである。人の道を外れた言動を行う者、よく言われる「人でなし」の人面獣心である。

人間はあらゆる生物の中にあって最も勝れた生き物、「万物の霊長」である。

人間が機械文明や巨大な社会組織、産業組織等に組み込まれ、高度に管理化、情報化され、人間らしい生き方をなくしてしまい、人間のために役立つどころか逆に人間を振り回す社会は、人間疎外の社会と言われる。

人間らしい社会とは、人間の知・情・意、特に情において人間味があふれている社会であり、情に厚く思い遣りが豊かで、真心がこもっている社会、相手の心になって考えられる思い遣り社会であろう。

心身一如の人間存在

身体を持った人間は精神（心）を持っていて、心身一如の一元論に立つのが東洋人の物の考え方である。心と体、精神と身体が一体となっていて、二つ（二元論）でないということである。したがって病気にも身体の病と精神の病がある。

精神は心、魂であり、肉体は対義である。気力、意気込み、根気、物事の根本となる大切な意義、思想目的であり、哲学では知性や理性の働きをもとにした目的を意識している能力である。

初心忘るべからず（最初に心に決めたこと、習い始めた時の気持ちを忘れてはならない、志した時の意気込みや謙虚さを常に失わないようにしなくてはならない）

精神一到、何事か成らざらん（精神を込めて努力すればどんなむずかしいことでもできる）

と諭す。それは精神論であろう。

生活者としての人間には衣食住がある。衣服（着ること）と食物（食べること）と居住（住むこと）である。

衣食足りて礼節を知る

生活に追われ駆けずりまわって働く。しかし、暮らしが楽になると礼儀を知るようになる。精神論のみでは生活はできない。生活必需品も現実の生活には必要である。

しかしながら余裕ができると、精神、心の豊かさ、生き甲斐を求めるのも人間の生活である。精神生活なしには高度の人間は人間としての喜びや生きる意味が得られない。

われら人間の存在――五蘊無我《ごうんむが》

私たち個人の存在は心身一如であるが、その存在、私たちの心身は五つの構成要素の集まりにより成り立っている。心身を五種に分けて分析しているのが仏教のとらえる人間存在の見方である。

色《しき》（身体、その物質性と心）
受《じゅ》（感覚、感情）
想《そう》（心に浮かぶ像、表象作用）
行《ぎょう》（意志、潜在的形成力）
識《しき》（認識作用、識別作用、意識そのもの、心の活動）

である。

そのように人間の存在は身体と心よりなり、五つの集まりより成り立っている。生存の姿、存在論である。

世界は、物質面（色）と精神面（他四つ）からなり、この五つの集まり以外に独立の我はないと考える。定まった本体がないため無我である。我を有しないというのである。そのため霊魂も存在しない。形而上学的な問題に関しては釈尊は返答をしなかった。

永遠不滅の本体はなく、固定的実体、我はなく、無自性で、実在しない、存在しない、実体がない。執着すべきものは存在しないと、空観を説いた。つまり存在するものには自体、実体、我性というものはない。自我の実在を認め、我および世界を構成するものの永久の恒存性を認める誤った見解を否定したのである。

何もない無実体性、実体がないことを示し、諸々の事物は因縁によって生じ、固定的実体がない。

縁起しているというすべての現象は、無数の原因や条件が相互に関係しあって成立しているものであり、独立自存のものではない。持ちつ持たれつの関係である。現象的存在が相互に依存しあって生じていると仏教の基本的教説を説く。

人間が生存する限り避けられない生老病死の生存構造、すなわち「生まれること」「老いること」「病むこと」「死ぬこと」は、人生の苦悩の根本としてライフサイクルにおける避けられない四苦であり、「生まれること」「老いゆくこと」「病にかかること」「死ぬこと」は宇宙の道理、自然の法則である。

何人も老い、病にかかり、死を迎える人生構造にあるという諸行無常である。万物は常に変転して止むことがない。諸々のつくられたものは無常である。生じては滅びる性格のものである。それらの静まることが安楽であると言う。

色《いろ》は匂《にほ》へど散《ち》りぬるを、我《わ》か世《よ》たれぞ常《つね》ならむ。
有為《うゐ》の奥山《おくやま》けふ越《こ》えて、浅《あさ》き夢《ゆめ》見《み》じ酔《ゑ》ひもせず。

いろは歌は私たちがよく知る親しみのある「諸行無常偈」（詩句、四句）を歌っている。
人間は悩むが、犬や猫に悩みはないだろう。たとえあったとしても、その苦悩は人間としての苦悩と異なるものであろう。

人間として生きるということは心配や悩みがつきものであり、「悩み」は人間の特徴である。悩み、課題解決に取り組む。先人の叡智を参考にし、哲学をするところに真の人間の姿があるのであろう。逃げの姿勢では解決は望めない。先達も同じ人間としての苦悩を背負い生きたのであり、その智慧が解決の道を与えるであろうことを心えるべきである。

「生きる」意味

人間が生きるということは、動物、植物の生命現象とは違い、一生ただ呼吸し、食べて寝るだけの酔生夢死の一生では生きていけない生き物のようである。そこには高度の精神を持つ人間としての尊厳、存在意義、価値が求められているように思える。

何のために、何故生きるのか。人間にふさわしい生の営み、生の意味充足が求められている。果たして私たちは生の意味を喪失したまま生きられるのであろうか。

ニーチェ（F. Nietzsche　一八四四～一九〇〇）は、ヨーロッパの伝統的価値観、キリスト教的価値観の無効を宣伝し、「神は死んだ」と叫んだ。現実を直視せよと現代のニヒリズムとして近代文明の価値そのものが問われた。

既存の一切の真理や価値が崩壊した結果、人生が無意味に思える状態、キリスト教信仰が破壊し始めたところに十九世紀最大の危機を見、これをニヒリズムと呼んだのである。

このニヒリズムの克服、つまり生きる意味の発見が求められ、チンパンジーとは異なる人間とは何か、人間の主体的生き方が求められたのである。

フランクル（Victor Emil Frankl 一九〇五〜九七）は、ナチスのユダヤ人狩りに遭い、家族ともども強制収容所に入れられ、そこで妻子を失った。主著『夜と霧（Ein Psychologeerlebt das Konzentrationslager）』（一九四七年）には、迫りくるガス室を前にしてフランクルは生きる意味を問い、生きるということは人のために生きることであるという生きる意味に覚醒する体験が語られている。仏教でいう「忘我利他」である。

人々の利益、他の人々のために生きることで自分の幸福が実現されるという倫理観、利他主義であり、自分のためでなく、他の人々の救済を優先する利他の考え方である。自分に利益を与える自我思想ではない。換言すれば、自分だけがよければよいというエゴ、主我主義でもないのである。

生きる意味、人間活動の主体は利他、人々のためにということであり、臨床家にはこの愛の実践、共助（ともに救う）という利他愛が求められているのである。

青年よ大志を抱け

夢や希望のない人生も人間の一生である。願わくば希望を持って夢に生きる人生でありたい。夢は現実ではない。希望である。可能性であり、現実性ではない。夢見ることによってその可能性が現実化するのである。

「青年よ大志を抱け」とは、夢を生きる尊さを諭しているのである。

人生には目標が必要である。「桃栗三年柿八年」、念願は成就する。

達磨の片目に墨を入れて念ずることがよく行われるが、念ずれば花開くであろう。

善根を植えて疑えば花開かず。種や球根を植えて疑うと花は開かないと、開花を信じ念ずることの大切さを教えている。

医療倫理の基本原則について

――インフォームド・コンセント（informed consent）

充分な説明を受けたうえでの同意は、医療の原則としてよく知られるようになっている。対語はパターナリズムである。父権主義、家父長主義とも言われ、患者と医師の間の医療内容が決定される事態にあって、かつて日本社会は権威と権限を持った父親が家庭内の意見を聞くことがなかったように、患者が医療における万般の決定を医師に任せ、医師は患者に何の説明もすることがなく、患者の意見も聞かなかった。専ら医師が一人ですべてを決定し、患者はただ黙って医師に従うという状態であった。

今日、パターナリズムの考え方だけでは医師と患者をめぐる様々な問題を解決できない時代となった。

インフォームド・コンセントの原則は、医師と患者の間に相互的な調和の関係を打ち立て「患者の自己決定」を尊重した医療の実現を図るための根本原則である。

医は仁術である。赤ひげ先生の人格的尊敬の念と結びつき「先生に万般お任せします。よろしくお願いします」もよいのだが、インフォームド・コンセントは、医師側の患者に対する医療についての説明義務、患者側の自分の病気について知る権利、そして医療を受けるか否かの選択肢の「自己決定」の権利によって成立し、患者は必要な情報を得てそれを基に自己決定する権利があるとするものである。

医師は説明内容として病名、病状、異なる治療方法、それらのメリット・デメリット、その医師が奨める治療法、治癒の可能性、薬の副作用、治療しない場合の予後等、患者が意思決定するために必要な、充分な説明を行わなければならない。

医療は、聖職から、医療（人助け）サービスとしての医療に変化してきている。患者の自己決定の原則が重要である。

女性の乳がんの手術等、乳房を残す乳房温存療法の説明不足から損害賠償請求訴訟が起きることもありうる。充分なインフォームド・コンセントをして、できれば書面をかわすことがすすめられている。

人間の尊厳――生命の神聖（sanctity of life：SOL）

生命がそこに存在していることは何にも増して尊い。神聖不可侵な事柄である。自己の生命を大切にすることは、他者の生命も大切にすることである。医療技術の進歩は長寿化社会を形成し、平均寿命は人生五十歳から八十歳へと驚くほど長生きになっているが、最期には老病死を迎えるであろう。

医師が患者の生命を保護し、延命のために最善の努力を行うことは当然であり、また、クライアントが自己の生命を燃やしきるまで生きようとする意志を持ち続けることも自然である。そこには生命の質（quality of life：QOL）という問題もあろう。

意識もなく自発呼吸もできない状態で生命維持装置により延命を図る、それは人間の尊厳なのであろうか。人間の尊厳をなくした状態でも生命を存続させるというのがＳＯＬ（生命の神聖）という考え方であり、過剰な延命治療の拒否はＱＯＬの思想につながる、生命の尊厳と生活の質の概念は同等の権限であろう。

ＱＯＬは、経済的な負担、介護の労力、役立ちの水準から帰結し、積極的な安楽死を選ぶこともある。がんの末期においても健康時においても、人間の尊厳、人格の尊厳は不変であり、尊厳死もあろうが、いずれにせよ「人間としての尊厳」を全うする人生でありたい。

ターミナルケアー・無脳症・水頭症・ダウン症患者、障害者（知的、身体的、精神的）も、ともに人間として生きる権利があるのである。そしてまた、死を選ぶ権利、安楽死の問題も存在している。

経済合理主義による生命軽視の風潮は如何なものであろうか。

死の三兆候

死は、「呼吸停止」「心停止」「瞳孔散大、対光反射消失」の三つの特徴が整った時に初めて確認される。こうした死は心臓死と呼ばれ、死の捉え方である。

脳死には、全脳死、脳幹死、大脳死がある。大脳死の状態になると、いわゆる植物状態になる。

宗教はなぜ必要か——宗教不要論に応えて

宗教とは何ぞや

ヨーロッパの共通語“religion”という単語は、わが国では明治二（一八六九）年頃、ある外交文書に初めて用いられ、「法教」「宗祀」と訳されていた。明治十年代から、次第に西洋の書物が翻訳され、西洋の宗教論も紹介されるようになり、“religion”が「宗教」と翻訳され、今日に至っている。

宗教団体、宗派教団、教説、教義をも意味するが、宗（第一とするもの）を教えるという趣旨であり、信じて行うことでもある。それでは信じて何を行っていくのか。儀式や修行もあるが、社会に対する活動も見逃してはならない。

世界・人生の根源を探る、宇宙の真理を求める、それは哲学の仕事であろうが、宗教は人生の根源、私たちの魂と生活を支える信仰であり、知識、つまり主知的な宗教観ではない。信仰は人間の行動に現れてくるもので、行動主義の宗教観とも言える。

一般的には、神仏に「どうか子どもの病気をお助けください」とか、施餓鬼や供養により、商売繁盛、家運長久、現世利益、未来の幸福等を祈願するもので、大抵は何かご利益を目当にしている。しかし、物質的な幸福だけでなく、精神的に何か高い願いを神仏がかなえてくれることもある。己を忘れ、仏に帰依し、誉め称《たた》え、常に礼拝、祈願する動的な宗教生活でありたい。

宗教の求道的研究

若い時は、本当に安心できる自分の信仰を求め、安心立命のために宗教を研究するということも有意義であろう。信仰に入るまでの道程として、信ずるためにまず知るという研究がある。信仰に入った後に、その宗教的境遇を反省し、人々に説き聞かせるため理論の基礎をつけ、他の宗教に対抗するため信仰を体系的に研究する必要もある。

釈尊の言葉の集成である仏典（お経）および倶舎論、唯識論（唯識三年、倶舎八年の研究）、各宗の教義を組織立てて研究する宗乗という学問が仏教にはあり、自分の信仰を土台にしての信仰の立場を出発点に、求道的研究を通して、それらの根本・本質に近づくことや宗教史、三国（中国、韓国、日本）の仏教史、仏教伝播史の研究等もある。また、宗教そのものが何であるかという宗教学もあり、宗教学的研究は一生を捧げるほど奥深い。

寺院巡りやお寺詣り等、私たちの生活に宗教的要素があったならば、この人生はどんなにか豊かで、潤いと深みのあるものになるか、そのことは間違いないであろう。

宗教には儀式や修行がつきもので、信仰を表す心の修行や身体の修行を含めた宗教的生活が展開される。呪術、つまりまじない、雨乞い、病気のまじない等もあるが、最も注目されるのは衆生（人々）の救済活動の実践であり、仏教の民衆救済活動である。

古代・中世の行基、叡尊、忍性等の救済活動等から鑑みると、現代は葬式仏教の色彩が濃くなっている。それを反面教師として、現代でも大乗仏教の社会的救済活動を積極的に推進している人々もいる。

宗教の価値

心から本尊なり、人物、宗祖なりを敬う、偉大なものを敬う畏敬の念、態度が宗教には必要である。

ご利益を期待すると同時に、因果応報の道理により、罰やたたり（悪い結果）を恐れる。一方、極楽参りや精神的慰安、病気を治したり、金持ちになりたいと願う。人にはそれぞれ恐れや願いがあろう。財宝を授ける神様や守護の神様・不動様・お稲荷さん、神前結婚・仏式結婚、子宝を授かるように神様にお願いしたり、できた子どもを神様の申し子、神様から授かった子どもとして大切に育てるということもあろう。

徳川時代にはキリスト教徒が官憲の目を逃れるために、聖母マリアの像を観音様だと称して製作し、礼拝した子安観音像もある。子どもを亡くして忘れられない悲しみから信仰に走る人もいる。親孝行したい時には親はなく、子が親を思う心情も、親が亡くなってからでないとわからない。親の愛に気づき、宗教的な深い感恩の念とならずにはいられず、大悲の親を崇敬することもあろう。

神様の擁護のもとに果敢に戦う、神様の命令によって戦う、これは間違った信仰である。平和こそが宗教の理念である。神仏に病気治療のご利益を願い、神社や寺にて祈禱を行ってもらうために、参詣する人は多い。

しかしながら、人間は一度は死なねばならない。それでも何とか生きていられないかと願う。身体は死んでも霊魂は残る。不滅である。霊魂の行く死後の世界が想像され、死者の行く高天原という理想の世界や天国について語られる。

この世でなした善いこと、悪いことの報いを受ける。善いことをした者は善い果報を受け、悪人は地獄に落ちて罰を受ける。地獄には閻魔様が、その冥府の大王として君臨し、極楽には阿弥陀如来がいる。西方浄土、極楽安楽国である。

火葬の煙とともに、死者の魂も天に昇り、そこで神々や先祖に再会することができる。

仏教は、本来転迷開悟を目的とし、往生も成仏も究極において無上菩提、最高の霊智に到達することを理想としている。神仏の力を借り、人間としての正しい道を宗教の叡智で示してもらうことが、社会としても必要であろうが、宗教心は人間の有限性の中にこそ起こるべく根拠が存在する。死の自覚、生命の有限性に対する反省であり、科学万能に対する知の限界であり、人間の愛情も結局利己心の変形であることの内省であろう。

人生の虚偽は、飽くなき私欲や限りなき我執に基づいていて、私たちの生活態度はすべて虚偽であり、罪悪である。この深い内省と自覚が宗教の世界へと導く。真実に生きんとして人は宗教を求める。虚偽に満ちた人生を否定し、真実に生きようと努力をする。信仰は大いなる決断であり、自己のあり方の問いであろう。

宗教とは何かという本質論でもあろうが、命ある間は怠けず、専心一意、自己の任務に精進し、この一日を真実に生きるところにこそ人生の意義が存在する。生きる根源的な力こそが宗教の価値を示している。

宗教現象の諸相

祓除《ふつじょ》の儀礼

穢《けが》れや災《わざわ》い等を払い除くことを祓除と言うが、穢れはよごれ、不浄、不潔、身体が不浄になり、神前に出たり、勤めにつくのがはばかられることであり、災は「わさ」、鬼神のなす業《わざ》、「わい」はその様を表し、傷害、疾病、天変地異、難儀等を被ることである。

禍は、悪い出来事、不幸な出来事、災難である。

わざわい転じて福となす

害悪罪障の除去を目的とする儀礼は「祓《はら》い清めの法」と呼ばれている。穢れを祓う、病気を癒す、魔物（妖怪、化け物）や憑依（霊等がのりうつること）を落とすことである。

心の穢れを清め、魂の罪を取り除き、迷いの根を断ち切り、高尚な精神的な願いまで進む。儀式や修行によって福を招き、利益を増すように努める。福運を授けてもらう。死んでから天国や極楽に生まれさせてもらう。福を招き利益を求める祈願が、最も普通な生き方であろう。病気を癒してほしい。貧乏で困っているので助けてほしい。現在の苦しみや悩みを取り除いてもらいたいという願いもあろう。このような願い、祈りの宗教儀礼が祓除の儀礼である。

防衛儀礼

病気が流行しないように、自分たちのほうにやってこないように祈願する。旅行の出先で危険のないように、戦争の流れ玉が当たらぬように、火除け、雷除け、虫封じ、泥棒除けのお札をいただいてこれを身につける。

宥和の儀礼

修行している間に悪魔の誘惑に惑わされぬよう、災禍に遭わぬよう守ってくれる神仏に向かってお祈りをする。人が何か悪いことをしたため、神の怒りから災害が起こったり、神罰として病気にかかったり、天災に合ったりする。このような時、神の怒りを鎮め、宥《なだ》めるために懺悔や謝罪の儀式が行われる。

人を害する悪魔の類がいる。邪神の祟りを祓い、悪魔を追い払う。怨みを持っている怨霊を鎮めるご霊神社等もある。

シャーマニズム（shamanism）

人と聖なるものとの媒介者として霊的存在との接触、交渉を行い、その役割を果たす人物をシャーマン（宗教的職能者）と言い、このシャーマンをめぐる信仰がシャーマニズムである。シャーマニズムでは、シャーマンが自らを意識の変容状態、トランス（忘我、恍惚）状態に導き、神霊、精霊等の霊的存在と直接に接触・交渉し、その力を借りて卜占、予言、治病等を行うが、それらの宗教的現象が巫術《ふじゅつ》である。

シャーマンは、普通の人には感じることができないものを感じたり、知ったりすることができると信じられていて、神と霊との直接的交流状態には、神や霊がシャーマンの中に入り込み、シャーマンの口を借りて語る「憑依《ひょうい》」とシャーマンの霊が身体を脱し、霊界、神界に行き、そこで神や霊に接する「脱魂」の二つの形がある。

人格的霊は、本来身体と一緒になっているが、時としてこの身体を離れて飛び出すことがある。そのため巫女の霊は身体を抜け出し、神のところへ行って、いろんなお告げを聞いてきたり、病気の治療の秘法を授かってくることができるのである。

人が死んでしまうと、その霊は永遠に身体から離れる。身体は腐敗しても、霊だけはお墓の周辺に残っている。遺体は焼いてしまうが、後に残った霊は時に姿を現し、自由霊、遊離霊、死霊、亡霊となってうろつく。それを供養するのも宗教的行為となっている。

祖先崇拝

普通、幽は人が死んでから姿を現す。亡くなって遺体は埋められてしまうが、やはり何処かにその幽は残っている。目には見えない幽が何処かにいると考えられている。

ご先祖様を生きていた時と同じように大切にし、いわば目に見えない祖先の人格の存在を信じて、これをお祀りすることがわが国の祖先崇拝である。

（一）敬神、龍神社（水分の神）
（二）子安神社（子育ての神）
（三）稲荷神社（稲の精霊を神と崇めた自然神）
（四）村の神社（村々の氏神様）
（五）伊勢神宮（皇室を始めとした国民のご先祖、大母祖《おおみおや》の神）
（六）天満宮（菅原道真公の怨霊の祟りを鎮めるための社、道真公の人格を神として崇めた）
（七）香取鹿島の神宮（氏神信仰、大家のご先祖をお祀りした）

尊祖は、死者の霊と言うより祖先の人格、ご先祖様の超越的な人格的存在をそのままお祀りした人物神と言えるだろう。

守護神

自分に最も因縁の深い最も手近な神を主として信仰し、その神から多くのご利益をいただこうとするもの。それが守護神であり、国家、民族、家族、親族、個人、職業、または寺院等を守護する神、守り神である。一村一族の神であることもあるが、産土神、氏神様、鎮守様と言われる守護神としての機能もある。

あらゆるご利益が得られる万能の神であり、最高神、至上神である。

東洋思想の霊性

阿弥陀如来、大日如来等は法身一如、永遠なる宇宙の理法そのものとしてとらえられた仏の姿であり、真理はただ一つ（一如）である。すなわち宇宙の原理としての霊体である。

仏の本体は霊性であり、真如（ものの真実の姿、あるがままの真理）であり、仏性（一切衆生が本来持っている仏となる性質）である。この世界そのものが清浄法身、清く穢れのない永遠なる宇宙の理法そのものであり、すなわち原理としての仏の現れと言えるであろう。

宗教心の根本

「鰯の頭も信心から」という諺がある。人によっては鰯の頭を与えられても、そこに神秘的な価値と威厳を感じるものであろう。その人の知識のほどは、その宗教的欲求がどんな種類のものであるか、どんなに強いかによって決まるものであろう。どんなものを宗教的信仰の対象として拝むかは、人と場合によって違ってくる。霊、神仏等、目に見えないものは、第三者にはその有無はわからない。その存在だけは確実であると認める、あるいは信じる当人の信念の有無が先決となろう。

人は今生きているこの世界のほかに超自然的な存在があることを感じている。それをはっきり突き止めることはできないが、自分のわかっている種々の存在のほかに何か自分の意識の届きえぬものがあるに違いないと漠然と想像し、信じている。ここに宗教心の根本がある。人として持って生まれた性質の一面に、有限の世界の周囲に無限の世界がある。自分では気がついていないでいるけれども、私たちの日常生活のうえに働いている目に見えない不思議なもの、非合理的なものが信仰、崇拝の対象となろう。物質的な偶像ではなく、直接本体を拝む、ここに実際上の宗教的生活がある。

宇宙の霊性、それはむしろ非人格的な力や原理であろう。

「坊主憎けりゃ袈裟まで憎い」という諺がある。それは、生き仏、神聖な人としての僧侶を尊ぶ心情ではない。むしろ無神論者的考え方に警戒しなければならない。感情の論理であろう。

宗教的行為

信仰者の宗教意識、生活行動は心の働きとしての信仰として身体の動作・行為となって現れる。心の中の働きが身体の動作として現れる。畏敬の念、崇高、偉大なものを敬う宗教的態度、経験は、宗教的生活の根本であろう。信仰は、なぜか手足の働きとなってくる。心の働きが直接身体の変化となって現れる。

親鸞が門弟に与えた消息を従覚が集録した聖人七十九歳から八十八歳迄の消息『末灯鈔』（一巻）に、「浄土真宗は大乗のなかの至極なり」とあり、大乗仏教精神が語られている。

あらゆる人の救済を願う親鸞聖人の教えは、大乗仏教の社会救済活動である。人の左右の手は人を殺すこともできるが、信仰によって心の中に宗教的感激があると手足も人を救う手になると説く。心の中の働きが身体の動作として現れるのであろう。真の宗教を尋ねると身体の動作・行為として大乗仏教の精神が現れるのであろう。そこに本物の宗教の姿がある。

宗教的生活の諸相

人が神仏に向かって働きかける時、病気を治してもらうか、未来の幸福を祈るかなど、精神的な幸福が得られるようにという「願い」から出た行いが、神仏の尊さを仰ぎ念じ、宗教的態度、宗教的生活になっていることが多い。神仏を念じ、種々のご利益を祈り、ご加護を願う。神仏と離れがたい心持ちにひたり、仏の徳をありありと心に拝み、自分がそのご慈悲の中に包まれていることを喜ぶ。その際憶念すなわち念仏、仏の名前を唱える称名念仏が大切である。

一方、観想、観念と言う、座禅観法の作法により静かな所に静座瞑目し、精神を統一し、生き生きと仏の徳をわが心に浮かべ、仏の姿を目の当たりに拝む行法も行われる。

仏説（真理）の法を疑わず仏の恩を尊く感じて仏凡一体（仏の心と凡夫の心とが一体）になり、他力の信心を獲得した信仰心により、法悦にひたるという宗教的生命となることもあり、仏の声が聞こえることもある。仏の姿を拝む信仰体験、神秘的宗教体験が信仰の根本になり、仏の姿に合掌することが精神的に神仏と合体一致することとなる。

仏教の成仏は人が仏になる涅槃という無限絶対の境涯に達することを目的として釈尊を師匠、先達として、それを弟子たちが手本にして自分もその通りになるように自力で修行をしたものである。仏になることが根本的理想であり、仏の助け、ご加護をいただくことは目的に達するまでの道のりにすぎない。

仏教の「観想（仏の姿を思い浮かべ念ずること）」「観仏（仏の相好功徳を思い見ること）」という釈迦、阿弥陀仏等の仏身の相好や功徳を心に想念し、禅定に入る観仏三昧の中にも如来の身相を心に味わい、仏国浄土の荘厳を精神の中に眺める修行を昔の聖、念仏者、高徳の人々は実際に行じ、直観的体験を経験していたのであろう。

宗教的な行為――追善供養

宗教的な行為が一つの型となり、行いの形が決まる。仏教徒ならば手を合わせるのに数珠をかけ、自分の家の仏壇に毎朝仏飯を供え、手を合わせて拝む。

先祖の恩を思い出し、これに報いるため、仏事を営んで礼拝や読経もし、親戚知己に集まってもらい、ともに供養し、祖先の遺徳を偲び、恩に感謝し、信仰を語り合う。故き仏を偲ぶいわゆる追善供養は、死者の冥福を祈るために営む供養である。功徳を積んで亡き人の霊を弔う。死者の冥福のために死者にゆかりのある生存者が後から追って善事を実践する。死者の冥福を祈るために善事を修し、命日に読経、供養等の仏事を営む。一般には初七日ごとに四十九日忌明けまでの追善、百日忌、年忌、お盆、彼岸等の供養を営む。仏像や堂塔をつくり、財物、法具等を寺に施す。後に残った者が宗教上の善い事（善根）をし、その功徳を回向し、亡き仏に振り向け、平等施一切世の中のすべての人々にそれを及ぼし、ともに信仰の道を進もうという理想を掲げる。ところがややもすると法事も仏事のすべてが、寺で盛んに儀式を行い、人を大勢呼んでご馳走を召し上がるという世間態のことになり、肝心な精神が忘れられてしまう。

現代はお経だけ寺であげてもらい、親戚や世間には配り物を贈り義理を立て、先祖の恩も信仰もあまり考えない多忙の生活状態にある。

あるいは寺へ参詣することすら止め、いきなり料理屋に招き、お酒を飲み、歌い騒いで、それで法事をすます人がいるならば、その意味は仏事とはほど遠く不謹慎、不真面目である。

その内面の根本になる宗教的な心、信仰心がなくなると家の繁栄にも影が差し、先細りとなろう。宗教上の行いや儀礼は、信仰心が衰えると徐々に簡素となり、信仰心が強く盛んになれば、儀礼の形式も力の入れようが違ってくる。真宗寺院では、毎年報恩講という最大の行事が行われている。信仰が強ければ強いほど儀礼の実践に身が入るが、信仰を忘れ祖師たちの精神をなくした形ばかりの儀式では、信仰の本質が喪失してしまうことになろう。

信は荘厳より起こる

古来より仏教では「信は荘厳より起こる」と言われてきた。信仰心は荘厳、天蓋《てんがい》、瓔珞《ようらく》、その他の仏具、法具等で仏像・仏堂を飾り、尊く厳かに重々しく立派に飾ることから目醒めると言われ、荘厳を大切にしてきた。儀式を通じ、その道場を形式的にも飾り立て、そのことによって信仰が盛んになると信じられ、荘厳な飾りを大切にする。

北陸では真宗門徒は大きな金仏壇を安置し、極楽荘厳を心がける。

みかん箱に金色の色紙を貼る質素な仏壇も、当人にとってはありがたいものであろうが、それでは粗末であると二百代、三百代の大きな仏壇を安置する。親孝行のため家を建立したが、年寄りがご先祖様より先に新築の家には入れぬと仏壇を安置することになったが、家を建てる二分の一、三分の一も安置するのに費用がかかったという話は、実話として有名である。

仏壇は仏の置場所であり、仏壇のある暮らしから信仰心に目醒め、心の拠りどころと安定した生活が顕現する。

そのことが「信は荘厳より起こる」という格言である。

ともに信じ合う宗教者の社会生活

人は自分よりまさっているものを恨み、憎み、嫉妬するのが世の常である。他人をなかなか信用できず、疑う気持ちが強く、疑念を持ちがちな現代社会であるが、宗教的生活というものは、社会の人々とともに信じ合っていくということが前提となる。

信仰を持った人間は、常に阿弥陀様の前に暮らし、生活にごまかしがない。人目はごまかせても、仏様が見ているという心持ちなので、ごまかしがきかない。

誰もが幼い時からしつけや見様見真似で、生活の中で自然にその宗教的素質を発揮する。学校や家庭で宗教教育やよき師について経典等の講釈を聞き、また高徳の人から道を諭してもらう機縁を得て、自然と智慧がその人の宗教的素養となり、宗教的意識が現れ、宗教的な活動をするものである。

人はそのように幼少の時分から広く社会の宗教的雰囲気・環境の中に育てられれば、宗教的性格を向上させ、進展させるものである。家庭の中なり、友だちなり、社会から宗教的な啓発や刺激を受けなければ宗教的生活は伸びていくものではない。国家が経済上の発展ばかりに多忙で、科学万能の対策に傾注して、宗教や道徳等、精神上の教養を後回しにし、宗教的教育を不充分に放置すると、社会は犯罪の巣、病理学的社会となり、乱れること必至であろう。昔は結核で生死をさまよい、熱烈に、真剣に、命がけに、自ら進んで教えを聞き、道を求める篤信の人も見られた。

伝教大師は比叡山を開き、修行道場を開かれ、一旦入山した人はどんなことがあっても山住の僧侶として仏法を学ぶため、十二年間は里を出てはならぬという厳重な規則を立て、これを実践した。

現代人にも熱心な求道者はいるが、熱情と堅固な意志がなく、脇道に外れやすい。誘惑も多いこともあろうが、意志が薄弱であり、その志が充分でないケースも多い。

伝道精神

教義を伝え広める、いわゆる伝道は、未信者に信仰を伝え、信者に導くための宗教活動である。通常、布教とは、宗教（第一とするものを教える）を広めることである。熱心な信仰に燃えている人が一人でも二人でも自分と同じ信仰を持つように勧め、また励まさずにはいられないという社会的な共生意識からきている。

神様のお手伝いと考える人もいれば、自分の教団の勢力を広める、真理の教えを人々に知らせる、気の毒な人を救済するという思いで宗教実践を行う場合もあろう。

一人でも自分と同じ信仰に入ってほしい、宗教上の喜びをともに味わい、宗教上の行いをともにし、互いに励まし合い、修練をしていくという社会的な共同意識によるものであろう。一般の人々は、宗教家や僧侶にもたれすぎていて自分の信じている道を説くことを遠慮しているのであろうか。伝道は必ずしも専門の宗教家の仕事に限ったことではない。真に信仰に目覚めた人ならば、一人でも同じ信仰の友を得べく伝道活動に進んでいく熱心さが求められている。

教えを求め、自分の信仰を人に与えようとする努力から人の宗教生活が始まり、それがサンガ、宗教団体へと発展していく。

多くの人たちの宗教経験は、喜びやありがたいと思う気持ち、感謝の念が根本となっている。この世はどうして誕生したかという形而上学的な問題や、いかにして人間の存在は成立したかという存在論、人間の迷いはどのようにして救われるのかという救済論等、様々な思考からくる宗教的観念を論理的に組み立て、整頓し、体系づけ、信仰の内容を教理、教義として学問的に研究していくと、学僧や説教師、宗教家も登場し、ますます宗教的世界が広がっていくことであろう。

釈尊の諭す悟り（enlightment）とは、迷いを離れた究極的な認識の世界であり、物事の道理をはっきりと知ること、気づくこと、迷いがとけて真理を知ることである。真理とは因果応報の道理であり、縁起観（ともに生きる共生）であり、生老病死（生まれること、老いること、病むこと、死ぬこと）の人生の相であり、それらの道理にはっきりと気づき、知ること、ありのままに認識することである。

共生精神

信仰は各個人の心身を主体とした生活行動であるが、その個人は、相より相助けて生存しうる個人であり、諸生活においても相共同して生活している。

周辺の人々の宗教的活動とも結びついている宗教的生活とはいえ、同信同行の人々は社会的な活動の主体ともなる。

同じ信仰を持つ人々は宗教上相助けていく。信者同志が集まって修養の会をつくったり、講を結んで信仰を語り合い、一緒に修行をしたり、寺社仏閣に参詣したりする。

真宗は東西本願寺を始め十派が各々歴史的には独立しているが、親鸞聖人の流れを汲むものとして浄土真宗という一つの宗旨がある。

愚禿親鸞、七十九歳、建長三（一二五一）年九月二十日の『末灯鈔』には「浄土真宗は大乗のなかの至極なり」とあり、至極とは極みをつくした最上の道理にかなってこのうえもないもっともなことを意味する。すなわち浄土真宗は最高の大乗仏教なのである。

大乗仏教は、紀元前後からインドに起こった改革派の仏教であり、従来の部派仏教を出家者中心

（自利中心）の小乗仏教であると批判し、自分たちを菩薩（自利利他を求める修行者）の悟りを求めて修行し、成就して悟りに至るものと呼び、在家者中心、利他中心の立場をとった。中国、日本、チベット等、北方仏教の流れを受けているという。つまり大乗仏教教団・生活教団と言えるであろう。

家族なるものの宗教

最も基本的な宗教的集団は、家の宗教ということになろう。家族も核家族化し、夫婦に幼な子等、数人が一つの家に住んでいる集団となりつつあるが、年寄り、兄弟、夫婦が加われば二、三代の一家大家族の生活となろう。

血縁のつながる親類一統となれば信仰と儀礼の同一性も考えられようが、家族内の人々は同じ家に生まれ育ち、日々衣食住をともにしているので、その家の先祖を始め守護神に対する信仰を持たぬわけにはいかず、家族は最も小さな形の社会的生活形態であるとともに、宗教的集団としての有力な機能も持っている。

家族での信仰や儀礼が相当重じられていたことは歴史を見ても充分伺える。

明治以後、特に都会では宗教が軽んじられ、自分の家の宗旨さえ知らぬ人が多く存在する。現代では宗教もあまり重大な問題でないと考える人が増えているのだろうか。

家庭の中に仏壇を備え、神棚を置くということのみが宗教生活ではない。家族のだれかが家庭にて朝な夕なに仏壇に手を合わせてお祈りをし、お勤めをするというところに原点があり、本来は宗教生活の一番大事なところに家族があるのであろう。

心を伝えるという点からも家族の宗教とその祈りは最も大切である。

学校における宗教教育ではなく、家族という集団生活の中に重大な宗教的機能がある。日常の家庭生活において皆が宗教的な心を持ち、日々暮らし、各自の信念を生活実践の中へ折り込み、その信条が家族の人々の間に浸透したならば、往々利害・打算になりがちな家族の間もなめらかになり、理屈ばかり言って各自が勝手に我を通し、我見に執着する家族の空気が信仰上の喜びから融合が生じ、和やかな家族関係も生じてくるであろう。その意味では、家族は小さな宗教団体である。個々の家族の宗教的活動等は大局に影響しないようであるが、家族が根本であり、重大な意味を持つ。

教団本位の宗教の見方や、教義中心の宗教観より、個人的な信仰、個人の宗教的実践が問題となろう。信仰はどれでもよいという訳ではなく、家の宗教の継承にせよ、何を信じ、如何に心得ているか、それが精神全体にどんなに強く生き生きと働いているか、それが行為のうえに如何に現れて、その人の生活全体を動かしているかである。

人生の一大事である信仰を徹底するのには、一つの教えについての明確な取捨選択が必要である。

家族の宗教の継承についても自分の一生を貫くような安心感、真理性、歓喜法悦の涙にひたるありがたさ、ひたすら精神的に宗教生活を味わっていく人としての姿勢が大切であろう。

自分の喜びを人にも伝え、伝道に打ち込み、一所懸命尽力する人、世の人々の救いに、救済事業等に奔走せざるにはいられない人がいる。その実行の中に宗教的感激があり、実践行動の中に宗教生活を伸ばしていく喜びがあるのであろう。

荒れ果てた家庭

人は一体何歳くらいで宗教的な心が湧いてくるのであろうか。宗教心は皆生まれつき持っている（悉有仏性）とも言われるが、宗教的に目覚めるのは十七、八歳くらいになってからのことかもしれない。

十歳くらいになれば神仏の話を聞いても少しはわかってくるであろう。もう少し成長すれば自分の生命、死、死後について少しは考える宗教的な活動が始まるかもしれない。

素質や境遇もあり、人間の宗教的生活の初発心（宗教心の芽生えること）は、小さい頃からの教育や家庭の様々な事情によることが多い。

宗教のない荒れ果てた家庭には、信仰の若芽は容易に芽生えないと言われている。身体が急に成長し、性欲という人生の大問題に遭遇し、若い男女には異性を求める発情期がある。欲望の目覚めである。子ども時代の殻を脱いで一人前の人間になる第二の誕生期であり、万事に迷いやすく、向意気ばかり強い年頃である。

この煩悩に惑う年齢にあっても単生型の宗教心は目覚めず、煩悩の大山に当惑する人もいるであろうが、再生型の宗教的発育をすると二度生まれる人もいる。

世俗的な欲望追求にのみ走り、よこしまな方向にある心を改めて宗教の世界に心を振り向ける回心《かいしん》もあろう。邪悪な自己を改悟して仏道に帰依し、善を行い、敬虔な仏教者になる、心を仏の教えに向け、自らを懺悔して信仰に入る、邪悪な心を清浄な悟りに心の方向転換を図る、これらは段々に心を深め、仏に近づいていく過程であり、「一向専修のひとにおいては回心ということただひとたびあるべし」(『歎異抄』)と言われる。

宗教生活は年齢に応じて発育していく。お経の道理を覚えさせるというより、仏の恩沢を身にしみてありがたい、勿体ないという心持ちを起こす悦びと感謝の真心から、身を修め、人に接していくような人格を育て、人間を完成させることである。

宗教心の涵養、宗教心の芽生えを培って人間修養の根本道場として大切な家庭において、宗教教育の一層の注意と工夫が必要であろう。

功利的な問題ではなく、根本的に真に人間らしい人間、宗教心の豊かな人が一人でも多く育てられるべきであり、それによって温かみのある社会、病理学的社会でない健全な人間社会が到来することであろう。

なぜお経を読むのか——読経の意義について

声を出して経文を読むいわゆる読経《どきょう》は、声明《しょうみょう》とも言い、日本の仏教では、儀式・法要で僧の唱える声楽の総称を意味している。狭義には、漢文または梵文の唄《ばい》、散華《さんげ》、梵音《ぼんのん》、錫杖《しゃくじょう》、讃《さん》、伽陀《かだ》等の曲を指し、広義には訓読または和文の経釈、講式、論義、表白、祭文、和讃、教化等を含めている。

声にも生まれつきの声（地声）と声明声があって、声明を唱える美しい声がある。入門時には、なかなか声明声が出ないのが通常である。何とも言えないありがたく手が合わさるような声、神秘的な声を師匠は出す。聞けば、姿勢を正し、骨盤の上に脊髄を立てて発声すると楽器のように骨に響いて美しい音が出て、美しい声となると言う。

持ち前の声もある。三十年、四十年の声明家と初心者では声明の音色、いわゆる良い声の質が異なって、教科書通りというよりは一層磨研《みがき》がかかり、洗練されたものになるのが通常である。

したがって読経は、日々の読み込みが大切である。そうすると自然に声明声になる。その呼吸法は酸素を吸入し、健康保持、長寿にも有効であると言う。

「門前の小僧習わぬ経を読む」という諺がある。古くから人々に言い習わされた風刺である。平生、見聞きして慣れていれば、知らず知らずのうちにそれを学び知るようになる。経は誰もが読めるが、よく経の意味・内容を理解し、文字を見て発声すると、経の心が十方に響く。鸚鵡《おうむ》やインコのものまねではない。経典の内容を理解し、経を読むのである。いわゆる「習わぬ経読み」の「経読み坊さん」ではなく、お経の心を充分理解し、経に接することは仏教者の心得とも言えよう。

その大切な経は修多羅(sūtra)の漢訳であり、教法を文章にまとめた釈尊が弟子に語った言葉である。

『一切経』『大蔵経』には、経、律、論も含まれているが、「経典」は釈尊のお言葉、教法であり、「お聖教」は釈尊所説の教えを意味するが、他の聖者、親鸞聖人、蓮如上人の文章等をお聖教ということもある。

さてその経典「浄土三部経」を読む、いわゆる「読経」の源は『大無量寿経』流通分に「受持読誦如説修行」とあり、釈尊が末代の道俗に「如説修行」をお勧めになったと考えられている。

七高僧の一人、善導大師〈六一三〜六八一、道綽〈五六二〜六四五〉の弟子〉は、『観経疏』散善義に、浄土に往生する五種の行をあげている。

（一）読誦《どくじゅ》：浄土三部経を読誦すること
（二）観察《かんざつ》：浄土の依正二報を観察すること
（三）礼拝《らいはい》：弥陀一仏を礼拝すること
（四）称名《しょうみょう》：弥陀の名号を称すること
（五）讃嘆供養《さんだんくよう》：弥陀を讃嘆供養すること

この五正行の最初に、浄土三部経、『大無量寿経』『観無量寿経』『阿弥陀経』の読誦（「読」は経文を見て読むこと、「誦」はそらで読むこと、いずれも声を出して経文を読む読経を意味する）について、『大無量寿経』の「受持読誦如説修行」に基づく読経の拠りどころを明らかにしている。

釈尊のお言葉を編纂したお経は、八万四千の法門を言い、お説きになった教えは無数に多く、広大無辺である。お経は、その教えを説いた全体の経典を意味する。人間の持つ煩悩が、八万四千で、そのすべてを滅するための数値とも言われている。

仏弟子のアーナンダ（阿難）は「私は仏陀から八万二千の教えと修行僧たちから二千の教えを得た。私はこれらの八万四千の教えを会得している。」（『上宮勝鬘経』大正蔵五十六巻五下）と自ら詠じている。すべての経典を読み切れないので、その中の浄土に関する最も尊い三経典として「浄土三部経」を選ばれ、この経を正しい拠りどころとして仏教の真髄を理解する鍵を与えられた私たちである。「門前の小僧習わぬ経を読む」ではなく、仏教の根本を究め、叡智、仏智を身につけることが望まれている。

それでは、いかなる心持ちにて読経すべきか。読経はいかなる意味合いがあるのか。

一般に、「追善供養回向」をよく耳にし、よく目にする。霊園の塔婆にも書いてある。追善は、功徳を積むべく冥福のために亡き方にゆかりのある生存者が後から追って善事を実践することである。死後七日ごとに、四十九日忌までの追善、百日忌、年忌等の追善供養を営み、仏像、堂塔をつくり財物、法具等を施すことを追善と言い、仏事の基本とされている。冥福を祈るために、命日に読経供養の仏事を営む。正式には「追薦」と書き、追善は俗用である。親寂縁者が一堂に会し追善供養を行うことを言う。

供養（paricariyā パーリ語）は、奉仕する、尊敬心を持って仕え世話をするという意味である。お供えの「供」であり、差し向けることであり、諸々の物を供えて回向する。礼拝、仏に礼拝する。花・香をもって供養することである。讃嘆供養正行とも言い、浄土教では専ら阿弥陀仏を褒め讃え、物心を捧げることを言う。

釈尊の初期仏教教団では、四事供養、すなわち衣服、飲食、臥具、湯薬が主なものとして僧団に施与された。後には、塔廟、仏像、サンガに房舎、土地等まで施与するようになり、それによって僧団の経済展開の枢軸となった。一方、財施、法施と言われ、恭敬供養、讃嘆供養、礼拝供養、つまり精神的崇敬の態度を言うことにもなった。

亡き仏に塔婆供養、お供物を捧げ回向する。施餓鬼供養（お施餓鬼）、開眼供養、経供養、鐘供養等の仏教行事を指している場合が一般的である。戦没者の供養塔、遭難者の供養塔、殉難者供養塔等は、皆がよく知る通りである。

親鸞聖人、蓮如上人の仏教では、読経は、善導大師の散善義にある「仏徳讃嘆」を根本とした仏徳讃嘆の方法である。仏を褒め讃えること、讃じ嘆ずる讃嘆を、世親菩薩は五念門と言った。

(一) 礼拝：仏の前に低頭、合掌して恭敬（つつしみうやまう）の意を表す。

(二) 讃嘆：深く感心して誉めること。仏、菩薩の徳を誉め称《たた》えること（和讃もその一つ）。

(三) 作願：願いを立てること、心に一心に往生を願うこと、常に願うこと、願生の思い。菩提心のこと、仏になりたい心。『往生論』には五念門は、自利利他の大誓願を起こし、修行して、極楽に生まれるようにと願うこととある。一筋の浄土往生の心であると説かれる。

(四) 観察：見つめ見通すこと、物事を心に浮かべて細かに、明らかに考える。よく熟思、熟考、考察すること、見分けて知ることである。よく熟考し、直観することである。

(五) 回向：悟りに向かって進むこと、念仏を行って浄土に生まれる因とすること。親鸞聖人は、阿弥陀仏が転じ向かわしめ、衆生を浄土へ差し向ける働きであり、阿弥陀仏から衆生に対する他力の回向であるとする。

以上の五念門は、浄土に生まれるための往生行であり、親鸞聖人の仏教では「他力」の信心を得て阿弥陀仏の名を称えることを真の讃嘆であるとする。美しい歌声である、仏教讃歌も讃嘆の一つである。

「大悲伝普化」とは、多くの人々の苦しみを救おうとする仏や菩薩の慈悲心が分け隔てなく注がれ、大いなる慈愛が遍く教化し、救い伝わっていくことであり、読経によって限りない仏の大悲が広く伝わっていくことである。

『契経《かいきょう》（sūtra　梵語）』は、釈尊の説いた教えを編集した経典であるが、経文は人々の素質に契《かな》い、理に合うから契と言う。sūtra は「たて糸」の意で、真理をまとめて述べているので経、経典と言うのである。経典そのものによって法が伝わり、仏徳が讃嘆される。

皆のよく知る「永代経」は、一年に一回寺院で行う法会で、毎年亡き人の供養のため、檀家の請いにより布施を受けて寺の責任において代々伝えて永久に読経をすることである。これが永代読経の意味である。

読経は、「仏徳讃嘆」と「大悲伝普化」の徳用であると言う。仏事万般法要の意味は、衆生済度を意図する。生存するもの、命あるもの、この世で生を受け生きている、生きとし生けるもの、「衆生」（衆生というのは古い訳語で、玄奘以降の新訳では「有情」という）は必ず死す。死して必ず土に還る。その生きとし生けるもの、尊敬すべき大乗仏教徒を済度する。「済」は救済、「度」は度脱である。

生死の苦海、迷いの大海から救って彼岸へ渡す。衆生を救って極楽に導く。

「宿縁」「無宿縁」という仏教語がある。「宿縁」は、過去世につくった因縁、前世において人々が結んだ宿世の因縁である。かつて過去世につくられた善、前世の善業、過去世の善根である。過去世の先祖に仏を大切にした人がおられ、その善が次の世に引き継がれる。しかし、仏法不毛の地に育てば仏縁を結ぶことはむずかしいと言われている。それを「無宿善」と言う。無宿善は、前世に植えた善根がないこと、ないその人を言う。善根を積んできていない人は、無宿縁の機と言う。「宿善開発」という仏教語はよく知られているが、前世に積んだ善根、今まで積んだ善根が宿善である。

蓮如上人の「御文」に、「平生に弥陀如来の本願の我等をたすけたまふことわりをききひらくことは、宿善の開発によるがゆゑなり」とある。今まで修めてきた善根が、ある時期に開き現れることによって信心が得られると語っている。

亡くなられた故人を偲ぶ法事を縁として、法（教え）、真実の理法、仏の教えが弘まるようにと結縁《けちえん》し、仏道に入る縁を結ぶ、末来に救われるゆかりをつくる、仏教に関心のない人に感心を持たせて関係づける、これらは極楽往生の縁を結ぶことである。

法要、仏事は、衆生済度の仏事であり、「利他」の大行であり、諸人を救い、衆生を救う。親鸞聖人は、「利他」は仏が他の人を利することであり、「他利」は他の人が利せられることであると語る。仏が願力を持って人々を利するというのである。仏事は、その意味で「法が弘まる結縁物語」であり、「衆生済度の大行」なのである。

浄土願生について

人は皆、安楽なる浄土、安らけき、弥陀の安楽浄土に生まれることを希望するであろう。苦に満ちた地獄を希望する人はいない。願う安楽浄土には諸々の苦悩がなく、やすらかでおだやか(安穏)、無事で、気持ちよく、楽しい(快楽)西方にある極楽国土で、この苦のない安楽国は浄土とも言われるが、過去世において法蔵比丘の立てた誓願に基づいて建立されたもので、この娑婆世界の西方において法蔵比丘の立てた誓願に基づいて建立され、この娑婆世界の西方十万億の仏国土を過ぎたところにあると「浄土三部経」にも説かれている。煩悩を離れて、悟りの境地に入った仏や菩薩の住む清浄な国土であり、煩悩の惑いを離れた清らかな世界であると言う。

親鸞聖人は、真実の浄土と方便の浄土に分け、真実の浄土に至る方便化身土も語る。浄土は穢土の対とし、衆生救済の場としてしつらえた清らかな世界であり、苦がなく楽しみのみがある。

浄土に至ることは二の願に依るべし。一には見仏聞法の為に浄土に生れんと思ふ、穢土には見仏聞法難きが故に、其見仏聞法は即利益衆生の為也。二には衆生利益の為に浄土に生れんと願ふ、浄土に往生して見仏聞法し直に還り来りて穢土に生れ衆生を利益せんが為に往生を願ふ也。

（『唯識大意』末一二ウ）

穢土は不浄土、穢れた不浄な現実世界であり、見仏・仏の姿を目の当たりに見て礼拝したり、素直に仏の教えを聞く聞法がむずかしい。だから衆生利益、すなわち生きとし生けるものを利する人々のためになる他の人々を益するためには浄土に生まれんと願う。浄土に生まれ、仏の姿を見て礼拝し、素直に仏の教えを聞き、仏心を身につけ、穢土に還りきて人々の往生を願う。自己が自己の願いの実現に向かって努力する道程、往相、往生して浄土に参り、再びこの世に還って利他教化の働きをする。浄土に生まれた人が大慈悲によってこの世に還って迷える人々、生きとし生けるものを救うことに努める。

阿弥陀仏四十八願のうちの第二十二願であるが、浄土に生まれた菩薩が人々を救うために穢れの国へ還来して衆生を利益するのである。そのことは仏自身の働き、本願力回向にほかならない。

地獄極楽はこの世にありとも言われ、平生業成、すなわち平生の生活のうちに浄土に生まれる業が成立し、終わっている。浄土に往生するための因は平生の生活のうちに定まっている。

臨終の来迎時に念仏すると、仏・菩薩が迎えにき、浄土に生まれる。この往生観も一理あろうが、平生の生活において弥陀の誓いを信ずることによってすでに救いが約束される。臨終を待たず平生において帰命の一念信心の発るとき、たちどころに即得往生住不退転位となる。ここに親鸞思想、信仰の特色が伺えよう。

現代社会に蘇る蓮如上人

蓮如上人を偲ぶ

蓮如（一四一五〜九九）上人は、一向一揆とともに歴史上の人物として皆によく知られている。親鸞聖人の七百五十回忌ご遠忌を今日迎えているが、蓮如上人は室町時代に衰えていた真宗教団を急速に発展させて、その門信徒数を日本最大のものとして本願寺を復興し、八世中興の祖として仰がれている宗教者である。

ご開山親鸞聖人は求道者、蓮如上人は布教者とも言われ、もし蓮如が歴史上登場しなかったならば、親鸞の耀きも今日ほどでもなく、閑散としていた本願寺を雄大に組織化し、後の一向一揆のエネルギーになったほど、江戸期を迎えるまでは、織田信長と合戦をしても引けを取らない勢力の絶大さを示した。

加賀（石川県）では、一向勢力が年貢、重税を課す大名、富樫政親《とがしまさちか》の高尾城を囲み、自刃に追いやり、約一世紀にわたり門徒領国、百姓の持ちたる国、「加賀共和国」とでもいうべき自治組織の形成に影響を与えた人物である。

一向一揆は、真摯な熱情を持って広範な大衆を統合し、時の権力と武力を持って対抗した。重税や労役はご免であるという在家教団の重税徴収に対する反抗であり、オバマ政権を揺さぶったティーパーティーと同様の減免闘争であった。

今日とて消費税導入は、政権がチェンジするほどの重要課題であろう。国民の目線を逸脱した年貢、課税、重税徴収が、一向一揆の生活哲学として背景にあったと思われる。

大切なものを忘れた現代人

北陸の民衆の生活に最も影響を与えた歴史上の人物に、蓮如上人の存在がある。それは、吉崎御坊一宇を建立し、「御文（章）」による教化活動、人格的なふれあいで教化を行った念仏伝道や一向一揆の史実が物語る通りである。

さて、その蓮如上人および親鸞聖人の心を理解する際、日本の仏教が伝播以来、大乗仏教の心を受容していたこと、したがって仏教史における大乗仏教の精神を鑑みる必要があろう。つまり、諸人あらゆる人々、民衆の救いがテーマであり、自ら悟ってよしとする羅漢道ではなく、大乗仏教、浄土仏教であるという点に注目する必要があろう。

大陸からの伝播した日本仏教には、大乗仏教思想による実践救済道、すなわち民衆を大切にした救済により、人々に理解が得られ弘まった仏教救済史が存在する。

鎌倉時代の叡尊、忍性等、旧仏教の救済活動もあったが、親鸞聖人の思い遣りのある救済観も、大乗仏教精神に基づく救済活動である。当然、宗学ではない七祖の伝統、魂の継承展開による浄土仏教である。

今日の葬式仏教、すなわち自宗の宗義、教義、教学の隆盛を補強する宗学という視点では、真の仏教、民衆の救済は望み薄ではなかろうか。

臨床の視座というのは、懊悩する人々を実際に救済する生活と一体の宗教、すなわち仏教は民衆を本当に救済しうるのか、大衆の安心立命を獲得できるのかという真実なる提言であり、大切なことを忘れてしまった日本人には、今、現代に蘇る蓮如上人に学ぶ姿勢が必要であろう。

蓮如上人に聞く親鸞聖人の教え

座禅をすすめる禅はまず座れと言い、真言は阿字観、月輪観をすすめる。日蓮は題目という行をすすめる。聖道門、浄土門と言われるように、仏教の悟りへの道も難易二道がある。

念仏成仏是真宗の安心決定の道は、仏の教えを聞くという「聞法求道」に始まる。お説教のみならず、お聖教、経典や仏書を読み、理解することも含め、「聞くというは信の実りをあらわすなり」と、安心立命の道は、聞いて、理解会得する聞法、求道の道に究まるという求法の旅路である。

「聞く耳を持たぬ」「聞くは一時の恥、聞かぬは末代の恥」の「聞く」であり、見る見識や意見、自己主張ではない。目に見えない世界を信ずる信仰は、聞法に終始し、これが本願力に巡り合う大切な姿勢であることを諭している。

親鸞聖人と蓮如上人、その聖人と上人はどう違うのかという、的を得た質問があったが、親鸞聖人は官僧(公務員)ではなく、私度僧、聖《ひじり》であったから、その聖としての「聖」ではないかと、咄嗟のことであったからお答えした。調べてみると、聖は高貴な人、立派な人、正道を証した聖者、穢れなき人、信頼さるべき人を意味し、聖人は悟りを得た人、上人に対してさらに尊んで言う意である。親鸞を聖人、歴代の法主、蓮如は上人と、お立場が明確になる一つの視座を与えてくれた、とてもよい質問であった。

さて、蓮如上人ほど親鸞聖人の教え・心をよく理解された人はいないといってよいほど、聖人の教学をよく了解《りょうげ》していた。本願寺第八代法主、蓮如上人の晋山は、四十三歳の時であり、応仁の乱が始まる十年前である。応仁の乱は、室町末期の応仁元(一四六七)年、京都を中心に勃発した大乱であり、将軍足利義政の相続をめぐって、東軍細川勝元《かつもと》方と西軍山名宗全《そうぜん》方に分かれて、各地で争い、以後幕府は弱体化する。

鎌倉時代末から室町時代に至ると、荘園の崩壊の中から新しく村、惣《そう》が誕生する。荘園解体期に現れた村人の共同体結合で、村民全体の名によって村の意志を表明し、行動する惣村《そうそん》単位になっていった。年貢も惣村を単位として、直接農民の手で領主に納める百姓請《うけ》、地下請《じげうけ》が一般となった。訴訟等も惣村が経費を出し、村の生活を守るようになった。掟が村の寄合等でもつくられ、惣村の規定によって罰せられた。罰金、村の寄合への出席停止、村八分、犯罪に至る処罰が、村落共同体の手によって行われた。惣村は自治体的性格を身につけ、共同の行動をとることができた。惣村が誕生し、一揆という民衆運動も生まれた。

入会地（会に加入して会員になる）、用水、そして年貢の減免要求等は惣村の結合の重要な条件であった。

貨幣の流通、貨幣経済が一般民衆の生活の中まで定着した。村々の農民にとって、貨幣なしの生活は考えられなくなった。首がまわらぬといった人々、「銭は借りたし、質草はなし」という人々も多く発生した。

貸借関係のご破算、土地売買の無効、未納分の年貢の打ち切り等を内容とする徳政の要求、一揆に強い関心を持ち、多くの民衆を結集することができたという社会背景があった。

「弥陀救けたまえ」の念仏、「煩悩具足のまま救われる」という親鸞聖人の念仏の救いを説く真宗諸派の中で、最も大きな教団勢力を築きあげたのは、仏光寺派、専修寺派、三門徒派であった。本願寺は、聖人の血縁を受け継ぐ覚如によって創建され、以後、子孫が法主の地位を継承した。しかし、大谷本願寺には参詣の人はほとんどなく、寒々としていた。

仏光寺には民衆が群集し、名帳と絵系図によって発展する。つまり、僧侶が信者の名を記した時、信者の信心が決定するという信仰の論理により、僧侶はこの世における阿弥陀仏であり、人を救う力ありという論理によって裏づけられ、僧侶は信者の往生、救いの与奪の権利を握っていた。

真宗の信者となった民衆は、惣村の農民であった。蓮如上人は、真宗の諸派が栄えている中で、なぜ本願寺だけ参詣者がなく、寒々としているのかを考えた。民衆が求めていたものは現世利益、神仏の力によって、この世で授かる利益と幸福、仏が衆生を利益する、その利益、利生の要求であることに、民衆との膝をつきあわせた対話にて理解し、この「対話」にこそ布教の成果の道があることに気づいた。

親鸞聖人の異端の念仏が横行する世に、聖人の正しい念仏を皆に理解されうる方法として、「御文（章）」があみ出され、布教経典として「御文（章）」を手にし、念仏者である門徒が宗教的対決に勝利することが可能となったのである。

親鸞聖人の救済道と真宗念仏の特質を、蓮如上人は次のように記している。

一、弥陀如来の本願のわれらをたすけたまふことはりをききひらくことは「宿善の開発」

（今まで修めてきた善根種が、ある時期に聞き現れることによって信心が得られる。）

一、臨終まつことなし。来迎たのむことなし。

（平生業成、日頃の生活において浄土に生まれる業が成立し終わっている。浄土往生の因は平生の生活のうちに定まっている。来迎往生臨終時に念仏する時、仏・菩薩が浄土から迎えに来て、浄土に生まれることが決定するという来迎思想から、不来迎の談、平生業成の義なり。平生の生活において阿弥陀仏の誓いを信ずることによって、すでに救いが約束される。平生業成、即得往生住不退転と言った。）

一、一念発起のかたちは正定聚なり。真実信心の行人は摂取不捨のゆえに正定聚に住す。

（まさしく仏になることが定まって再び後もどりしない位、必ず救われる人々、信心を得た者がこの世において必ず浄土に往生することを定められた仲間となると、聖人はこの世、現世におけるあり方、正定聚を示した。）

一、念仏とは、自身往生の業とはおもふべからず。ただひとえに仏恩報謝の為と心得らるべきものなり。

（信心決定後の念仏は、自分を救ってくれた弥陀に対する仏恩報謝の念仏と心得よ。）

これらの親鸞聖人の救済思想の解明を、蓮如は四十三歳までの部屋住みの期間に学んだ。比叡山延暦寺は、蓮如の近江国布教の後まもない頃から弾圧を始めた。このまま布教を拡大していけば、延暦寺の僧兵による武力攻撃もありうるとして、それを避けるためにも、叡山の膝元である近江から北陸へ移す決意をしたのであった。文明三（一四七一）年初夏のことである。蓮如上人が吉崎に布教の拠点、吉崎御坊を設けたのは七月のことである。応仁の乱の最中であり、文明三年五月には朝倉敏景が主家斯波家を押しのけ、新しく越前国の守護となった。事実上の支配は朝倉氏であり、河口庄（福井県坂井郡）細呂宜郷の領主は、奈良興福寺大乗院であった。事前に朝倉氏と大乗院に渡りをつけたこともあり、蓮如上人の吉崎進出は順調に行われた。宗教的には天台、真言のみならず、浄土宗、時宗、禅、日蓮等の諸宗も縄張りをおびやかされることとなった。仏光寺、専修寺、三門徒派等の真宗が特に親鸞教学の異端の諸説によって民衆の心をとらえ、根をおろしていたが、蓮如上人によって真宗三派が本願寺の組織に組み入れられ、教線はみるみるうちに拡大していった。吉崎詣でが生きがいとなった門徒は連日大勢つめかけ、盛況であった。民衆の村の生活は地縁的な村落共同体であり、惣村を単位として僧侶と年長《としより》と長《おとな》という精神界の指導者に信仰を持たせれば、余のすえずえの人は正しい信仰を身につけ、本願寺は繁盛すると、蓮如上人はつねづね仰せられた。惣村の民衆を「講」という仏教信仰生活に組み込んでいったのである。

弥陀一仏の教え

親鸞聖人が説き、蓮如上人が説いた末法の世の唯一の救いは、阿弥陀仏による回向であった。人々が弥陀の本願を心から信じ、「阿弥陀如来助けたまえ」と念仏を唱えたとき、救済が約束される。そして新しい価値観を持って、念仏者たちは人生のあゆみを展開した。

念仏一つで諸神諸仏に通じる。念仏の救いは、信心を決定した時、この世でただちに、時所を選ばず、無碍《むげ》の一道、救済が約束される。

門徒は、月に一、二度、講の集いを持った。互いの信仰を深め、確かめ合い、信仰を得た喜びをともにし、励まし合う場であった。新しい価値観による惣村の民衆は、既成の体制、価値観、宗教と政治に対して反抗し、権威を否定する行動を進んで取り始めた。村々に存在する神社を軽んじ、弥陀以外の諸仏、菩薩、仏教のご利益を否定し、既成の仏教教団を誹謗する言動も目立った。室町幕府とつながりのある権力、守護、地頭、武士権力も無視し、年貢等の諸税を拒否するという行動に出た。

蓮如上人は当時の宗教的、社会的・政治的勢力をすべて敵にまわし、致命的な打撃を受けぬように、弾圧を避けるための反体制的言動を諌める「御文（章）」をしきりに発したのである。

上人の懸命な阻止にもかかわらず、門徒の反宗教的・反社会的・反権力的民衆エネルギーは減らず、武力対決、門徒農民の組織された力と、守護勢力の対決となっていった。政治色を濃くし、北陸の守護権力に対して、守護、地頭と呼ばれる支配権力の否定、年貢、公事の拒否等が進んだ。

このような状況下で北陸の一向一揆が勃発したのであった。

現代に蘇る蓮如上人

現代社会に蘇る蓮如上人の姿を偲び、その尊い精神を蘇生するならば、それはいかなる意味を持つのであろうか。その考察に欠かせないのは、現代社会は一体どんな社会かということ、そして、そこにおいて蓮如教学がいかなる意味を持ち、蘇るかということであろう。

蓮如上人を理解するのには、何よりもまず「御文（章）」を一帖、声を出して拝受することが大切であり、学問的第一資料にふれることである。蓮如上人の「御文（章）」のその言葉を通して、大切なその心にふれることができるであろう。

現代社会をよく見つめ、理解したうえで「御文（章）」を拝受し、蓮如上人の心を了解する前と、了解崇敬した後と、どうこの私たちが変化をしたかである。

私たちの左右の手は、両手を使えば人の首を絞め、人を殺すこともできるが、人の命を救う「救いの手」として活用することもできる。

救命措置が必要な患者を面前にして、一人でも多くの人を救うことができたらと蘇生を施す、その人を救う手、それは諸人救済を願う大乗仏教の心に外ならず、蓮如上人の心による勧化行為と言えるのではなかろうか。

少なくも親鸞聖人、蓮如上人の弥陀一仏の信仰心には、人々を救わんがために立ちあがった大乗仏教の心、誓願が命尊しと語りかけている。救いは、そのように具体性を持って人々に働きかける。私たちの身体の主体的実践を通して「人を救う手」となりうる。そこには、大乗仏教の心がある。

因果の道理を信ぜず、仏教信仰を否定する人たちの手が王舎城の悲劇同様、父母殺戮物語のような行為に結びつくとするならば、人を救う手は、親鸞聖人、蓮如上人の大乗仏教の心を了解した救済道・実践行為とは言えないのではなかろうか。

蓮如上人の蘇りということは、そのような意義や価値、意味を持つことにほかならない。

私たちは福祉国家の充実した日常生活の中で、ややもすると毎日が日曜日の如く、酔生夢死《すいせいむし》の状態、すなわち何のなすこともなく、いたずらに一生を終えるが如く日々を暮らしてはいないか。生きる意味を見出せず、人生の喜びや生き甲斐を喪失して、大切な人生を無意味に過ごしてはいないか。反省させられる。

現代社会に高齢化の波が押し寄せる。そのような現代社会の中で、親和力を喪失し、大切なもの心を忘れた日本人が数多くいる。生きる意味を見出せず、アイデンティティーの形成不全に悩む、心病む人たちも大勢存在する。

無信仰、宗教無用論の救いがたい人々も大勢いて、時として人面獣心、牙をむく人間として街を歩きまわり、人を襲う。猛獣の如き人もいることが報じられる。家庭も憩いを失い、核家族化の中で家族の絆も薄れ、虐待や自殺も悲しいほど多い。このような社会病理を持つ現代社会の中で、私たちが生きるという意味をもう一度問い直す時を迎えているように思える。

何か人々のために、どんな小さなことでも役立つことができないだろうか。社会に貢献できないだろうか。歓び、感謝の心を耳にすることができぬであろうか。どんなに小さな小石でも、地上では存在意義や価値がある。私たちの大切な一度のこの人生を、酔生夢死に、いたずらに一生を終えてよいのだろうか。このような思い、問いかけに、蓮如上人の現代への蘇りがあるのではなかろうか。

大乗仏教の衆生済度の心を持つ仏教史上の親鸞聖人、蓮如上人

聖徳太子（五七四〜六二二）建立の六角堂の如意輪観世音に百日参籠の晩、夢のお告げを蒙り、帰路、四条橋上で聖覚に逢い、その指示を得て、即日、吉水の法然上人に巡り合い、選択本願、念仏の救いをお聞きになられた親鸞聖人は、皇太子聖徳奉讃十一首をあらわし愚禿善信集『正像末和讃』にて、讃仰（徳をあおぎ尊ぶ）している。

仏智不思議の誓願を
　聖徳皇のめぐみにて
　正定聚に帰入して
　補処の弥勒のごとくなり　（一）

大慈救世聖徳皇
　父のごとくおはします
　大悲救世観世音
　母のごとくにおはします　（六）

和国の救主聖徳皇
　広大恩徳謝しがたし
　一心に帰命したてまつり
　奉讃不退ならしめよ　（八）

上宮皇子方便し
　和国の有情をあはれみて
　如来の悲願を弘宣せり
　慶喜奉讃せしむべし　（九）

聖人、五十二歳、『教行信証』を制作なると同時に、立教開宗の法会を開かれた時、中央に阿弥陀如来の尊像を安置し、右に聖徳太子の肖像を祀り、左に法然上人の肖像を祀られたとされる。本願寺の阿弥陀堂も中央に阿弥陀如来、左右に聖徳太子と法然上人の絵像を安置するのは、この形が今も残っているのであろう。

日本仏教史は、現世の「国家安全、息災延命」の祈禱を特徴とし、奈良、平安朝の仏教も出離生死、解脱の道よりむしろ、「現世の幸福」に重きを置き、天皇の病気治癒や「現世祈禱」が盛んであった。

奉仏派の蘇我氏にあっても、「現世の祈り」を旨とし、奈良朝の仏教も「国家安全、五穀（米、麦、粟、豆、きびまたは稗）成就」が大の目的であった。

国分寺建立も、東大寺造営、大仏鋳造建立も、「鎮護国家、安穏」を祈る仏教であった。

親鸞聖人は「祈禱の全廃」を和讃に述懐し、日本仏教史上に大変動を与えた人といえるであろう。親鸞聖人のお勧めは信心一つであり、特別の修行も戒行もいらない。心の中に一つの信心さえあれば、それで充分であるという信心為本であった。

貧窮困乏の類、愚鈍無智の者、小聞小見の輩、破戒無戒の者を救済し、造像起塔、智慧広才、多聞多見、持戒持律等の諸行を選び捨て、往生の本願とせず、唯「称名念仏の一行」を選び取って本願となしたのである。

貧窮困乏、造像起塔、破戒無戒の者、持戒持律の行を捨て、わが身は現に是れ罪悪生死の凡夫、曠劫よりこのかた常に沈み、常に流転して、出離の縁あることなしと深信せられた。いずれの行も及びがたき、破戒無戒、非僧非俗、愛欲名利の愚禿親鸞の自覚であった。自ら愚禿と称し、愛欲の広海に沈没して、名利の大山に迷惑すと悲嘆したのであった。

親鸞聖人は在家のまま肉食、妻帯しながら、大乗教の真理を実践し、人類救済、信仰の真髄、時機相応の要法を宣布なさったのである。

ともに生きる社会

さて、社会は人と人とによって成立している。ロビンソン・クルーソーのような、無人島で一人暮らす孤立した個人ではなく、共同共生社会である。

強者と弱者が存在し、弱いものが強いものの犠牲となる自然の法則の世の中である。その人間社会は、相互依存（互いに頼りにし合う）の関係、互いに助け合う相互扶助の社会であることが望ましい。ともに生きる思い遣りの社会である。

日清戦争、産業革命と新しい資本主義的利益社会が勃興し、個人主義、自由主義の考え方が台頭し、そして個人と個人が、ただ営利の目的を持って機械的に結びついている功利的社会が顕著になった。個人が任意に契約によって結合し、利益社会となった。個人の総和が社会であるが、全体精神の創造が個人の精神を規定するのである。

人は平等となり、特権階級の優遇はなくなった。社会的共同体、共同社会は依存の関係となり、社会的勤労の交換が行われ、役割分担を担う。それが社会なのである。

今日の高齢社会では、ともに生きる社会として相より、相助け合う社会が願われている。個人的自由主義の功利的社会にあっては、社会や人に対し、恩を感ずるということが薄いのかもしれない。各人が自己の権利のみを主張すれば、激烈な社会的闘争も生ずるであろう。

ご恩報謝の心

儒教が隆盛であった江戸初期の儒学者、陽明学派の祖、近江の人、中江藤樹（一六〇八〜四八）は、『孝経啓蒙』『翁問答』『鑑草《かがみぐさ》』等を論述し、熊沢蕃山らの門人を持った。貝原益軒（一六三〇〜一七一四）は、儒学者、教育家、本草学者であり、著書に『慎思録』『大和本草』『益軒十訓』『女大学』等がある。

感恩の思想は儒教の思想というより、仏教思想の影響であろう。


恩をしるを以て人とす。恩をしらざるは鳥獣（鳥、けもの）と同じ。恩をしるとしらざるは、人と禽獣とのわかるる所なり。（貝原益軒『五常訓』）

父母の恩、きはまりなきこと天地にひとし。父母なくば何んぞ我あらん。その恩、海よりふかく山より高し。海山は限りあり、父母のめぐみは限りなし。いかんしてか、その恩をおくひんや。ただ孝を行ひて、その恩の万を報ずべし。父母につかへてその力つくして、をしむべからず。

（貝原益軒『大和俗訓』）

わが身は父母よりうけたれば、父母はわが身の本也。其上わが生れし初より、父母の養育によりて人となれり。生まるると育むると二の恩あり。其恩のふかく大にしてきはまりなき事、山よりもたかく海よりもふかくして、たとへをとる物なし。天地のわれをうみ我を養へるにひとし。

（貝原益軒『初学訓』）

およそ人は恩をしるべし。恩をしるを以て人とす。恩をしらざれば鳥獣に同じ。

（『同』）

藤樹も益軒も仏書に親しみ、仏教に通じていた。儒教は仏教からの影響によって、その哲学を深めるに至ったことは間違いない。

仏典の『大乗本性心地観経』報恩品には四恩が説かれている。（一）父母の恩、（二）衆生の恩、（三）国王の恩、（四）三宝の恩であり、何人もその恩を知り、その恩に報いるところがなければならないと言う。

〔父母の恩〕

父に慈恩、母に悲恩がある。

（一）母の十徳（多くの徳）：大地にて妊娠、身籠り、母の胎中に胎児《たいじ》として育つ。受胎後一～二週間目は卵、三～五週間目は胎芽、六週間以後は胎児となり、妊娠第六月以後になると胎児心音が聞こえる。通常、一分間に一〇〇～一六〇である。子宮腔内の胎児は、頭を屈して、あたかもエビのような姿勢の場合が多い。屈曲姿勢である。胎内に十カ月、身心とも苦労するであろう。流産せぬよう、母親はころばぬよう大切に出産に備える必要がある。

（二）誕生：出産は安産のみならず、困難な命がけの難産もあろう。女性の母親になる瞬間である。出産は苦を伴う。安産の人もいるが、顔を見るまで、五体満足か心配である。

（三）母の手をもって感覚を生ずる。眼、耳、鼻、舌、身の感官、五官をとりさばく。正しくとり扱う。能く正す。

（四）養育：母親は、新生児、乳児に乳を与える。最も良い栄養物、母乳を与える。普通、十五～二十分間与える。必ず授乳量を測定する。二十四時間よく長養、すくすくと育つ。胎内に十カ月、胎外に生まれて数年は父母の養育なしには育たず、父母の養育を蒙る。昼には父の膝、夜は母とともに母乳を味わう。

（五）母親は、方便をもって智慧の生ずる智者に育てる。

（六）瓔珞をもって荘厳する：仏間をつくり飾る。仏壇のある暮らし。子どもの時から感謝・報恩の心を育てる。

（七）安穏：子どもを抱き、静かなひとときを過ごす。安らかに穏やかに、無事に育てる母親がある。

（八）教授：巧みに教え、導き、教授する。

（九）教誡：教え諭す。やさしい言葉をかけ、もろもろの悪から離れること。
（一〇）興業：新たな事業を起こす。よく家業を子に継がせる。

父母の生みの悩み、養育の悩みも容易ならぬものがあろう。親から受ける恩には、物的なものだけでなく、大きな精神的なものがある。子どもへの絶対的な愛が、子どもの心の成分となってくるであろう。

〔衆生の恩〕

仏教でいう恩は、儒教のいう施恩を説いているのではなく、むしろ感恩（恩に感ずること、恩に感謝すること）、報恩（恩に報いる、恩返し、法要等を営んで仏恩に報じること）を説いている。

祖師親鸞聖人の報恩のため、忌日に報恩講（お七夜）が営まれているが、儒教と大きな相違がある。

仏教の意味する衆生恩、一般世間の人に対して大恩があるというのは、社会生活上から起こってくる恩を意味しているのではなく、過去世において、互いに父母であったという関係、輪回の思想が背景にある。「人間は皆父母兄弟なり」と。

一切の男子は慈父であり、一切の女子は悲母であり、本質的な深い愛情で、すべての子どもたちも見守ってくれる愛がある。

〔三宝の恩〕

仏・法・僧の三つのものが衆生を利益する。

法は未来際まで衆生（人々）諸人を利益し、苦縛を脱せしめ、ひいては涅槃に入らしめる。その恩は報じがたい。

僧は法を説いて世間を利益するから、大恩徳があろう。

「恩知らずめ」恩を知らぬは鬼畜の如し

近年、社会情勢の変化とともに、従来重視されてきた日本人の大切な心、知恩・報恩がややもすれば忘れられようとしている。

西洋の個人主義の思想が流入し、利益社会、個人主義的な社会が勃興して、社会関係や人と人との絆も薄れてきている。

封建時代は、上層に立つ者が下層にいる者に対し恩を施し、下層にいる者が上層の者に対しての恩に報いる。隷属的関係であった。

果して今日、恩の本質はいかなるものであるか。自分だけの利益の功利を目的とした機械的な結合社会でなく、自主独立の個人が任意に契約によって結合しているだけでもない。共同社会は、それを組み立てている者の愛情も意志も、一つに融け合っている。ともに生き、助け合う共同社会である。自分の利益のために、人の首を絞める手ではなく、人を救うことができる手、救い手になり、家族、友人ばかりでなく、生きとし生ける者の生存を生存として認め、尊び、救うことができる相互扶助の人間社会、そこに感恩という人間的なるものを感じるのであろう。

同位同等の関係であるが、互いに恩に感じ、互いに恩に報いる関係、その相互性が大切であり、相互依存の関係、相より相助け合う相互依存の、人と人との人間社会の目覚めが求められている。自然の法則では、弱者は自然淘汰されるが、強者も弱者も同等である。相互啓発もある。

個人は社会の中にあって孤立しているものではなく、愛という情、心情、同類の苦痛を感じ、痛みを感じられる心情が大切であろう。

薄情の情を思い遣りの情、相手を互いに思い遣ることのできる相互依存の感情に高めて、初めて感恩を知り、報恩の心が生じよう。

他力の思想、縁起観（ともに生きる）という仏教思想の根本の教えは、やさしく語れば、そのような大乗仏教の心を諭しているのではなかろうか。

現代社会に蘇る蓮如上人の心も、実はこういうところにある。戦いの人生、生存競争の人生、最期の最期まで気を抜けない人生、努力努力の人生であろうが、そこには互いに思い遣り、助け合う共助社会、大乗仏教の心が求められているのである。ここに大乗仏教としての浄土教、親鸞精神、蓮如上人の現代社会への蘇りの意義があるのではなかろうか。

〔本稿は、北國新聞文化センター文化講座（金沢本社）の九月二十九日、十月十八日、十一月十五日の講演概要をまとめたものである。〕

現代社会の生活実感

官僚制の中の現代社会

私たちは今、二十一世紀の現代という歴史的段階に生存し、生きながらえて、皆それぞれ日常を営み、活動をしている。生活の糧を得るのみならず、人間らしく、健康で文化的な生活を営むことを保障された日本国民として生存し、生きている体、心を持った生体として生活している。

その私たちが生存し、生きながらえている生存実感とは、いかなる状態であろうか。皆それぞれ感じているところがあるはずである。

日本に生まれて良かったか、満ち足りた状態か、幸福か、不安や心配がなく、幸せか。あるいは自由社会を呪いたいか。皆が皆一体どんな心情でいるのであろうか。

なまなましく感じるその実感を、ともに語ってみたい思いである。今日の日本社会は、私たちにとってどんな社会であろうか。真実をありのままに語ってみようではないか。そう思うのである。

経済を国の柱として、戦後復興をとげ、豊かな国を目指して、汗水を流して発展してきた資本主義体制下の日本社会であるが、高度経済成長のあおりで国民総生産が自由世界で第二位の経済大国と聞いて、すごいと感激する私たちであった。しかし、一九六〇年代末に、パキスタンのブット外相が語った「エコノミックアニマル（economic animal）としての日本人論」はショックであった。国際社会の中で経済第一主義に立って活動する日本と、日本人を批判した「経済的動物」を意味する言葉であり、印象深い日本人論であった。最近は、この批判も忘れかけているが、本当に大丈夫なのだろうか。

大きな政府の官僚主権国家であるなという印象で初老期の今日まで暮らしてきた。政治権力が特権的な行政官僚の掌中に握られていて、実際の権力を持つ高級官吏が、政治のあり方を最終的に決定している。政治家も能力不足なのであろう。この国の領土と民を支配するのは、やはり官僚という実感がある。

かつては、天皇主権であった。今日では、天皇は日本国と日本国民の「象徴」として憲法に定められているが、旧憲法下では統治権を持つ元首の地位にあった。明治以降、天皇制護持のために、宗教的イデオロギーが推進され、神社神道を天皇信仰と結合して国教化した国家神道は、昭和二十（一九四五）年、ＧＨＱの国家と神道の分離令により解体されたことは、皆のよく知る史実である。

国家主権（national sovereignty）とは、国家を人間社会の中で最高とみなし、その利害をすべてに優先する国家主義（ナショナリズム）や、資本主義の矛盾を、その仕組みを壊すことなく、国家権力の発動によって解決しようとする国家社会主義の政治思想であり、ナチズムはその典型と言われる。

学生時代、学校で先生は「主権在民」と言った。つまり、国家の主権は国民にあること、それが民主政体の原理であり、国民主権（popular sovereignty）であること。国家権力は、君主、天皇、皇帝、王等が持っているものではなく、国の最高の意思である主権は、一般国民にあるという原則を教えられた。主権在民の思想である。

それでは、国民とはなんぞや。一国を形づくっている人間の全体を意味し、一国の統治権の及んでいる所にあって、国籍を持っている人々である。

十九世紀以降、特に国民主義、国民の利益や権利を守り発展させるため、近代国家の形成を目指す運動や思想が盛んになった。

現在の日本では、国家の主権を有する者は、国民である。「主権在民」である。しかしながら、なぜか実感は官僚主権と感じるのは、なぜであろうか。

国民には、権利と義務があり、法律が強制する。その権利とはなにか。それは法によって保障された利益である。憲法第二五条には、最も大切な基本的人権として、人間なら誰でも生まれながらに持っていて、何ものにも侵されない権利が規定されている。平等権、自由権、社会権である。しかし、その何ものにも侵されない権利が侵されていはしないか。

平等権は、

(一) 法の下の平等（第一四条）

(二) 男女の本質的平等（第二四条）

(三) 参政権の平等（第四四条）

である。

自由権には、精神の自由、身体の自由、経済の自由がある。

（一）精神の自由は、思想・良心の自由（第一九条）、信教の自由（第二〇条）、集会・結社・表現の自由、検閲の禁止（第二一条）、学問の自由（第二三条）である。

（二）身体の自由は、奴隷的拘束および苦役からの自由（第一八条）、法定手続きの保障（第三一条）、住民の不可侵（第三五条）、拷問および残虐刑の禁止（第三六条）、刑事裁判を受ける権利（第三七条）、黙秘権（第三八条）等である。

（三）経済の自由は、居住・移転および職業選択の自由、外国移住・国籍離脱の自由（第二二条）、財産権の保障（第二九条）である。

社会権としては次のようなものがある。

（一）健康で文化的な最低生活の保障（第二五条）

（二）教育を受ける権利（第二六条）

（三）勤労条件の基準の法定、児童の酷使禁止（第二七条）

（四）勤労者の団結権、団体交渉権、争議権（第二八条）

その他、参政権（選挙権）、国務請求権（裁判を受ける権利）等がある。

大規模な管理機構を持つ行政機構、いわゆる「お役所の仕事」は、官僚主義と言われる。そこには形式や規則を重視し、先例を金科玉条（最も大切にして守らねばならない法律、規則）の如くし、形式主義（formalism 内容そのものを軽視、無視し、事物の形式を重んずる）、秘密主義（隠し、人に知らせず公開しない）、繁文縟礼（形式を重んじ、手続き等が面倒）、画一主義（特色も変化もなく、すべてが一様で型にはまっている）、権威主義（権威によって意味づけ、盲目的服従、弱い者いじめの態度や行動として表れる）、セクショナリズム（sectionalism　自分の属する部門に閉じこもって排他的となる傾向、なわばり根性）を伴い、創意（新たなるものを創り出す心）の欠落、役得の利用（その役目に従事しているために得られる余分の利得）等、非能率的組織の形骸化の意味が込められていると言われる。

この官僚制という言葉は、イギリスの政治学者ラスキ（一八九三～一九五〇）が語るように、「政治の統制力が官僚の手に完全に掌握されていて、その権力の行使によって、一般市民の自由が危うくさらされる恐れのある政治形態」（傍点筆者）を指し、官僚政治、官僚制につきまとう権力化、国民に対する抑圧機構としての官僚組織と、国家権力による市民生活への干渉に照明を当てていかなければならない。

現代社会学の確立者で、二十世紀の代表的な社会科学者、思想家としてよく知られるマックス・ウェーバー（一八六四～一九二〇）は、「官僚制とは複雑で大規模な組織の目的を、能率的に達成するための組織の活動が、合理的に分業化された管理運営の体系である」と定義づけた。

人間が行為主体となるためには、徹底した訓練と禁欲を通して、組織の命令を倫理的規範として内面化する自己改造を要求されるとしている。しかしながら、人間は通常、合目的的に行動するとは限らず、倫理を守らない人もいて、むしろ官僚制はそれ自身修正のきかない機構と化して、選択の自由を喪失させる逆説的状況を生じていると語る。

官僚の非倫理的行為は、社会保険庁の問題等、様々な官僚腐敗の状況を見れば理解できるであろう。

官僚制を巡る現代的な問題は、

(一) 規則万能主義や制度に対する同調過剰が生じ、最も能率的であるはずの官僚制組織が、最も非能率的な組織に転化し、官僚主義が発生する。

(二) 生命ある機械としての官僚制は、人間にあたかも機械の歯車の如き役割を課し、ひたすら私情を交えることなく行動することを職務上の義務とする。人間の果たす責任は、その都度、制度に対してであって、「従順という自己否定」を身につけることが要求され、組織の要求するこの非人格性は、組織行動に軋轢《あつれき》(ごたごた、不和)や逸脱を生じさせる。

(三) 官僚制は、支配関係を組織化する手段として、官僚制機能を総括するものにとり、最上級の権力手段である。

マックス・ウェーバーは、官僚制こそ現代大衆民主主義の正統性根拠としての合理的支配に適合する組織形態であるという。

しかし、官僚の倫理性の欠如、公僕としての無自覚、国民に奉仕する公務員としての自覚の欠如等、身を持ち崩すほど品行が悪くなり、社会保険庁のような誤魔化しや、国民に対するあざむきを平気で行い、目の前を繕い隠す。そして、政治を背景として、国家権力によって組織を動かし、住民の生まれながらにして絶対不可侵とされる権利、すなわち平等権、財産権等を国家権力が侵害すると言う。

権力とは、個人なり集団なりが制裁、威嚇、実力の行使等によって、他の個人や集団の意思および行動に影響を与える能力を指すが、常に支配する者と支配される者との相互関係であり、権力を行使する者は、支配者の命令を暗黙のうちに、もしくははっきりと受諾させる。それは、価値の剝奪（deprivation）ないし、その威嚇や制裁によって他者を制御する力であると言える。権力は重大な制裁を伴う政策への参与である。

権力構造は、政策決定集団の構造を指す。国および地域等のレベルによって重層化された権力構造は、拒否権行使集団を形成する。エリートが一枚岩的な権力構造をつくりあげているエリート権力論もある。権力とは、他者を支配する権力である。

公共の安全と秩序の維持を目的とする警察の活動は、警察庁、都道府県警察本部に実質的イニシアチブがある。それも国家権力である。税法も国家権力であろう。しかし、法治国家は、国民の権利と自由を保障する近代国家であり、絶対主義的警察国家の圧政の脱却としてある。

公権力の行使は、行政が法律に適合することによってのみ実効性を持ち、法治国家、法律国家としてある。行政と司法は、法律の支配において法律が優位に立ち、行政は法律の根拠がなければ活動できない。

国民の権利と自由に、行政国家が否定的に作用する危険性がある。官僚の功績を評価しつつもこの点について、改めて国民は注目しなければならないであろう。

政治現象学・裁量権の誤用

近代民主主義国家において、選挙は「国民主権」の原理に基づいて、国民が自らの意志で自分たちの代表者・指導者を選ぶ手続きであるが、同時に国民の承認によって「支配の正当性、権力行使の正当性を与える手続き」でもある。選挙による当選者は権力行使を行い、支配する、いわゆる裁量権を持つ。しかしながら、その権力行使が民主主義のルールの下で権力者によって乱用・誤用され、支配された時、社会は特定の個人、あるいは独裁者の存在を許すことになる。

ドイツではヒトラーが君臨し、ユダヤ人の大量虐殺を行い歴史的語り草となっているが、権力行使が誤用された時、一体われわれ市民はどうなるのであろうか。

強く圧迫、抑圧されることにより、企業であれば倒産など命取りとなりかねない。余裕のない企業や事業体であれば、現代社会ではその危険も否めないであろう。

市議会も市民と組して市議当選を図り、体制を支えているとしたら、市長の法精神軽視の裁量権の乱用は、政治権力および権力政治が存在することになり、政治力となろう。裁量権の乱用は、公職にあるが故に個人の誤りではすまされない。権力者側の政治支配体制の構造的な問題であると指摘されて当然であり、体制を支え、権力構造に乗じている政治家は、責任を免れないであろう。

法治国家（legal state）の法治とは、政治、行政等の権力行使がすべて法に基づいて行われることであり、金銭によって左右される裁量権の乱用・誤用は許されないという意味である。

法治主義の原則に基づいて、公権力の行使が法律に支配され行われる近代国家の基本原理とは、「国民の権利と自由の保障」が根本原理としてあろう。公権力すなわち統治権、その支配権に基づいて、国や地方公共団体が行使するいわゆる権力は、法律によってのみ規範化され、行政は法律の根拠による活動しかできないはずである。それが人の社会、法治国家の姿ではないか。幾分の幅のある解釈は理解できるとしても、裁量権の乱用・誤用はルール違反であり、民主主義という名のもとの社会的信頼を崩壊させるものである。そこには法の支配（vale of low）が必要である。

現代社会のリーダーたちは知識も豊富で優秀な遺り手の人たちも大勢いるが、「神仏を敬う」という宗教心（admiration）に欠けている人が多く、信仰心が希薄で、したがって仏罰の存在も考えず、無明な行動を平気で続ける世の中である。

実は「桃栗三年柿八年」と言われるように、宇宙は因果応報の道理、因果律（law of causality）に支配されていて、善いことには善い報いがあり、悪いことには悪い結果がくる。因果性は、原因と結果というつながりを持っている。身体と言葉と心によってなす善悪の行為カルマが業を煮やす。悪業のために苦しみを受け浮かばれないことを「業に沈む」と言うが、自業自得、自分でした悪いことの報いが自分に降りかかってくるのである。

例え人の目を誤魔化せても、神様、仏様は、人の行いをどんな小さなことでも見逃さずご覧になっていて、時には誉め、時にはお咎めになる。仏罰もお当てになる。

一番怖いのは、宇宙自然の摂理、因果応報の道理であり、どんなに小さな悪業も仏様はご覧になっていて、見逃さない。善業ばかり積むことはできず、綺麗ごとでは生きられぬ私たちだからこそ懺悔もし、報恩・謝徳の大行、懺悔道にも生き、他力のありがたさに頭を下げるのである。それが宗教的実存であろう。

優秀な官僚なしには、政治家のみでは行政は行えないことも理解している。官僚主権でも政治家主権でもない主権在民であろう。戦後六十数年の成熟しきれていると思われぬ民主主義国家のわが国にあって、子どもや孫の時代もあり、大切なことを忘れぬ大人社会を願うのは筆者だけであろうか。

二十一世紀漂流社会

序章——パスカルの賭

ルネサンス期の人文主義のヒューマニストたちの中の、代表的存在としてモンテニュー、パスカル、ラ・ブリュイエールがおり、その中にあってパスカル（Pascal Blaise 一六二三〜六二、フランスの宗教哲学者、物理学者、数学者）は、人間は自ら弱さを自覚しつつ、真理を求める「考える葦（roseau pensant）」である点に偉大さがある。同時に不正や権力欲から脱しえない卑小な存在である。しかし人間は、真理と善とを求めてやまぬ「考える葦」であり、この「考える（penser）」働きにおいて偉大なのであると語った。

十七世紀の哲学者、パスカルは、「一本の葦」としての人間、神と無との中間者としての人間、人間観を示し、不信心者を信仰に導くための理論、「キリスト教弁証論」の断片原稿を残しているが、これが有名な『パンセ（pensées sur la veligion et sur quelques autressujets）』である。

パスカルは、生の三段階として、「身体（物体）の秩序」「精神の秩序」「愛の秩序」の三秩序説を説き、神の存在を信ずることは賭である。神は存在しないかもしれず、救われぬ可能性も含めて「賭」であると知りつつ、救いの神を信じたのであった。

私たちは「綱渡り人生」を好まない堅実な日本人であるが、人生には「賭」、すなわち綱渡り人生の色彩も否めないのが今日的状況である。それは遠からず訪れるであろう二大政党時代の到来のことである。二十一世紀漂流社会、日本の舵取りによっては、希望ある社会の実現になるのか、新しい日本社会になるのか、それは「賭」の部分もあろうかと思われる。

利権にからむ不正や権力欲から脱しえない、卑小な存在である人間を嫌い、真理と善を求めてやまぬ「考える葦」としての偉大な人間による、希望ある国家の舵取りを求める誇らしさを、国民は考え始めている。「賭だな」と期待感を持ちつつ、二十一世紀という新しい社会状況の到来を選択しつつあるのである。

科学技術と宇宙生活

二十一世紀に至り、科学技術は、人類の宇宙旅行の夢を一歩一歩実現しつつある。日本人として初めて、宇宙滞在一三七日と約十五時間という長期滞在をなしとげ、実験棟の任務を果たした若田光一さんを乗せたアメリカのスペースシャトル「エンデバー」は、フロリダ州の航空宇宙局（NASA）ケネディ宇宙センターに無事帰還し、人々の感動を誘った。

子どもの頃、月では兎が餅をついていると聞かされ、情緒あふれる月物語に、よく夜月を眺め、ロマンティックな光景を子ども心に抱いたものだった。

月見草は初夏、大形四弁の白い花を開き、しぼむと紅色になる。日暮れから開花し、翌日の日中にしぼむ美しい花である。月見団子、芋、女郎花《おみなえし》等をお供えし、詩歌や俳句をつくり、月見の酒盛り、酒宴を催し、八月十五日の夜、九月十五日の夜を楽しむ。

世は宇宙時代、宇宙飛行士にとって無酸素、無重力の宇宙での生活は大変で、やはり地球にある「わが家」、憩いの家庭が最高であると言う。確かに家庭は憩いの場であろう。

今、その私たちの住む地球は、二酸化炭素による温暖化が進み、天候、気温、風雨、竜巻、豪雨等が、現代社会に危機感を与えつつある。地球規模の深刻な問題として、早急なる温暖化対策、省エネを進めなければならない。

原因は「人間の生活」による影響であり、人間の日々の営み、その行為に根本原因がある。行為は何らかの結果を生むため、行為自身が力を持つ。したがって、善い行為から善い結果が生まれ、悪い行為から悪い結果が生まれる。行為、行動のみならず、心や言語の働きを含めて、善悪の業は「因果の道理」によって、後に必ずその結果を生む。

その法則性は「因果応報」と言われ、自ずと結果を導く。すべてのものを因果の法則が支配し、善因には楽果、悪因には苦果が必ずある。原因があれば必ず結果があり、結果があれば必ず原因があるというのが因果の理であり、あらゆるものは因果の法則によって生滅・変化する。善悪の行為には必ずその報いがあるという道理であろう。

自然界には因果関係を基礎とする宇宙法則がある。それは、二千数百年前に語ったブッダの悟りであり、ありのままの法則の発見であった。

イギリスの生物学者ダーウィン（Charles Robert Darwin）の進化論、「自然淘汰（natural selection）」が頭に浮かぶ。ダーウィニズムは、生存競争の結果、適者が生存し、不適者は亡びると指摘している。

インドのヴェーダの聖典には、「大きな魚に食べられてしまう、助けて欲しい」と小さな魚が嘆く物語がある。弱肉強食の強者が栄える生存競争である。

人間は社会的動物、政治的・社会的存在

アリストテレス（Aristotelēs）は、人間はゾーン・ポリティコン（Zoon politikón　政治的動物）として、孤立した存在ではなく、社会を形成し、その中で生きてゆく存在、「社会的動物（social animal）」であるとし、人間を政治的・社会的存在であると規定した。

現生人類は、ホモ・サピエンス（Hómo sápiens　英知人、知恵ある人）、ホモ・エコノミックス（Hómo económicus　経済人）、ホモ・ソシオロジクス（Hómo sociologicus　社会学的人）、ホモ・デメンス（Hómo démens　錯乱する人）、ホモ・ファベル（Hómo fāber　物〈道具〉をつくる人）、ホモ・ルーデンス（Hómo lúdens　遊戯をする人）と、人間の存在を性格づけるのであるが、如何であろうか。人間は社会的動物であり、政治的・社会的存在であると言う。

デフォーの『ロビンソン・クルーソー（Robinson Crusoe）』の物語は、一七一九年刊のイギリスの先駆的小説、作品として、よく知られている。無人島に漂着した主人公が困難にめげず、独力で生活してゆく物語である。

個人と社会、果たして人間は社会なしでは生きられないのであろうか。

個人（individual）とは、一人一人の「人間」のことである。その個人には、ルネサンス以降、侵すことのできない権利があるという自覚が形成されてきた。この自覚の有無は、近代化を計る尺度の一つとも言われる。その個人は、社会と独立した存在であるのか、社会に従属した存在であるのか、社会とともにある存在であるのか。果して「社会」に関係なく単独者として生きることができるの

であろうか。

社会と決別し、単独者の生活はできないのだろうか。無人島で一人暮らすことはできないのであろうか。無人島暮らしは独り身、独り相撲である。家族や友人、恋人等ともに暮らす者がいず、集団的結びつき、共同体、会社、国家、地域社会もない。

社会は、人間と人間との関係、結合であると言われ、人間は様々な結合に関与しながら、社会性(sociality)、社会生活を営む生きものと言われている。

社会の社は土地の神を意味し、社会とは土地の神を祀るために、一定の地域の人々が社寺に会合すること、一定の地域の人々の団結、コミュニティーである。そこには神仏がいる。日本に祭りが多いのも、このような地域社会の団結を意味するものである。

社会とは、人間と土地の結合、人間と人間との結合を意味し、善きにつけ悪しきにつけ、人間社会の基礎集団(foundamental group)は機能集団、目的集団を形成し、典型的には官僚制組織が形成される。国家、政党等の政治的集団、企業体、労働組合等の経済的集団、学校、学会、宗教団体等の文化的集団等が主要類型にあろう。

既存の社会の欠陥や問題を解決し、社会を人間にとって一層望ましい方向につくり変えていく社会改革(social reform)は、革命とは違う社会の部分的改良である。それは、既存の社会制度や社会構造の枠内の社会改変であり、自由主義によって引き起こされた社会的矛盾を、「革命」によらずに社会福祉政策等を用いて解決することを目指す、体制内での改良主義と関連している。

古代、中世、近代、現代という歴史過程にある近代社会（modern society）は、封建制の解体により始まった資本制的生産様式によるものである。

社会は、そこで暮らす一人一人が主権を持ち、自分たちの政治を行うべく政治原理や政体を持つ。デモクラシー、民主主義社会は、市民革命を経て、十九世紀後半に正統的政治原理として定着し、二十世紀に入り、普通選挙の実現で、政治制度として確立した。人間の自由と平等を尊重する考え方、民主政治体制社会の到来である。

その大衆社会は、経済的には自由競争に立脚した市場経済が支配し、政治的には財産と教養を持った市民主導の代議制民主制が実現されて、社会的には家父長制的小家族からなる私生活が存在し、近代社会の担い手としての職業人、知識人の存在に注目が集まった。

労働を吸収し増殖する資本主義は、賃金労働者の存在を前提としている。労働能力を売り、労働賃金を得る生活である。その資本主義は、恐慌、失業、貧困、労使対立等不安定要因を持っている。

現代資本主義

一九五〇年代、アメリカ資本主義は、資本主義の本質的、内在的な欠陥といわれた不況、貧困、失業等を克服し、未曾有の繁栄を誇った。個人所得や生活水準が上昇し、階層構造が解体し、大量消費に対応した生産様式が一般化した。

資本主義の繁栄の原因は、技術革新、所得革命（所得の平均化）、経済政策（完全雇用政策の採用）とそれに見合ったケインズの有効需要政策の採用・実施によって説明されてきた。

その反面、新しい問題である公害、インフレーション等々を発生させたが、さらなる生産力の向上、貧困と不平等の解消により、貧しい社会とかけ離れた「豊かな社会」を形成している。貧困は一般には解消したものの、部分的には存在しており、貧困問題の対策が終焉したわけではない。

資本主義をゾンバルトは、産業革命以前を初期資本主義、産業革命から第一次世界大戦までを高度資本主義、第一次世界大戦以後を後期資本主義・晩期資本主義と三つに区分した。後期資本主義では、自由主義的な本質に加えて、「規範的な理念」が加わり、つまり、利潤の追求が経済的行為の唯一の基準としての地位を失い、発展の飛躍性が失われ、「協調の原理」が自由競争に代わって表れたことを指摘している。

生存権思想

市民社会には自由権がある。社会生活の発展と安定のために、現代基本権が生み出され、社会的人権や生活を保障される権利が与えられるようになった。

現在の日本にては、憲法第二五条に加え、第二六条の教育を受ける権利、第二七条の勤労の権利、第二八条の勤労者の団結権、団体行動権等を合わせる見解である。

産業化、都市化に伴う公害問題、環境問題の深刻化に対応して、基本的人権の一つとして「健康権」「環境権」が主張され始め、社会保障、公衆衛生、医療では狭義には生存権、広義には社会政策全般が含まれるようになった。

人々が満足な生活をすること、快適な生活をすることが政策目標になろうが、具体的には富者から貧者への再分配の方策、労働政策、労働力政策、完全雇用政策、労働力市場統制政策等があり、皆の豊かな生活が願われる。

「経済発展段階説（theory of economic development stages）」は、経済発展を段階的に捉える。古典的なマルクスの考え方は、資本主義・社会主義・共産主義社会を資本主義の先に置くが、ロストウ（W. W. Rostow）は、『経済成長の諸段階（The Stages of Ecomo Economic Grouth）』（第二版、一九七一年）にて、社会主義は「過渡的社会にふりかかる一種の病気」と「一つの非共産党宣言」を主張し、マルクス主義への対抗を強く意識している。

日本人の多くは、今日、共産主義社会を望んでおらず、マルクスファンはごく少数にとどまっているであろう。

資本主義の欠陥、失業、貧困、恐慌の危機を回避していこうとする協調経済の思想、理論、制度は、国家の社会保障政策、租税政策等によって資本主義経済における所得の不平等を緩和することが重要であるとするケインズ理論を根拠としている。

イギリスの理論経済学者、John Maynard Keynes（一八八三〜一九四六）の「ケインズ革命」と呼ばれるケインズ理論は、第二次世界大戦後、多くの先進資本主義諸国が完全雇用政策を進めるうえでの重要な理論的支柱になったことは皆によく知られている。

日本の社会政策学者、大河内一男（一九〇五～八四）は『社会政策総論』（一九四九年）にて、資本主義の欠陥を補充するための社会福祉政策を「経済秩序外存在」として位置づけ、以来、日本の福祉施策は、措置費時代が長きに渡って継続された。

わが国は、今日介護保険制度の実施によって高齢少子化社会の高齢者福祉、児童福祉、障害者福祉の福祉分野が「経済秩序外存在」として展開されていて、その政策への期待は大きい。

アメリカのオバマ大統領の“Change. Yes, We can.”の一声により、日本社会も少しずつ変化しつつある。

国民は、勉強もせず利権にからむ政治家を嫌い、利権にしがらみのない市民社会、新しい時代社会を望んでいるように思える。

二十一世紀の漂流社会は、舵取りによって希望のある社会を実現することもできるであろう。政策によって追い風にもなり、健全なる経営の継続も可能になろう。淘汰社会の厳しさの中にあって、政策が大きな意味を持つ。

二十一世紀の漂流社会の行方、その舵取りについてどのように舵を取ったらよいのか、市民社会のありのままの分析を試みながらともに考えてみたい。

今望まれる社会政策

市民の目線

ナチス・ドイツの社会政策は、人種差別や精神病者・精神遅滞者を隔離するものであった。今は、ヒトラーの社会政策（social policy）を誰も望むことはあるまい。

労働政策、労働力政策、完全雇用政策等、国民社会の福祉の実現を目標とする政策はよく知られているが、政策は一定の価値や目標を実現するために用意する活動案や計画、活動方針の総称であり、政府、地方自治体、政党等が立案・決定し、社会的支持を求めて議会に提出する場合が多い。昨今は市民生活に占める政策の意義がトピックスとなり、市民生活との連関を重視されるようになってきた。なによりも市民の目線が重要である。

思い遣り深い地域社会を

戦後の日本は、経済を柱に復興をとげ、豊かな社会と生活を達成したが、何か大切なものが忘れられ、その結果、心不在の物質的社会になってしまったのではないのかと心ある人々の嘆きが聞こえる。現代人に不足するもの、現代人が喪失してしまったもの、大切なもの、それは一体何なのだろうか。

無人島で独り暮らしすることのできない人間の社会は、一言で言えば「ともに生きる社会」であり、「思い遣りが必要な社会」ではないだろうか。

コンピュータ社会に生きる人間が、突然猛獣化し、学校でのいじめや公道での襲撃、平気で人命を奪う事件を引き起こす。相手を思い遣る気持ちのないこのような社会が猛獣社会のようにも思えるのは筆者だけではないはずである。

人間の顔、人間の姿はしているが、獣のような人間が街を歩きまわり、人間を殺害する。極めて残虐である。それらの事件が毎日のように新聞の三面記事をにぎわす。二十一世紀は人命を尊び、ともに生きる社会ではないのであろうか。

利他ならぬ自利、主我主義、おれがおれがの利己主義、自分だけよければよい、人はどうなろうがかまわないという若い時にありがちな誤った考え方が、国民全体に拡大したとしたら一体世の中はどうなるのであろうか。

婆のお五十は年寄だけに思い遣りも沢山《たんと》あり

（『人情本・恩愛二葉草』三、七章）

思い遣り深いその「思い遣り」とは、人の身の上や心情について察し、同情するその気持、同情心が強くあるいわゆる心情である。

知、情、意で言えば知識と言うよりは情、物事を感じて起こる心の動き、思い遣りの心であろう。この情が失われ、いわゆる薄情で情愛のない、心のない無情社会を形成しつつあるという現代社会への一種の警告でもある。

思い遣りのある地域社会で、子どもたちを地域が一体となって豊かな心を持った日本社会の後継者たちに育てるという課題があるように思えるが、如何であろうか。

馬の耳に念仏

「馬耳東風《ばじとうふう》」という李白の詩が語るように、人の意見や批判等を心に留めず聞き流すことを意味する。馬は、耳に風を受けても感じないことから、人の意見に少しも感じず聞き流すことは、「馬の耳に風」「馬の耳に念仏」という諺ともなっている。

人の意見をよく聞く耳を持った人は大器晩成で、人並すぐれた才能を発揮し、大きな器量で国家や民のためにやがて貢献できる器になるであろうが、「馬の耳に念仏」の如く聞く耳を持たない社会のリーダーに日本のゆくえや社会を託しても明るい日本の未来は望めないであろう。

二大政党時代、有権者の代表としてリーダー格に値せぬ自分のための自分の利益で私腹を肥やす自利の人、公人として手柄のない人については見識のある選挙民は、冷静な民意によって「ノー」をつきつけることであろう。それが心ある大切な民衆の声である。

自然淘汰社会（natural selection）は、適者を生存させ不適者は淘汰する。不用の物を除き去り不適当の者を排除する自然の法則、原理である。現実社会はこの理によって会社も、企業も、政治家も、世の万物が支配され、存続・展開しているようにも思えるが、如何であろうか。

議員も選挙によって淘汰され、人々への思い遣りのある利他精神豊かな人物や政党によって、日本社会は大きく変貌していくのであろう。すべては品質の時代であり、巧みに私腹を肥やす旧態型の公人は、遠からず淘汰されていなくなるに違いない。

二十一世紀という時代

二十一世紀の私たちが生きている現代社会は、いかなる歴史段階に位置し、一体どのような社会なのだろうか。良い方向に果たして発展しているのだろうか。時に衰微していると思うこともあるが。

この世は「末世」であると仏教は、二文字で大胆、的確に表現するが、末法の世は、道義がすたれ仏法の衰えた時代であり、濁りの世である。澆季《ぎょうき》とも言う。澆は軽薄、季は末の意で、道徳の衰えた人情の浮薄となった時代、つまり「救いがたい世」であると言うのである。

十九世紀、合理的・主観的観念論および実証主義的思潮に対する反動として、実存哲学が登場し、若き日関心をそそった。主体的存在としての人間の「実存（現実的な存在）」、自己の存在に関心を持つ主体的な存在、自覚的存在にスポットをあてた哲学が実存主義である。

筆者の大学時代、安保闘争や学生運動が盛んな中で社会科学的な方法によらず、人間を主体的にとらえ人間の自由と責任を強調し、孤独と不安、絶望につきまとわれている現実的存在を思索する実存主義に興味を持つ仲間がいた。

マルクスでなくキルケゴール、ヤスパース、マルセル、ハイデッガー、サルトル、メルロ・ポンティ等の哲学、すなわち実存哲学の存在が注目された。ハイデッガーは『存在と時間』にてみずからの立場を「現象学的存在論」と規定し、厳密な意味で「実存哲学」を標榜し、ヤスパースは、基礎としての主体的に生きる実存、自覚の哲学を展開した。「主体性が真理であり、主体性が現実である」というキルケゴールの格言や実存主義とは「主体性から出発する」と語るサルトルの言葉等が、今日再び記憶として蘇る。

M・ウェーバー、カントをはじめキルケゴール、ニーチェの哲学、フッサールの影響を受けたヤスパース（一八八三〜一九六九）は、一九一三年『精神病理学総論』を著し、「病む現代の病理学の処方箋」を語った。二十世紀は本質的に精神分裂病（統合失調症）的状況であると述べ、「ヒステリーは、本質的に十八世紀であり、これに対して精神分裂病は、とりわけ二十世紀文明と親和性を持っている」と現代社会を語った。

現代社会は、よく病んでいると言われる。心の病に悩む精神障害者が増加傾向にあり、すでに三百万人を超え、自殺者も年間三万人以上といわれる日本社会は、家族の病理、学校・地域・職場の病理、文化の病理等、二十一世紀に入りますます病んだ現代社会が深刻になりそうな状況にある。

生きる意味を求めて

最近、生き甲斐を発見できず、人としての苦悩のただ中に青息吐息、限界状況にいるかのような現代人によく巡り会う。人として生きているだけの値打ち、生きているという幸福感が得られず、生きる意味を喪失し、生きる屍の如く生存している。何故か気力がない。活力・元気がない。気力がない人たちの群像である。

人が生きるということは、衣・食・住の充実を必須とするということのみならず、単に経済的に豊かな恵まれた生活ができればよいというだけではないようである。人としての生存には何か大切な、かけがえのない、生きる価値、根拠があるように思えてならない。

私たちの周りには、食べて寝るだけの猫同然の人もいる。哲学や宗教を学び、大切なイデーを発見する人生であるならよいのであるが、自ら死を選ぶ人も見られなくはない。

うつ病になり、あるいは統合失調症になり、心の病に苦悩する人が増加傾向にある現代社会、人にはどうやら「身体としての側面」のみならず、「精神としての側面」が確実に存在し、身心一如と言われるように、精神と身体の健全な働きも私たちが考える以上に大きな意味合いを持ち、生存を支えているように思える。すなわち魂や精神、心の問題は、人間の生存を支え、人生の糧となる大きな生存要因になっていることが知らされる。自らの生命を自ら断つ自殺者が、年間三万人以上、心の病によって、人としての健全な生活ができぬ精神障害者が三百万人もいて、いつでも人生が破滅しかねないような状況にある。自死をひそかに考える予備軍もいて、生きる意味の発見の大切さは申すまでもない。

家庭内暴力もあり、酒乱の夫が妻や子どもに暴力を振るう。子どもには生きる権利が保障されねばならないであろう。

二十一世紀の人間社会には数多くの問題が存在し、それが社会問題化しつつある危機的状況にある。

生の根源、生き甲斐、生きる意味の喪失が人生崩壊の要因となり、人生行路の舵取りの明暗を左右しはせぬか。鍵概念は、「生きる意味を求める」そのイデー、叡智にあるように思えてならない。

学生の頃感激したフランスの作家、哲学者アルベール・カミュ（一九一三〜六〇）の『シーシュポスの神話』に以下のような件りがあった。「真に重大な哲学上の問題は一つしかない。自殺ということだ。人生が生きるに値するか否かを判断する、これが哲学の根本問題に答えることなのである。それ以外のこと……そんなものは遊戯であり、まずこの根本問題に答えなければならぬ。……この根本問題に答えることがどれほど重要なことであるか……精神にとって明瞭なものたらしめなければならない。……人生の意義こそもっとも差し迫った問題」である。（『不条理と自殺』新潮社、八二頁、一九七二年、傍点筆者）

つまり人生が生きるに値するか否か、人生の意義、生きる意味こそ最も差し迫った問題だという、真に重大な哲学上の問題を語るのである。

よく知られるフランクル（Frankl　一九〇五〜九七）の『夜と霧』は、ナチスのユダヤ人狩りにあい強制収容所に入れられ、ガス室を前に人間の生きる意味を問うた告白書である。フランクルは、ユダヤ人狩りの収容所のガス室で妻子、親戚や縁者を失う。そこで自分自身が生きる意味とは、人々のために生きることにおいてのみ存在価値があることに覚醒する。幸い生きながらえたフランクルは、精神療法医として独自のロゴセラピーを展開し、ウィーン大学教授やアメリカの教授等を歴任し、著述活動を行った。

『〈生きる意味〉を求めて（The Unheard Cry for Meaning）』は、時代の病に苦しむ私たち人間は、ともに生きる意味を探究する存在であり、その意味を絶えず探し求める存在である一人の人間として自分自身を見ることを提言する。

人生が無意味に思え、明らかに人生の無意味感に苦しむ意味を求めて叫んでいる実存的空虚、何のために生きるのか、その意味を問う実存的な問いや、生きる意味を求める実存的探究が性的問題よりはるかに頻繁に人々の心を支配していると、人間存在の問題点を指摘する。

生きる意味の喪失感をどのように解決していくのか、何の役にも立たない存在、それが故に自分の人生は無意味であるのか、それが課題である。

現代人は自分が何をしたいのか時折わからなくなり、実存的空虚感が広がり、目標が見つからない状態となることがある。自分の存在が無意味で存在理由がなく、人生の意味が欠落していることに悩み苦しむことがある。そこに症状が出てくる。

人生の意味、人生の価値について人が問うた瞬間人は悩む。（フロイドのボナパルト王女への手紙）

人生の意味について悩むということは、人が人であるということを証明するものなのではないだろうか。人が意味を求めていくことは、人にしか見られない特異な性質なので、本当の意味で「人になる」、人らしい姿なのである。

人は常に生きる意味を探し求めている。いつも意味の探究に向かっている。それは人の根源的な関心であり、人は人生の意味や目的を見出すという課題に向かっていく。

自分の人生を無意味なものと考える人は、単に不幸なだけでなく、生きていくことさえむずかしい。（アインシュタイン）

今日のニヒリズム、すなわち人生が明らかに無意味であるという絶望が躁うつ患者をつくり、人に生きる望みも失わせ、自殺気分にもする。希望がなくどうすることもできなかった人生を、意味ある人生へ超越する必要があろう。

パラノイア（妄想）を抱く心の病は、意味を見出そうとし過ぎることが症状となっている。偏執病ともいい、偏った見解に固執して他人の言説を受けつけない、片意地の人たちが確かにいる。

内因性のうつ病は、意味を見ようとしないことが関係している。内因性のうつ病に苦しむ患者は、精神疾患という病気のゆえに、人生に意味を見出せなくなっており、神経症的なうつ状態に苦しむ人は、人生に意味を見出せないが故にうつ状態になっているとも言われている。

空しさの時代に人生を意味あるものにする可能性は存在し続けており、その可能性を現実化しうるかどうかはその人の人生に対する態度如何にかかわっている。人生を見切ってしまわないこと。自分を必要とする何かがあり、誰かがいる。自分はどう生きるべきか、どう生きればよいか、人生から問われている。苦悩にあってもすべてを投げ出す必要はない。人生には意味があることにきっと気づく。それが現代人の心の病の処方箋であろう。

今なぜ児童福祉か

わが国は、世界でも類を見ない高齢社会の到来によって、高齢者問題すなわち高齢者福祉のみがあたかもすべての如く思われ、「児童福祉」「障害者福祉」の分野は陰を潜めているかの如き状況にある。

乳幼児期、学童期があり、思春期の到来があり、人生は開花に向かうが、満十八歳未満は「児童福祉」の対象であり、そこには「児童福祉法」が存在している。「児童福祉法」は、児童の心身の健全な成長、発達を保障する法律である（一九四七年公布）。

初等教育の対象である児童期、学童期（child hood）は、社会が本格的訓練を開始する時期でもある。乳幼児を健やかに育てる営みとして、幼稚園、保育園の通園があるが、家庭、家族も重要な担当者であることを忘れてはいないか。

家庭教育において、しつけ等の個別的な保育が行われるのに対して、幼稚園、保育園は集団（的）保育である。プログラムを基に、組織的に保育する社会的保育と言えるだろう。そこでは社会性を身につけ、社会的自立を図る体験をすることになる。

親には育児責任がある。乳幼児を育てる育児意識があるものであるが、家庭の教育的・養護的機能が変化し、弱体化し、孤立する親、育児不安に陥る親も増えている。核家族化により、育児文化を祖父母から受け継ぐ機会も欠ける状況があるからである。

就労により、母親が育児から疎遠になり、保育所・保育ニーズに社会的役割が求められ、学童保育も社会的保育として必要となろう。

ソーシャルケアー（social care）は、児童の健全な人間形成を図る社会的養護として、社会が補充、代替する役割は大きい。人間として望ましい生活を保障するため、その解決・予防のために社会的援助が必要となる。社会保障制度であるから、経済的給付を伴う。

児童問題は、古くは貧困、孤児、遺棄、虐待、間引き、堕胎、人身売買、酷使、冷遇、犯罪、子殺し等、児童の生活の破壊等、心身の健全な成長発達を阻害する状況があった。

そして、現代の児童問題としては、貧困、養護、保育、心身障害、犯罪、非行、年少労働、遊び・遊び場、保健、医療、教育、文化等があり、特に一九二〇年代以降、「児童の権利（子どもたちの権利）」の承認により、一層、児童の人権擁護が重要視される状況となった。

生活上の困難として、

（一）生活費の不足
（二）養育者の喪失
（三）養育者の養育能力の不充分さ
（四）心身機能の障害による日常生活能力の欠損、不充分さ
（五）逸脱行動（本筋からはずれた行動）
（六）好ましくない生活環境・文化環境、家庭養育の代替機能・補完機能・支援機能
等がある。

家庭には、親による意図的なしつけや訓練があり、自然に身につける人間形成もある。そして学校や仲間集団の影響が就学年齢以降に増す。その中で、家庭はパーソナリティー（人格、個性、性格、特性）の形成に重要である。その家庭における「機能不全」が、様々な問題を引き起こしている。
（一）家庭内暴力
（二）虐待（性的虐待）等

これらの児童の避難所・居場所、対人サービスも大切である。児童福祉施設として以下の十施設がある（二〇一二年四月一日、児童福祉法一部改正）。
（一）助産施設
（二）乳児院
（三）母子生活支援施設

（四）保育所
（五）児童厚生施設
（六）児童養護施設
（七）障害児入所施設
（八）児童発達支援センター
（九）情緒障害児短期治療施設
（一〇）児童自立支援施設及び児童家庭支援センター

入所や相談は福祉事務所や児童相談所にて行われる。義務教育年齢にある時は学区内の学校に通う。あるいは特殊教育の対象者は、施設内で学校教育を受けるという学校教育法がある。問題の所在は何であろうか。

家庭・家族は安らぎの場であり、戦場ではない。家族の和、人間関係は重要である。

〔家庭内暴力〕

親の子どもに対する暴力、夫婦間の暴力、兄弟間の暴力、成人の老親に対する暴力等、わが国では家庭内暴力がよく新聞面をにぎわす。

未成年者による親への暴力は、ほとんどが不登校に伴う暴力が特徴的である。総理府の一九八〇年「家庭内暴力に関する調査研究」には、十五歳前後の男子による母親に対する暴力が大半を占める。神経症型、精神的型、一般型、一過性型（症状が短い間に起こり、また消える性質のもの）がある。

家庭内暴力の原因として、
（一）親の要因：父性の欠如、母子密着
（二）本人の要因：小心、忍耐性の欠如、小児万能感
（三）契機、誘因：学業不振等の挫折体験、自信喪失等
が指摘されている。

一九八九年の全国児童相談所長会全国調査では、父母から虐待を受けた子が、半年にて一千人を超え、保護怠慢・拒否、身体的暴行、棄児、性的暴行、不登校等が見られたと言う。

〔虐　待〕

弱者に対する強者の力の行使、支配である。身体的虐待、精神的虐待、性的暴行等がある。児童、配偶者（妻）、老人、障害者に対する虐待が社会問題化している。不当な扱いとして、
（一）身体的暴行
（二）保護の怠慢ないし拒否
（三）性的暴行
（四）心理的虐待
（五）施設における不当な扱い
（六）家庭外における児童の不当な使役、ポルノグラフィー、売春、児童労働の搾取等
（七）薬物・アルコール依存への誘発、マス・メディアの刺激、食料の不足や飢餓、教育問題、戦

争

等があげられる。

〔非　行〕

青少年問題は『青少年白書』がその実態を語る。青年は十五〜二十四歳であり、少年は六〜十四歳の義務教育段階者である。就労上の問題や就学上の問題があり、少年非行つまり逸脱問題がある。

社会秩序の順応という点で、反社会的問題行動すなわち社会の人々に迷惑をかける行動や、非社会的問題行動、社会の人々に迷惑はかけないが、自己の人格的な発達を障害するような行動（「非行」）や道義（人の行うべき正しい道、道徳のすじみち）にはずれた行為をする非行少年等が結構見られる。

地域社会の予防活動の展開や組織化、家族・学校等の社会機関の教育統制機能の充実、グループワーク等の提言が、非行抑制理論によってなされている。反社会的、非社会的な問題として、社会生活をする人々に少なからず影響があるため、抑制が必要であることは言うまでもないことである。子どもたちは発達し成長してゆく、小さな大人たちである。

里親制度　**(foster care)**

児童福祉法第二七条は、擁護を要する児童を一般家庭に委託して、その育成を図る制度として里親制度を定めている。集団的養護と個別的養護がある。

さらに養育里親、養子縁組里親、登録里親があるが、実際に養育しているものは受託里親と言う。

一九八八年の民法の改正によって、特別養子縁組制度を導入し、「里親等家庭養育運営要綱」が定められ、里親制度の基準も改正されている。

Family group home

地域社会の一般的家庭にて、一組の夫婦、少人数の職員が交替で少人数の要養護児童を養育する、社会的養護の一形態である。「できるだけ家庭的雰囲気の中で養育する」とともに、地域社会の一成員として、地域の人々と交流しながら成長することを目指すホームである。反社会的および非社会的行動傾向を持つ児童に対する専門的治療の場として、有効性が発揮されている。

一九八四年、全国で四十四カ所あり、施設分園型、里親型、養育家庭型、家庭養護寮型、独立型がある。

日本の美しい自然の中で、失われた人間性を回復し、蘇生することができたら、社会にとっても何とすばらしいことであろうか。

子どもたちの生活の場、健全育成・成長の場として、地域社会の子どもとして、親心による温かい愛情による育成、人間性の回復を目指す構想として「ファミリーグループホーム」の一提言もある。国の宝としての子どもたちが健全に成長し、願わくば地域に安住し、活躍してくれることがあれば、願ってもない幸せ、喜びではなかろうか。

〔**参考図書**〕

（1）宇野弘之『「心の病」発病メカニズムと治療法の研究』国書刊行会、二〇〇三年。

（2）宇野弘之『心の病の人間学「心の病」発病メカニズムと治療法の研究Ⅲ』阿弥陀寺教育学園刊、二〇〇四年。

自業自得の現代史——誤った国策、その舵取り

二十一世紀アメリカ社会の変貌

黒人大統領の誕生

変革（change）を旗印に、人種、世代を超えた幅広い支持を集め、二〇〇八年八月の民主党党大会で大統領候補に指名され、十一月のアメリカ大統領選挙で黒人初の歴史的勝利を収めた、バラク・オバマ氏のアメリカ新大統領就任によって、アメリカ社会は明らかに変わりつつあるように思える。

アメリカの黒人問題は、K・G・ミュルダールが『アメリカのディレンマ』（一九四四年）で語ったように、白人が創り出した差別と偏見の問題であり、人種差別という社会問題であった。

南北戦争の結果、一八六五年の「奴隷解放」によって、黒人問題は徐々に解決の方向に向かうが、一九九〇年のアメリカの総人口の一二・一％、二、九九八万人を占める黒人たちは、少数派集団としては最大規模の集団であった。奴隷解放時、約九二％が南部に居住していたが、農業をあきらめ、現在は九〇％近くが都市地域に居住し、白人よりもその比率が高い。黒人の失業率は高く、社会の下層を占める比重も高い。

南部のキング牧師（M. L. King JR）の非暴力主義に立つ差別撤廃運動が大きな成果をあげ、一九五四年、連邦最高裁判所は公立学校における「人種差別」を違憲判定した。一九六四、六五年の「公民権法」は公共施設、企業における「差別撤廃」「投票権の確立」等に大きな力となった。いわゆるブラック・パワー（black power）である。非暴力の「人種差別撤廃運動」「黒人解放闘争」であった。

オバマ大統領は、一九六一年八月四日、ハワイ・ホノルル生まれであり、父親はケニア人、母親はアメリカ人である。コロンビア大学卒業後、名門ハーバード大学法科大学院にて弁護士資格を取り、『ハーバード・ロー・レビュー』学内専門誌の編集長を務め、大学院講師、弁護士を経て、一九九七年から二〇〇四年までイリノイ州議会上院議員を歴任している。

二〇〇四年の民主党大会の基調演説で脚光を浴び、同年イリノイ州から上院に出馬して当選を果たし、二〇〇八年八月、民主党の党大会で大統領候補に指名され、“Change. Yes, We can.”の名演説にて人気を博し、十一月の大統領選挙で見事初当選を果たす。アメリカ史上初の黒人大統領誕生として、国内外より注目を集めた。ミッシェル夫人も黒人であり、二人の間には二女がいる。

任期は二〇一三年までの四年間で、再選は一度だけ可能であるが、この間、アメリカ社会は明らかに変貌しつつあることを皆さんも実感しているであろう。黒人大統領誕生というビッグニュースにて、明らかに二十一世紀のアメリカ社会の歴史の一頁は、新たな幕開けとなったのである。

変わりつつあるアメリカ社会

アメリカ社会は変わりつつある。そのもう一つの姿は何であろうか。

戦争反対という民衆の声が段々大きくなり、はっきりと国民が戦争反対という声をあげ始め、以前にないほど大衆が戦争反対の姿勢を示し始めたことである。平和な社会の大切さを、アメリカ人も身にしみて感じ始めているのである。

私たちは、一九九八（平成十）年四月から、JR浜野駅（千葉市中央区）近くの国際医療福祉専門学校で救命救急士の育成を行っていて、救命先進国のアメリカのロサンゼルス、サンフランシスコへ毎年学生たちと研修旅行に伺うようになって、早や十年以上になる。七〇〇名以上のわが校の卒業生が、日本各地の救命現場で活躍している。

三年ほど前に、サンフランシスコ湾のホーネットという軍艦の一室、負傷兵用医務室に、日本人として初めて学生と宿泊した。戦時中戦艦長門に大打撃を与え、一九四五（昭和二十）年、沖縄への特攻作戦途上の戦艦大和（旧日本海軍の世界最大の武蔵と同型、昭和十六年完成）を沈没させたと言われる軍艦ホーネット泊と聞き、日本人の私たちは複雑な気持ちにさせられた。「Jap 何機撃墜」と看板に手柄が表示されていた。ホーネットは第二次世界大戦中の戦功で七つの従軍星章を受章し、殊勲部隊章を与えられた九隻の空母のうちの一隻でもある。

ホーネットは、一九四五（昭和二十）年二月十日にウルシー泊地を出港、東京に対する大規模な攻撃を行った後、二月十九日と二十日の両日、硫黄島に対する上陸の支援攻撃を行った。

関東地区の工業地帯および沖縄に対する激しい攻撃は継続され、一九四五年四月一日にホーネットの艦載機は、沖縄上陸への直接支援を行う。四月六日に戦艦大和に対する攻撃を他の艦載機と共同で行い、これを撃沈させている。続く二カ月にわたってホーネットは沖縄上陸部隊への直接支援攻撃と、日本の生産力を奪うため工業地帯への攻撃を継続、六月四、五日に台風の被害を受け、ホーネットは飛行甲板前方を約二十五フィート破損した。

台風の被害後、ホーネットはフィリピン経由でサンフランシスコに帰還し、一九四五（昭和二十）年七月七日に到着した。オーバーホールは九月十三日に完了し、復員兵輸送のマジック・カーペット作戦に参加のためマリアナ諸島とハワイに向けて出航した。ホーネットは、サンフランシスコに一九四六年二月九日に帰港、一九四七年一月十五日に退役し、太平洋予備役艦隊入りをしている。

アメリカ人の接し方に、戦争を知らない私たちは、敵国としてアメリカと戦ったことが嘘であるかのような、摩訶不思議な思いにかられたが、アメリカ滞在中は、一度たりとも戦争の話は出なかったし、不愉快な思いは皆無であった。時の流れの早さに驚いた。

しかしながら日本人と市民が銃を持つアメリカ人の意識に違いがあることにも気がついた。

ロサンゼルスのホテルでコックをする日本人の両親の間に生まれたＴＮは、日本人の容姿で日本語も話すアメリカ国籍の救命士である。医師になりたいので授業料を全額補助してくれる軍隊に入隊したが、時はイラク開戦の頃、第一線の戦場に行くかも知れず、戦死するかも知れぬと、私たちに不安を漏らすのであった。

敗戦国日本の今日の若者には、誰一人として国のために命を捧げる者はいない。多分誰一人として手を上げないであろう。国のためにという考えは捨て、命を大切にしたほうがよい。家族も友人も悲しむ。何なら醤油を飲んで少々走れば心臓が踊り、兵役検査不合格になる。

戦時中、日本の哲学者で戦争反対の信念を貫いた人たちに、そうして兵役検査不合格になり、戦場に行かずに生き延びて、戦後大学教授になって活躍した人がいる。

「国家のために戦争に参加し、犠牲になどならぬほうがよい。君は、父母が日本人ならば日本国籍は持っていないのか。」との問いに、「アメリカ生まれなので純粋にアメリカ人であり、国旗のバッチを胸につけている。自分は日本人の血を持つJapanese Americanである。だから下には見られたくない。必要ならアメリカのため、国のため、戦場に行き戦う。」と彼は語る。筆者はそれ以上は言葉にならなかったが、戦争を放棄した、戦後生まれの日本育ちの私たちと、個々人が銃を持って暮らすアメリカ人との意識の差をまざまざと知った。

それにしても、アメリカの良識ある人たちが戦争に〝NO〟と言い、その悲惨さ、残虐さに声を大きくし始めているのには好感を覚える。大切な家族を失った痛みに涙を流し、戦争は殺し合いであり、何一つ幸せを与えない。国家のために戦う若い人たちがいるアメリカであるが、その社会は次第に変わりゆくことを感じるのであるが、如何であろうか。

日本人は侵略者なのであろうか

私たち日本人は、日本国籍を持ち、日本語を言語とし、古代、中世、近世、近代、現代と、長きにわたる文化、伝統、歴史を持つ民である。日本列島に居住し生活する私たちは、南アジア系、北方アジア系、中国大陸系の混血による、多元的な起源を持つ民族と考えられていて、よく言われる「大和民族」という単一民族ではないらしい。女性は美称にて「大和撫子《やまとなでしこ》」と呼ばれ、日本民族固有の、事に当って見事に処理する能力は「大和魂《やまとだましい》」などと言われる。身命を惜しまない勇猛果敢な精神的伝統は「大和心」としても知られている。

国際社会の二十一世紀は、グローバルな社会である。仕事で海外に駐在する人たちも多く、レジャー等で海外に気軽に遊びに行く人は、個々人よりも、邦人、日本人、Japaneseとして扱われることに驚天動地することであろう。

筆者は、息子と韓国ソウルに旅をした時、韓国人女性ガイドが行く所々で、観光案内の際、「あなたたち日本人は……」と、侵略者呼ばわりをして、腹立たしく不愉快な思いをし、子どもと顔を見合わせたことがある。「日本人は、侵略者である」と言う。その言葉には正当な理由もなく、一方的に他国の領土、財産を奪い、侵略行為（aggression）を行ったという怒りがある。

秀吉の朝鮮出兵は、一五九二（文禄一）年と一五九七（慶長二）年の二回であり、文禄の役（壬辰倭乱）では、平壌まで進出した後、和議を入れて撤兵したが、慶長の役は、秀吉の死により士気が振るわないまま、遺言通り撤兵した経緯がある。この役は、活字・印刷術や製陶法の伝来等、文化的な意義はあったが、豊臣家の衰亡を早める結果となったことはよく知られる通りである。

韓国併合は、朝鮮支配を企図した日本が、一九〇四（明治三十七）年以降韓国の内政・外交権を次第に掌握した末、一九一〇年八月に日韓併合条約により韓国を日本の領土にしたことを言う。一九〇五年、日本は韓国保護条約（第二次日韓協約）を結んで、韓国の外交権を奪い、韓国統監府において保護政策を開始した。韓国では排日運動が起こったが、一九〇七年、ハーグ密使事件を機に内政権を得、一九〇九年、伊藤博文が暗殺されたのを機に、翌年併合した。韓国は、朝鮮と改められ、朝鮮総督府が置かれた。

これらの事件を、韓国のガイドは、学校で習った通り「あなたたちは、侵略者、日本人である」と、目くじらを立てて怒る。

私たちは確かに生粋の日本人である。が、戦争を知らぬ世代であり、秀吉の朝鮮侵略を言われても、身に覚えのない前世の話である。しかしながら「日本人」の行ったことであると中傷され批判されると、確かに私たちが「日本人」であることには間違いはない。

日本は、侵略戦争の拡大に伴う戦力の補充を朝鮮人に求め、一九三九（昭和十四）年七月二十八日付、「朝鮮人労務者内地移住（入）に関する件」として、「朝鮮人労働者内地移住に関する方針」「朝鮮人労働者募集要綱」が出され、これに関連して、「移住に関する事務取扱手続」を規定し、雇用条件、募集地域、募集期間、輸送方法その他について、国家権力による厳格な統制が加えられた。すなわち、内務省、厚生省、朝鮮総督府、警察当局、職業紹介所、協和会関係団体等の、緊密な連携、綿密な計画のもとに、強制的な連行が実施された。初めは日本人一般の「徴用」方式を避けて、「募集」方式をとった。

一九三九年度には八万五千人の朝鮮人を、炭鉱、金属鉱山、土建業等に、一応二カ年契約というかたちで、集団移入が強行されることになった。八万五千人のうち五万三、一二〇人（六二％）が、北海道、樺太、九州の炭鉱や金属鉱山を中心に連行された。

一九三八（昭和十三）年二月、陸軍特別志願兵令、一九四三年七月、海軍特別志願兵令を公布し、さらに一九四四年四月、徴兵令を実施し、合計約二十一万人の朝鮮人青年が日本軍隊に動員された。

一九四一（昭和十六）年以降、軍要員として、各地の軍事施設、飛行場、造成工事、海軍愛国作業団、北部経理部員、英米俘虜監視員、運輸部要員等に、合計十五万五千人を動員した。

日本はまた、朝鮮人女性を「軍慰安婦」として、中国、ビルマ（ミャンマー）を始め、各地の戦線や国内の軍事施設等に、合計数万人を強制的に連行して、人権を蹂躙した。

朝鮮人労働者に対する民族差別政策は、職種、賃金、宿舎、食事等、生活の全般にわたって貫徹していた。炭鉱では坑内夫、地下工事等の、土木工事では最も危険な箇所で働かせた。賃金は、日本労働者の約半分程度で、逃走を恐れて全額を支給せず、強制貯金をさせた。労働時間は普通十二時間、それ以上の日も多々あった。宿舎は粗悪なバラックの集団宿舎が多く、食事も粗悪な物、残り物を出す場合もあった。

最近も日本の侵略戦争、植民地支配によって被害を受けた韓国の犠牲者たちが、補償を要求する裁判闘争を展開している。原爆被害者・サハリンに置き去られた者・「B・C級戦犯」等、不当な処遇に対する国家補償裁判、太平洋戦争犠牲者遺族会の「軍慰安婦」を含む犠牲者の補償要求裁判、広島・長崎・三菱重工・日本鋼管・川崎製鋼・不二越鋼材工業の被強制連行者・遺族らの補償要求裁判等が被連行者遺族たちによって展開されている。(1)

中国の満州、大連、審陽（奉天）に滞在した時もそうである。

一九三二（昭和七）年満州事変を機に、日本軍は満州に満州国を建設した。満州事変は、一九三一～三三年の満州侵略戦争であった。張学良（張作霖の子）の満鉄併行線建設による満鉄の赤字問題、中国での排日運動の激化に直面し、難局を一気に打開しようと、関東軍の仕かけた鉄道爆破（柳条湖事件）を機に、戦端が開かれた。

翌年一九三二年、日中軍の衝突、排日運動を機に、日本軍は上海に侵入し、国民党政府軍と激しく戦い、上海事変となった。戦火は塘沽《タンクー》停戦協定により一応収まったが、以降一九四五年に至る十五年戦争に突入することとなった。

満州を占領した関東軍が、清朝最後の皇帝、溥儀《ふぎ》を執政として独立を宣言、一九三四年、溥儀を皇帝として帝政をしき、一九四五年まで侵略基地として存続した。私たちは「ラストエンペラー」という映画でよく知るところである。

その中国では、戦時中、日本人がどのような残酷極まりない、非人間的行為を行ったかを「戦争博物館」に展示し、小・中学生に歴史教育をしているという。博物館を内覧すれば、日本人は中国人に顔向けできなくなるくらい残忍であると、中国人は語る。

筆者は、訪中の際には中国人風の服装を身につけ、日本人とわからぬよう、心がけた覚えがある。「五族協和」「王道楽土」というのは満州国建設のスローガンであった。満州国の広い地域に展開した最大の日本人集団は、農業移民団（開拓国、昭和十四年に改称）であったが、日本人だけの自給自足社会をつくり得たわけではなかった。実際の開拓は、現地の日本人の入植によって土地を失った中国人の労働力に依拠していたのであった。雇われる者は、今まで開拓地内にあった原住民であった。この開拓は、満人が拓いてできあがったところを、畑も家もそっくり買い取ったと言ったら聞こえはいいが、実際は満人を追いたてて取り上げ、日本人が入り込んだみたいなものであった。

韓国人ガイドの「日本人は侵略者」との言動に不愉快な思いをしつつ、日本人の侵略戦争の残虐行為がいまだ忘れられていない韓国・中国の現実にも落胆を隠せない。戦後六十年を経た今日、史実としての、戦争の傷跡の深さに驚かされるが、日本人の戦争責任については多くを反省させられる。

〔注〕

（1）朴慶植『日本通史　第十九巻　近代四　朝鮮人強制連行』岩波書店、三六五〜三七八頁、二〇〇一年。

日本は侵略国家であったのか

戦後六十年以上を経て、「日本は侵略国家であったのか」という「真の近現代史観」懸賞論文が現職の航空幕僚長の論文であったため、最近話題になった。「日本が侵略国家だったというのは濡れ衣である」との論述が、日本国政府の見解、村山談話、小泉談話と異なるとして、海外から批判された。その火消しのためにも「航空自衛隊のトップにある者が、国の見解とまったく異なる意見を出すのは不適切である」とされ、防衛大臣は航空幕僚長の更迭を決めた。

論文の概略としては、「日中戦争は侵略戦争ではない」「日米戦争はフランクリン・ルーズベルトによる策略であった」とする自説を展開したうえで、日本政府は集団自衛権を容認すべきであると主張した。

論旨は次の通りである。

日本は、十九世紀の後半以降、朝鮮半島や中国大陸に軍を進めることになるが、相手国の了解を得ないで一方的に軍を進めたことはない。常に中国側の承認のもとに軍を進めていた。

一九二八年の張作霖爆殺事件は関東軍の仕業ではなく、コミンテルンの仕業である。東京裁判の最中に中国共産党の劉少奇が西側の記者との記者会見で「蘆溝橋の仕かけ人は中国共産党で、現地指揮官はこの俺だった」と証言し、当時毛沢東の共産党ゲリラが国民党内に多数入り込んでいた。

したがって、わが国は蔣介石により日中戦争に引きずり込まれた被害者なのである。

わが国は他国との比較で言えば極めて穏健な植民地統治をしていた。これは朝鮮半島の支配統治からも明らかである。

アメリカは蔣介石に、戦闘機百機からなるフライングタイガースを派遣するなど陰で活躍しており、真珠湾攻撃に先立つ一カ月半も前から、中国大陸においてアメリカは日本に対し、隠密に航空攻撃を開始していた。

〔対米観〕

ルーズベルト大統領は戦争をしないという公約であったため、日米開戦のためには見かけのうえで日本から第一攻撃をさせる必要があった。日本は、ルーズベルトの仕掛けた罠にはまり真珠湾攻撃を決行することとなった。

ルーズベルト政権の中には三百人のコミンテルンのスパイがいた（「ベノナファイル、アメリカの公式文書」）。

財務省ナンバー2の財務次官、ハリー・ホワイトが日本に対する最後通牒ハル・ノートを書いた張本人であり、彼はルーズベルト大統領を動かし、日米戦争に追い込んだ。

もしハル・ノートを受け入れていたら、一時的に戦争を回避できたとしても、当時の弱肉強食の国際情勢を考えれば、アメリカから第二、第三の要求が出てきたであろうことは容易に想像がつく。結果としてわれわれは白人国家の植民地である日本で生活していた可能性が大である。

人類の歴史の中で支配、被支配の関係は戦争によってのみ解決されてきた。強者が自ら譲歩することなどありえない。戦わない者は支配されることに甘んじなければならない。

アジア地域の安定のためには良好な日米関係が必須である。ただし日米関係は必要な時に助け合う良好な親子関係のようなものであることが望ましい。子どもがいつまでも親に頼りきっているような関係は改善の必要があると思う。

〔戦後社会〕

東京裁判は戦争責任をすべて日本に押しつけようとしたものである。そしてそのマインドコントロールは戦後六十三年を経てもなお日本人を惑わせている。そのマインドコントロールのために、自衛隊は領域の警備もできず、集団的自衛権も行使できない。武器使用も極めて制約が多く、攻撃的兵器の保有も禁止されている。諸外国の軍と比べれば自衛隊は雁字搦《がんじがら》めで身動きできない。

パリ講和会議において、日本が人種差別撤廃を条約に書き込むことを主張した際、イギリスやアメリカから一笑にふされた。日本があの時大東亜戦争を戦わなければ、現在のような人種平等の世界がくるのが、あと百年ないし二百年遅れていたかもしれない。

多くのアジア諸国が大東亜戦争を肯定的に評価していることを認識しておく必要がある。

日本軍を直接見ていない人たちが日本軍の残虐行為を吹聴している場合が多い。日本軍の軍紀が他国に比較して如何に厳正であったか、多くの外国人の証言もある。

もし日本が侵略国家であったというのならば、当時の列強といわれる国で侵略国家でなかった国はどこかと問いたい。よその国がやったから日本もやっていいということにはならないが、日本だけが侵略国家だと言われる筋合いもない。以上のことから日本が侵略国家だったなどというのは濡れ衣である。

こう論ずるのである。如何であろうか。

第二次世界大戦

第二次世界大戦は、一九三九年九月一日、ドイツ軍のポーランド侵攻、三日の英仏による対ドイツ宣戦布告を契機に始まった、日独伊（三国同盟）枢軸陣営と連合軍との間で行われた世界的規模の大戦であり、一九四一年十二月の日本の真珠湾攻撃により、全世界に波及した。

一九三〇年代に入り、日本は満州事変、日中戦争、ドイツはオーストリア併合、チェコスロバキア解体、イタリアはエチオピア侵略というように、膨張政策を推進していた。

三国同盟と英米との対立は決定的なものとなり戦争に突入し、初期は三国が優勢であったが、連合国の本格的反抗により、イタリア、ドイツの順で降服し、一九四五年八月十五日、日本も降服し、六年間の戦争が終結したことは皆のよく知る現代史である。

太平洋戦争

太平洋戦争は第二次大戦のうち、主として太平洋方面における日本とアメリカ、イギリス、オランダ等の連合国との戦争であり、一九四一（昭和十六）年十二月八日、日本のハワイ真珠湾攻撃により開戦となった。

一九四五（昭和二十）年八月六日、広島市上空にB29爆撃機が飛来し原子爆弾が投下され、市街が一瞬にして灰燼に帰し、多くの尊い命が奪われた。九日、長崎にも原爆が投下され、終戦へと進む。この日九日、ソ連は対日参戦し軍を満州に進め、関東軍を壊滅する。それはヤルタ協定に基づく宣戦であった。

ヤルタ会議は、一九四五年二月四～十一日、ソ連領クリミア半島のヤルタで行われ、ルーズベルト大統領、チャーチル首相、スターリン首相が出席し、大戦も末期になりドイツ崩壊が時間の問題になっていた時期に、ドイツの戦後処理や国際連合等大戦後の問題について話し合われ、ソ連は十一日に秘密協定を結ぶ。日露戦争で、日本がロシアから得た中国における権益回復、南樺太の返還、千島列島の譲渡等を秘密協定に盛り込み、八月八日、日本に宣戦を通告したのである。

ドイツの無条件降伏を受けて、一九四五年七月、ベルリン郊外のポツダムで、トルーマン（アメリカ）、チャーチル（イギリス、七月二十八日、アトリーに代わる）、スターリン（ソ連）が、欧州の戦後処理と対日戦終結方策を討議し、ポツダム宣言として発表した。七月二十六日、英米中三国の名で日本に「降伏」を勧告、終戦の条件として、

（一）軍国主義者の権力と勢力の除去

（二）連合国による日本の占領、日本の主権が及ぶ範囲を本州、北海道、九州、四国と諸小島へ限定すること

（三）軍隊の武装解除

（四）戦争犯罪人の処罰と民主化

（五）賠償請求と軍事産業の禁止

を列挙した。これらが達成された時、占領軍は撤退するが、日本へはこれらの条件を無条件で受け入れることを要求した。

ポツダム宣言は、一九四五年七月二十六日、日本政府が知るところとなり、最高戦争指導会議が開かれた。この会議は首相、外相、陸相、海相、参謀総長、軍令総長によって構成されていて、戦

争指導の一元化を図るものであったが、この宣言についての意志表明は見送られた。軍部の圧力が強く、二十八日、鈴木貫太郎首相は宣言を黙殺し、戦争完遂に邁進するとの談話を発表した。鈴木貫太郎内閣（昭和二十年四月七日〜八月十七日）は戦争完遂、本土決戦の方針のもと、戦時緊急措置法や義勇兵役法を制定し、国民を戦争に駆り立てた。連合国側に「ポツダム宣言受諾拒否」と受け取られ、アメリカによる広島、長崎への原爆投下、ソ連の対日参戦の口実を与えることになる。

八月十日、御前会議が開かれた。午前二時過ぎ、天皇制維持を条件としたポツダム宣言受諾を決定したが、受諾派と反対派とが激しく対立し、十四日の午前に天皇自らが召集し、御前会議で再び天皇の決断により降伏を決定、鈴木内閣も全閣僚が署名し、翌十五日正午に終戦の詔書を発表すべく、皇居では放送するための録音が天皇自身によってなされた。一方、外務省はスイス政府を通して連合国に通報するよう加瀬俊一スイス公使に訓電した。

戦争の足跡を今一度たどってみると、戦争ではたくさんの尊い命が失われた。

一九四一（昭和十六）年十二月八日、日本政府は在日米英加豪の各大使に宣戦布告書を手渡し、八日当日（現地時間七日）、ハワイの米太平洋艦隊に対して真珠湾攻撃を行った。同時に米領フィリピン、英領マレーへの上陸作戦が実施されて、対米英開戦となった。

当初は、連合国の戦争準備不足も手伝って破竹の進撃を続け、開戦後五カ月でマレー、シンガポール、蘭領インドシナ、ビルマ、フィリピン等東南アジア一帯を占領した。ハワイ攻撃は、航空兵力と特殊潜航艇による攻撃で奇襲攻撃と言われた。攻撃部隊は空母六隻を基幹とし、十一月二十六日、択捉島の単冠湾《ひとかっぷわん》を出港、八日午前三時十九分、アメリカ側に発見されぬまま第一波攻撃隊一八三機を発進させ、オアフ島真珠湾の太平洋艦隊は戦艦四隻が撃沈、四隻が大・中破され、基地航空兵力も二百機以上を失う等、壊滅的打撃を受けた。

フィリピン作戦

陸軍は、本間中将の第十四軍（二個師団）と第五飛行集団（約二百機）が、海軍は第三艦隊を主力とする高橋中将指揮下の比島部隊と第十一航空艦隊が担当、初期の航空戦では日本側が制空権を握り、ミンダナオ島ダバオを、一九四一（昭和十六）年十二月二十日に占領した。主力部隊は二十二日、ルソン島の西岸のリンガエン湾に、二十四日には、別部隊がラモン湾（東岸）に上陸し、アメリカ軍はマニラを放棄して、バターン半島に立てこもった。

マッカーサー司令官は、一九四二年三月、オーストラリアに脱出し、半島のアメリカ軍は四月九日降伏、コレヒドールで抵抗を続けていたアメリカ軍も五月七日降伏した。捕虜を徒歩で移動させ多数の死傷者を出したことから、「バターン死の行進」と評されている。

マレー作戦

マレー沖海戦では日本のマレー上陸部隊を補足・撃滅するため、イギリス極東艦隊は、戦艦プリンス・オブ・ウェールズ、巡洋戦艦レパルス、駆逐艦四隻（Z部隊）を上空援護機なしで出撃させた。

一九四一（昭和十六）年十二月十日、艦隊は日本機八十五機の攻撃を受けて駆逐艦三隻を残して撃沈され、この結果日本軍のイギリス領への攻撃作戦は決定的に有利になった。マレー作戦は開戦劈頭にイギリス軍を撃滅した作戦である。

陸軍は、山下奉文を司令官とする第二十五軍（四個師団）、第三飛行集団（約四五〇機）、海軍は小沢治三郎を司令長官とする南遣艦隊（重巡洋艦五隻、他三十九隻）が実戦した。

一九四一年十二月八日未明にマレー半島中部東岸のシンゴラ、パタニ、コタバルに上陸した陸軍部隊は、制空権を握った航空兵力に援護されマレー半島東西両岸を南下、一九四二（昭和十七）年一月三十一日、半島の南端に到着した。戦争は双方に負傷者がつきものであるが、日本軍の人的死傷者は約四、六〇〇人と言われ、イギリス側は約二万五千人（大部分が捕虜）であった。

シンガポール占領

一九四二（昭和十七）年二月八日、日本軍は先頭の二個師団がマレー半島からシンガポールに上陸を開始した。イギリス軍司令官パーシヴァル将軍は傘下に計八万五千名もの大部隊（イギリス、オーストラリア、インドの各軍、マレー中国軍）を擁していたが、訓練不足で戦意も喪失し、二月十五日に降伏した。昭南市と改め、占領直後に華僑の大量虐殺事件を起こし、将来に禍根を残した。

沼田知事の時代、千葉県の南房パラダイスとシンガポールの国立ボタニックガーデンと姉妹提携をし、県議、市議、ロータリークラブの人たちと親善訪問をしたことがあるが、マレーシアとシンガポールの間のジョホール水道が血の海になったとの説明があり、唖然とした。
日本人街には「からゆきさん」がいて、日中太陽に当たらぬため病死する人も多かったらしく、日本人墓地を参詣するとプレハブの基礎になるような四角い小さな墓石が墓碑銘もなくずらっと並べられており、それが九州北西部から東南アジア方面へ出稼ぎに出た女性たち「からゆきさん」のお墓であると聞かされた。ロシアに行き、帰国の船中、南洋上で死亡したロシア文学の翻訳家で、また言文一致体による近代写実主義小説の開拓者である二葉亭四迷のお墓も日本人墓地にあった。その立派なお墓はひときわ目立ち、「からゆきさん」の名もなきお墓に涙がこぼれた。

ビルマ作戦

飯田中将を隊長とする第十五軍（二個師団）は、一部はマレー半島から、主力はタイ領内からビルマに侵入し、一九四二（昭和十七）年三月八日、ラングーンに入城した。増援部隊を加え援蒋ビルマルートを完全に遮断するため、イラワジ川に沿って北上し、イギリス軍は五月初旬にはインドに退却した。

蘭領インドシナ作戦

今村中将の第十六軍が攻略作戦を実施し、一九四二（昭和十七）年一月十一日、ボルネオ島東部に上陸、海軍空挺隊はセレベス島メナドを奇襲占領し、二十四日にはボルネオ島の油田地帯バリクパパンに上陸、二月十日、ボルネオ全島を制圧した。十四日、スマトラ島の油田パレンバンを陸軍空挺隊が奇襲、上陸部隊と共同して制圧した。二十日にポルトガル領チモールに上陸し、二十七日にはセレベス島を占領した。

三月一日、ジャワ島に上陸し、九日には蘭印軍が、十二日には英豪軍が降伏し、日本はこの作戦の成功によって油田地帯を良好な状態で手に入れ、原油の供給が確保された。

ミッドウェー海戦

戦局は一九四二（昭和十七）年六月五日のミッドウェー海戦の惨敗で早くも転機を迎える。中部太平洋のミッドウェー沖の海戦である。日本側はアメリカ主力部隊との決戦を期待していたが、攻撃機が発進直前に襲われて空母三隻を一挙に喪失、残る一隻はアメリカ空母一隻と差し違え、全航空兵力を失い、攻略作戦は中止となった。

ガダルカナル島撤退

一九四二（昭和十七）年七月、日本軍は米豪分断作戦の一環として飛行場設営を開始したが、アメリカ軍により翌月奪取された。陸海共同で奪回作戦を数回敢行したが、いずれも失敗しアメリカの勝利に終わり、一九四三年二月に撤退した。以降はアメリカ側が戦局の主導権を握ることとなった。

占領したアジア地域に対しては大東亜地域に関する政治、経済、文化等の政務を一元的に取り扱う目的で外務省から大東亜省となり（昭和十七年十一月）、戦争協力態勢を形成するため、一九四三年十一月五日から東京にて「大東亜会議」が開かれた。

参加したのは日本、中国、タイ、満州国、フィリピン、ビルマと自由インド仮政府であり、「大東亜共栄圏」建設を謳った「大東亜共同宣言」を採択した。

南方の資源獲得と戦争完遂が当初からの一貫した目的であったが、日本の施策はアジア諸民族の民族意識を覚醒させた。また、戦争の直接的被害・収奪は貧困に落とし入れ、新たな支配者として日本へ民族意識が向けられることになる。

インパール作戦

一九四四（昭和十九）年三月、チャンドラ・ボースのインド自由仮政府にインド領内での基盤を与える目的でビルマからインパールを攻略した。牟田口司令官以下三師団が参加し、四月上旬にはインパールに迫ったが、当初から補給無視の作戦で、イギリス軍の猛反撃にさらされ、七月には全面撤退した。

一九七〇（昭和四十五）年、インド仏跡を訪ねた時、ターバンを巻いたシーク教徒が日本とともに戦ったと話していたが、マレー作戦でインド兵に投降を呼びかけ、一九四二（昭和十七）年九月の再編成の時点で一万五千名規模のインド兵があったという。その後も義勇兵を募り、インパール作戦に参加、日本軍とともに敗退した。

インドまで日本軍の飛行機が飛来したと語るインド人シーク教徒の言葉に随分遠くまで日本軍が戦いを繰り広げたものだと、驚きを隠せなかった思い出がある。大学院在学中のインド仏跡参拝旅行の際の心に残る思い出である。

緒戦の勝利による油断から総動員体制の構築がかなり遅れ、一九四三（昭和十八）年末になって軍需省の設置、学徒出陣、女子挺身隊の結成、勤労動員の本格的な実施等が行われた。

一九四三年に入り、山本連合艦隊司令長官の戦死、アリューシャン列島の放棄等、退勢著しい戦局を打開するため、陸海両相の総長兼任を強行し、権力の集中を図ったが、アメリカ軍は島づたいに反撃を続け、十一月にはマキン・タラワの守備隊が玉砕、一九四四年七月にはサイパン島を失い、内閣は総辞職した。

サイパン島陥落

日本本土が戦略爆撃機の行動圏内におさまることから、サイパン島は本土防衛線として重視されていた。

一九四四（昭和十九）年六月、アメリカ軍の攻略作戦が開始され、日本は十九、二十日のマリアナ沖海戦でその航空兵力の大部分を喪失する大打撃を受け完敗した。六月十五日、アメリカ軍が上陸し、飛行場を奪取した。陸軍第三十一軍は七月七日の突撃をもって全滅し、本土空襲は時間の問題となった。

本土空襲

一九四二（昭和十七）年四月、空母から発進したB25による奇襲に始まり、一九四四年六月には中国の成都を発進したB29による北九州爆撃が、サイパン島マリアナ基地発進のB29の爆撃は一九四四年十一月二十四日に始められた。

当初は軍事施設への爆撃であったが、低空からの無差別焼夷弾攻撃に変わり、一九四五（昭和二十）年三月十日の東京大空襲では首都が次々と焼き払われた。深夜零時八分より二時間半にわたり一、七八三トンの焼夷弾が投下され、B29は低空から侵入してきたため、市民の多くが犠牲となった。人口密集地帯が爆撃されたため、死者十万人、負傷者四万人、百万人以上が焼き出された。

一九四五年八月にはついに広島、長崎に原爆が投下され、死傷者は六十六万人を上回った。

沖縄戦

観光で沖縄を訪れる人も多いが、ひめゆりの塔を始め多くの人々が犠牲となった戦跡を見て、戦争の残虐さに号泣せぬ人はいないほど沖縄戦は悲惨な戦いであった。沖縄戦は県民の保護政策もなく、中学生や女学生まで鉄血勤皇隊、ひめゆり部隊として動員されるなど、多くの県民が犠牲となった。

一九四五（昭和二十）年三月、アメリカ軍は硫黄島を占領し、日本軍守備隊約二万人が玉砕した。アメリカ軍は、続いて沖縄本島への攻撃を開始する。

三月三日、アメリカ軍は慶良間列島の上陸を開始し、四月一日には沖縄本島に上陸した。六月二十三日には沖縄を守備する第三十二軍、牛島軍司令官が自決し、戦闘は終了した。日本守備軍約十万人が玉砕した。この間、守備軍は持久戦をとる一方、戦艦大和等の軍艦を海上特攻隊として出動させ、特攻機で沖縄沖のアメリカ艦隊を攻撃した。

鉄血勤皇隊は、沖縄の男子中等学校十校の生徒が戦闘要員に組織されて実践に参加し、従軍一、七八〇人中八九〇人の死者を出した戦いであり、摩文仁《まぶに》の丘等に「健児の塔」（慰霊塔）が建っている。

現地召集の郷土防衛隊や男女生徒も参戦したこの戦いで約十万人の県民が犠牲となった。沖縄の女子中等学校七校の生徒が看護要員等に動員され、ひめゆり・白梅・瑞泉・なごらん・梯梧《でいご》・積徳《せきとく》隊等を編成し、従軍五八一人中三三四人が戦没した。

有名なひめゆりの塔は沖縄糸満市に建つが、看護婦として動員され悲劇的な最後をとげた県立第一高等女学校、沖縄師範学校女子部の職員・生徒からなるひめゆり部隊の戦没者二二四名を合祀した塔である。

学徒出陣

一九四三（昭和十八）年九月、学生は卒業までの徴兵猶予の停止が閣議決定され、二十歳に達した人はすぐに徴兵検査を受け、十二月には入隊した。一九四三年十月二十一日の出陣学徒壮行会が明治神宮で行われたことは有名である。
同年十二月には徴兵年齢が一歳引き下げられ、さらに多くの学徒が出陣した。教育水準が高く、下級幹部ではあったが、即戦力として第一線に送られたため戦死者も多く、その数は二十万人とも言われている。

学童疎開

一九四四（昭和十九）年、本土空襲が現実化した情勢のもと、「学童疎開促進要綱」が閣議決定され、縁故疎開（初等科三年生以上）の勧奨および疎開都市（東京以外の）十二都市が指定され、初等科三年以上六年までの集団疎開が行われた。一九四五年四月からはさらに四都市が追加指定され、初等科全員の疎開となった。

疎開は空襲被害を避けるための人の分散であり、地方の旅館や寺院等に強制的に行われるものであったが、疎開先の生活は食糧不足で苦しく、正常授業を行える状態ではなかった。

一九四五（昭和二十）年三月一日にはB29による東京大空襲があり、八月には広島、長崎に原爆が投下された。戦争の早期終結を図るためであったと弁明するが、人類の歴史上初めての原爆が広島および長崎に投下されたのである。

日本の戦争指導者がポツダム宣言の内容を知った七月二十七日からポツダム宣言受諾の最終決定まで二十日近く要したが、その間に原爆投下、ソ連の参戦等があった。ポツダム宣言受諾（降伏）の最終決定をした八月十日、政府は反戦分子・朝鮮人の取締等、国民の生命生活よりも天皇制維持のための治安対策に腐心するのであった。

本土空襲等により戦局に対する不安が国民の間に拡がったが、戦争に関する報道は厳重な管制下にあり、日本の敗戦が決定的になった時期でさえ国民は勝利を信じ、苦しい生活を耐え忍んでいた。八月十五日、ラジオから天皇の言葉が流れ、国民は初めて敗戦を知った。天皇は、一九四六（昭和二十一）年一月一日、天皇の人間宣言（昭和天皇の詔書）が出されるまで、現御《あきつみ》神《かみ》とする神格であったのである。

八月十五日は日本による朝鮮の植民地支配、中国への侵略が崩壊した日でもあった。侵略戦争計画者として平和に対する罪が問われた。戦争犯罪人（戦犯）のＡ級戦犯、捕虜虐待等の非人道的行為のＢ級戦犯（責任者）、Ｃ級戦犯（実行者）に分かれ、起訴五、四一六人、死刑九三七人となった。

戦争責任論

極東国際軍事裁判

東条英機（東京出身、陸士十七期）らＡ級戦犯二十八人に対する連合国の裁判（東京裁判、一九四六年五月～一九四九年）にて戦争責任が審理された。東条英機（一八八四～一九四三年十二月二十三日）は陸軍大将、関東軍事参謀長（一九四〇年七月）、陸相（一九四一年十月より首相兼内相、一九四三年十一月より軍需相、一九四四年二月から参謀総長を兼任）、一九四一（昭和十六）年十月、首相を歴任し、太平洋戦争開始の直接の責任者として参謀総長を兼務していた。戦後A級戦犯として、一九四八（昭和二十三）年十二月に絞首刑にて生涯を終えた。

東条内閣は、一九四一（昭和十六）年十月より一九四四（昭和十九）年七月まで、第三次近衛内閣崩壊後に組織され、太平洋戦争に突入する。翼賛選挙によって独自体制を固め、サイパン陥落の責任により総辞職した。

日本は、明治維新以来、欧米先進国の教えに従うかのように富国強兵（国を豊かにして軍事力を強化すること）を目指した。それが近代化を目指した明治政府のスローガン、方針であり、産業の資本主義化と近代的軍事力の増強により、欧米列強に対抗しうる国家の建設を目標としてきた。日清・日露の両役に勝ち、正当なる講和条約によって台湾を割かしめ、樺太を合わせ、国威は駸々として国外に伸びた。

東京裁判は、これらをことごとく「犯罪である」と判決した。打ちのめされて日本人は夢から醒めた。何故あのような戦争を始めたのか。何故あんな惨めな負け方をしたのか。

日本は連合国に無条件降伏をした。ポツダム宣言の第一項に、「吾等（連合軍）は、日本人を民族として奴隷化せんとし、又は国民として滅亡せしめんとする意図を有するものにあらざるも、吾等の俘虜を虐待せる者を含む一切の戦争犯罪人に対しては、厳格なる裁判が行わるべし」とあり、東京裁判はこの条件に従って設立せられたものであった。戦犯を処罰する勝者連合国の、「平和、人道のための国際裁判」との鳴物入りで宣言した裁判であった。そして、侵略戦争を裁くとして、太平洋戦争とは何らの関係もない満州事変も含めて、形式上の責任者をつくりあげた。

ドイツではニュルンベルクで、日本では東京で「国際軍事裁判」と銘打って、日独の指導者たちを戦争犯罪人として逮捕し、裁判にかけて処刑した。戦争そのものの責任が問われたのである。戦勝国が勝手に敗戦国に「侵略」の烙印を押したとも言えよう。

富国強兵それ自体がことごとく犯罪だと、東京裁判では認定された。戦争に負ければ敗戦による様々の制裁があるが、戦勝国にはない。軍事裁判は戦勝国によって行われるためである。

ポツダム宣言

〔日本国の義務・連合国の権利〕

（一）日本国国民を欺瞞し、誤導して、世界征服の挙に出でしめたる者の権力及び勢力は、永久に除去せられざるべからず。（第六項）

（二）連合国の追って指定すべき日本国領域内の諸地点は、吾等が茲に指示する根本的目的の達成を確保する為占領せらるべし。（第七項）

（三）カイロ宣言の条項は履行せらるべし。日本国の主権は本州、北海道、九州及び四国並に吾等

の決定する諸小島に局限せらるべし。（第八項）

（四）日本国軍隊は完全に武装を解除せらるべし。（第九項）

（五）吾等の俘虜を虐待せる者を含む一切の戦争犯罪人に対しては、厳格なる裁判が行わるべし。日本国政府は、日本国国民の間に於ける民主主義的傾向の復活強化に対する、一切の障礙を除去すべし。（第一〇項）

（六）日本国をして、戦争の為め再軍備をなすことを可能ならしむる虞ある如き産業は許されず。右の行動に於ける同政府の誠意に付、適当且つ充分なる保証を提供せんことを同政府に対し要求す。（第一一項）

（七）日本国政府は、直に全日本国軍隊の無条件降伏を宣言すべし。（第三項）

〔日本国の権利・連合国の義務〕

（一）カイロ宣言の条項が履行せらるる。（第八項）

解説：イギリス、アメリカ、中国の間のカイロ会談でまとめられた、対日戦の遂行方針と戦後処理の指標（昭和十八年十二月一日発表）。

①日本の侵略の抑制と処罰のために対日戦を遂行し、満州、台湾、澎湖島の中国への返還。

②日本が第一次大戦開始後に得た太平洋の島嶼の没収。

③日本を暴力と貪欲により略取したすべての領土から駆逐し、朝鮮の独立を目的とする。

以上は、ヤルタ協定を経てポツダム宣言に組み込まれた。

（二）日本国軍隊は完全に武装を解除せられたる後、各自の家庭に復帰し、平和的且つ生産的なる生活を営む機会を得しめらるべし。（第九項）

（三）吾等は、日本人を民族として奴隷化せんとし、又は国民として滅亡せしめんとするの意図を有するものにあらず。言論、宗教及び思想の自由並に基本的人権の尊重は確立せらるべし。（第一〇項）

（四）日本は、その経済を支え、且つ公正なる実物賠償の取立を可能ならしむるが如き産業を維持することを許さるべし。日本国は、将来世界貿易関係への参加を許さるべし。（第一一項）

（五）前記諸目的が達成せられ、且つ日本国国民の自由に表明せる意志に従い、平和的傾向を有し、且つ責任ある政府が樹立せらるる時は、連合軍の占領軍は直に日本国より撤収せらるべし。（第一二項）

連合国軍の日本占領統治は、最高司令官マッカーサー元帥によって統一・実行された。戦犯とは何か、平和に対する罪、人道に対する罪を決めて、裁判を行わせた。

マッカーサーの立法権限は、モスクワ外相会議において、ポツダム宣言の各条項に従い日本占領の目的を達成するために、連合国から委譲されたものであった。法廷の場所は、日本陸軍の本拠だった市ヶ谷台上の旧陸軍省内の大会議室を改造して、裁判官の背後には鎗の柄《ますがた》の先に飾られた十一本の連合軍の旗を立て、ラジオや撮影設備は、ハリウッドのスタジオ以上の照明のもとに、一九四六（昭和二十一）年四月二十九日（天長節、天皇誕生日）に起訴状を配布することによって、本件審理を開始した。ピストルを持ったMPが監視していた。

キーナン首席検事の論法

一九〇四（明治三十七）年、日本は通知も警告もなしに旅順口のロシア艦隊を攻撃して、日露戦争の端緒を開いた。世界はこれを憎み、これに備えて膨大な軍備をしなければならなかった。

一九〇七（明治四十）年、第二回ハーグ条約を、日本を含め締結した。その第一条に、「事前の通告なくしてその相互間に戦争を開始すべからざることを承認す」と規定されている。日本はこれを破って、一九三一（昭和六）年九月十八日に満州を攻撃し、一九三七（昭和十二）年十二月十二日には南京に対して、一九四一（昭和十六）年十二月七日および八日、真珠湾、マニラ、香港に対して攻撃を加えた。

日本の過去十七カ年の行動は、一貫した共同謀議に基づく侵略戦争であるとし、戦勝国たる連合国は、軍事裁判として東京裁判を行い、侵略責任を敗戦国民たる被告たちに押しつけた。検察側は戦争と殺人罪、侵略戦争に基づく殺戮の責任を追及した。

キーナン首席検事は、日本は無条件降伏したのだから、連合国最高司令官の命令には絶対に服従すべきであると主張した。本裁判所の意見も、日本が一九四一（昭和四十六）年十二月七日に開始したイギリス、アメリカおよびオランダに対する攻撃は侵略戦争であった。「侵略戦争」の完全な定義を述べることはむずかしいものであるにせよ、右の動機で行われた攻撃は、侵略戦争と名づけないわけにはいかないとした。

ドイツは最後まで抵抗して、ヒトラーは戦死し、ゲーリングも戦列を離れ、ついに崩壊して文字通り無条件降伏したが、わが国は、連合国が日本本土に上陸する前に発せられたポツダム宣言を受諾した。わが国は、一つの条件つき申し込みを受諾したのである。

宣言受諾を決定した当時の鈴木貫太郎内閣においても、戦争犯罪人の処罰は世界共通の慣例によるものと信じていたが、連合国は、戦争犯罪人を処分するのに最も厳粛なる裁判を行うべきことを決議し、これを世界に表明した。

戦争は犯罪行為である。人道に対する罪である。ウェッブ裁判長は、日本が侵略戦争を行ったということを大前提として証拠固めをすることがその使命であり、自分の義務とした。本裁判では、日本は侵略戦争を行い無条件降伏をしたと断定し、これを前提として審理が進められた。三年近くの裁判であった。ウェッブ裁判長は、最後まで天皇の有罪を主張した。天皇は第一級戦犯に列せられるべきであるとし、天皇の戦争責任を考えていたようである。

広島と長崎に落とされた原爆が戦争を終わらせたとも言える。私たちは、二度と戦争をしてはならないと軍国主義を反省したが、原爆投下の説明は、「もしもこれを投下しなかったならば、さらに幾千人かの白人の兵隊が犠牲にならなければならなかったろう」というものであった。しかし、無警告使用のアメリカの原爆投下は、無差別大量殺人であり文明の冒瀆でもあろう。最も残虐なる大量殺人であり、人道上許すべからざるものである。

判決は七人の死刑に終わり、誰一人の無罪を出さない裁判であった。
（一）松井支那派遣軍総司令官（南京残虐行為の責任者）
（二）木村方面軍司令官（泰緬鉄道の残虐行為の責任者）
（三）板垣司令官（シンガポール残虐行為の責任者）
（四）武藤参謀長（パターン死の行進の責任者）
（五）東条大将（真珠湾攻撃の責任者）
（六）土肥原大将（満州、中国の策動者）
（七）広田弘毅文官代表（非軍人）（ソ連・中国に対し強硬政策を持し、陸海空軍大臣の現役を復活させ、国家総動員法を制定、対支三原則を確立した、南京事件当時の外務大臣）

ウェッブ裁判長は天皇の免罪について「戦争を停止するために、彼は揺るがぬその大権を主張し、遂に日本を救った」と語っている。「もはや一刻の猶予も相ならぬ。無条件降伏でも何でもやむをえない。すぐに終戦して国民を救うように」と政府を説いて、ポツダム宣言を受諾せしめ、「非戦の大詔」を渙発せられたとする。

鈴木終戦内閣が、ポツダム宣言受諾に際してつけんとした唯一の条件は、天皇制存続の問題であった。が、天皇統治制の存置は認められず、天皇の統治権は否定・廃止され、天皇主権制も廃止され、「日本国憲法」は国民主権制に変革され、君主国日本は民主国日本、つまり議会制民主主義国家となったのである。

天皇の戦争責任

終戦後の占領統治においてアメリカ統合参謀本部は一貫して天皇制護持の方針を堅持した。

一九四五（昭和二十）年十一月三日のアメリカ本国からマッカーサー元帥に対する「日本占領及び管理の為の降伏後における初期の基本的指令」では「天皇を排除したり排除するようないかなる処置をもとってはならない」と厳重な指令を発し、さらに一九四六年一月、統合参謀本部は、極東国際軍事裁判所設置の指令の中でマッカーサー元帥に対し「天皇を戦犯として起訴せぬように」と指令している。

極東委員会もその政策方針を承認し、四月二十三日、マッカーサー元帥宛に天皇の取り扱いについて、「天皇に対し、戦犯としていかなる処置もとってはならぬ」と指令している。

見解の基礎は、天皇の地位は単なる権力者の関係を超越した民族的・伝統的信頼関係であり、日本を占領統治するには天皇の勢力を利用するのが最も賢明であり、天皇制そのものが侵略的ではなく、日本の民主化にも不可欠の要素であることを認識した結果であった。

したがってマッカーサー元帥は天皇を「戦犯」「証人」「参考人」とせず、退位を促すようなことは一切せぬよう細心の注意を払ったといえる。

連合国検事中にも、中国代表の向哲濬検事やソ連代表のゴルンスキー検事等がしばしば天皇の起訴を提案したが、キーナン首席検事は裁判にかける正当な理由がないと葬り去った。

一九四八（昭和二十三）年十一月、東京裁判の判決が下された時、ニューヨーク・タイムズは「東京裁判の被告席には一人の顕著な欠席者がいた。それはまさしく天皇である。」と論評した。

ソ連は一九五〇(昭和二十五)年二月一日、アメリカ、イギリス、中国の三国政府に対し「天皇は細菌戦の主犯であるから、特別国際軍事法廷を組織して裁判すべきである。」との覚書を送り、特別裁判の即時開始を強調した。

東京裁判の中国代表判事の梅汝敖氏も「新しい事実と証拠が出ればいつでも裁判にかけるべき。」とソ連の提案の正当性を認める声明をした。このソ連提案は当時かなり反響を呼んだが、アメリカ国防省は、三月、アメリカとしては「真面目に取り上げる意思はない」と黙殺、イギリス政府も同調し、この問題はそのまま立ち消えとなった。

マッカーサー元帥と天皇の最初の会見

一九四五(昭和二十)年九月二十七日、マッカーサー元帥と天皇の最初の会見が行われた。マッカーサー元帥は、訪問の天皇裕仁陛下を出迎えもせず、握手を求められてもこれに応ぜず、最高司令官としての威容を示した。

陛下は、「自分は今回の戦争に関して重大なる責任を感じている。戦犯として極刑に処せられることも覚悟している。占領統治の妨げになるならいつ退位してもよろしい。皇室財産は、司令部の処置にお任せする。自分の一身や皇室はどうなってもよいから、どうか国民をこのうえ苦しませないでもらいたい。」と静かに申し述べられた。通訳が終わると、椅子にふんぞりかえり両手を頭の後ろに組んで聞いていたマッカーサー元帥は、両手を下げ粛然と姿勢を正した。命を乞い、自分の生命、財産、地位の安全を哀願されるであろうと予測していたのであろうか。マッカーサー元帥は、意外な陛下の態度に感激し、好意を寄せるようになる。帰りには玄関まで見送ったと言う。

第二回訪問の際には「陛下は戦争の責任者ではなく戦争の被害者である。陛下の地位についてはご心配なきように。」との好意ある挨拶があったらしく、マッカーサー元帥は一層陛下の人格を信頼するようになっていた。

一九四八(昭和二十三)年十二月二十四日、A級戦犯死刑執行の翌日、朝日新聞は、陛下は「国民を今日の災いに追い込んだことは申し訳なく思っている。退くことも責任を果たす一つの方法と思うが、むしろ留位して国民と慰め合い励ましあって日本再建のため尽くすことが先祖に対し国民に対し、また、ポツダム宣言の趣旨に沿う所以だと思う。」と述べられたとの記事を掲載している。

終戦の八月十四日の御前会議にて陛下は「これから先日本は、再び起き上がっていかねばならない。大変むずかしいことであって、時も長くかかることであろう。しかし皆が一軒の家の者のような心持になって努力するならできなくはない。自分も国民と一緒に努力するつもりである。」「朕は常に爾等臣民と共にあり」と詔書に示されたという。

占領軍の指示で、憲法改正名義で天皇統治制が廃止され、国民主権制に切り替わった。

「神州の不滅を信じ」「国体を護持し」「堪え難きを堪え　忍び難きを忍び」「万世の為に太平を開

かんと欲す」など、終戦の陛下の大詔にて、結果天皇の統治権は終わり、神として崇敬された天皇は人間天皇となり、新憲法では日本国の象徴となったのであった。

国破れたり

広島、長崎への原爆投下により大東亜戦争も終焉となり、日本は無条件降伏となる。

国破れて　山河あり（国家は滅びて、もとの姿はないが、山河だけはもとのまま存在する）

という杜甫の春望の感慨とは異なり、東京を始めとした大都会は空爆により焼け野原となり、広島、長崎はさらにひどく、原爆は人間まで溶かしてしまい、街は完全なる廃墟となった。「国破れて　廃墟あり」そこからの戦後復興になった。

日本の近代・現代史において国は二つの誤謬を起こし、舵取りを間違えた。

その一つは明治初年の廃仏毀釈である。仏法を廃し、釈尊の教えを棄却した。一八六八（慶応四）年「神仏分離令」が出され、寺院、仏具、経文等の破壊運動が起こり、わが国固有の民族信仰としての神道（自然の理法、神の働き）、すなわち祖先、神への尊崇を中心とした神道、神社神道が敗戦まで政府の大きな保護を受けた。国学者の意見が神道推進に影響を与えたのである。

一九四五（昭和二十）年十二月、ＧＨＱが日本政府に発した「国家神道の廃止」と「政教分離の徹底的な実施」を命じた「神道指令」によって、国家神道は禁止となり、政教分離となったが、わが国は皇国、天皇が統治する国、すめらみくにの思想が支配していた。すめらみこと（皇尊・天皇）はすめみま（皇孫・天孫）、天照大神の孫、子孫である。

神は人間を超越した威力を持つ存在であり、「神の国なる我が国ぞかし」の神の国として神の加護があるわが国であるから、戦争に敗けることはないと信じられていた。

歴代の天皇は、神の世継ぎであり、神道は神の教え伝えた道、神の命であり、明治憲法では、天皇は日本帝国の元首に祀りあげられた。天皇が君主として存在する統治体制、天皇制は神聖不可侵の天皇が統治権を総攬し、天皇に直属する文武の官僚が、その権力を行使する絶対主義的政治機構であった。

大日本帝国憲法では、天皇を統治および倫理の中心とする政治社会体制の法的確立を得て、国家の統治権は天皇にあるという明治憲法の解釈であった。それに対し美濃部達吉らは、天皇は法人としての国家の最高機関で、統治権は国家にあるという天皇機関説を唱えるが、国体に反する学説とされた。

仏教導入に貢献した聖徳太子、光明皇后とともに仏教を信じ、全国に国分寺、国分尼寺、奈良の東大寺を建て大仏を安置し、仏教興隆に貢献した聖武天皇（七二四年即位、在位二十五年）のように、皇室が仏教信仰に生きた時代は、神の存在を否定する仏教なので一般大衆の幸せに尽力をした皇道として良かったのであろうが、天皇制が神道と結びつき、すめらみことという神として尊敬され、それに軍国主義、すなわち国の政治、経済、法律、教育等の政策組織を戦争のために準備し、軍備力による対外発展を重視し、戦争で国威を高めようと考えるミリタリズム（militarism）、軍国主義者（militarist）が活躍すれば、国体を亡ぼし、国民を殺す戦争肯定論に進むことになることは当然の帰結であろう。

第二次世界大戦という史実において重要なことは、原爆や爆撃によって大勢の尊い命が失われ、国民に多くの犠牲者が出たことであろう。

東条被告は、東京裁判の宣誓供書の末尾に「最後までこの戦争が自衛戦であり国際法には違反せぬ戦争なり」と主張している。

大東亜戦争はアジア民族の解放、民族解放運動であった。

日本の侵略を前提とした起訴には絶対承服することはできぬ。

大東亜戦争は侵略戦争か。否。

天皇に責任ありや。否。

ネール首相は東京裁判にインドの代表判事としてパール博士を送り、「パール判決書」の通り全被告無罪の「日本無罪論（ナット・ギルティ）」を展開した。しかし戦争を回避できなかった史実は、現代史の第二の誤謬であり、そこには大勢の戦争犠牲者が存在していた事実を私たちは忘れてはならないであろう。

第二次大戦の大きな意義は、アメリカが「自由と民主主義」とを極東にもたらしたことであることは知られている。双方に大勢の戦争犠牲者が出て、日本軍人は靖国神社に合祀せられ、榊を供えて不戦の誓いを霊前にせねばならぬ状況にある。

戦後わが国は、経済を柱とし世界第二位の経済大国として復興し、豊かな国家となった。戦後六十六年、現代も様々な課題を抱えつつ平和の大切さ、不戦の誓いを守り、二度と戦争を起こさぬように、第三次世界大戦が起きぬように、日本は国際平和に貢献すべきである。

日本国憲法第九条には「戦争の放棄」が謳われている。言論の自由もあり、様々な議論もある中、日本の国際平和貢献の尊さには異存がないであろう。何が一番尊いか、それはかけがえのない国民の命であり、平和が続く、戦争のない繁栄国家ではなかろうか。

日本人の国際的評価

日本人優秀説

今年、うれしいビッグニュースが世界中に流れ、私たち日本人を輝かせた。オリンピック選手の活躍やフィギュアスケート選手の美しい演技、成績も目を見張るものがあったが、何と、二〇〇八（平成二十）年のノーベル賞に四人の日本人が選ばれ、受賞し、世界に日本の科学水準の高さを示したのだ。一度に四人の受賞は、驚愕すべきことである。

資源の乏しいわが国は、教育立国の必要性が語られ、求められているが、努力する姿や教育の重要性も忘れられ、目先の現象に目を奪われて、真の姿が顧みられなくなりつつある現今の社会風潮に、少々落胆し、失望しかけていた近頃の私たちにとって、権威あるノーベル賞の受賞は、テレビの前で嬉し涙を浮かべて拍手するほどの出来事であった。日本人の誰もが凄いと感激し、久しぶりの明るいニュースに、夢を新たにしたことであろう。

ノーベル賞は、ダイナマイトを発見したスウェーデン人のノーベルの遺志で一九〇一年に創設され、人類の平和、福祉に貢献した人々に与えられる賞で、物理学、化学、医学=生理学、文学、平和、経済学の六部門がある。

一九三五（昭和十）年、湯川秀樹京大教授（一九〇七〜八一）が中間子論を発表し、一九四九年、日本人最初のノーベル物理学賞を受賞した。核兵器反対の平和運動に積極的に関与した、京大の基礎物理学研究所長の湯川博士のことは、皆の記憶に鮮明に残っている。

一九六五（昭和四十）年には、朝永振一郎先生（一九〇六〜七九）が量子力学を研究し、超多時間理論を完成し、ノーベル物理学賞を受賞。一九七三年、江崎玲於奈先生（一九二五〜）が半導体の理論を基にエサキダイオードを開発し、ノーベル物理学賞を受賞。一九八一年には福井謙一京大教授（一九一八〜九八）がフロンティア電子論で注目され、ノーベル化学賞受賞。一九八七年、利根川進先生（一九三九〜）が免疫遺伝学に成果をあげ、ノーベル医学=生理学賞を受賞している。

文学では、一九六八（昭和四十三）年に川端康成氏（一八八九〜一九七二）が、一九九四年に大江健三郎氏（一九三五〜）が、ノーベル文学賞を受賞している。

記憶に新しいところでは、二〇〇二（平成十四）年の小柴昌俊先生、田中耕一氏等、日本人のノーベル賞受賞者は、今回の四人を含め十六人。今回はノーベル物理学賞の南部陽一郎名誉教授、小林誠教授、益川敏英教授、科学賞の下村脩教授が、カール十六世グスタフ・スウェーデン国王から、ノーベル賞のメダルを受け取り、大きな拍手の中、最高の栄誉を称えられた。

日本人劣等論

かつて、国際社会における日本人については、西洋人に比べて劣等であり、レベルが低いと見なす「日本人劣等説」が存在した。明治政府の基本政策は、「文明開化」と「富国強兵」の二つであり、西洋先進諸国の文明を取り入れ、経済的、軍事的な近代国家を、急速に実現することにあった。日本人は西洋人に比べて、知的なレベルが低い。それを向上させるためには、まず漢学を主とする日本の教育制度を、合理化する必要があった。

わが国最初の文部大臣、森有札《ありのり》（一八四七〜八九）は、伊藤博文内閣の文相として、日本語廃止論『英語国語化論』（一八七二年）を唱えた。森は一八六五（慶応元）年、英語留学生に選ばれて以来、主としてアメリカに学び、外交官として滞在中、一八七二（明治五）年「漢学による教育をやめて、英語を国語化する」という日本語廃止論を提案した。相談を受けたアメリカの言語学者ウイリアム・ホイットニーの意見は、ローマ字化には賛成であるが、日本語を廃止して、英語を日本語にすることには反対であった。森はそれにもかかわらず、『日本における教育』をアメリカで出版し、原文にて、「日本語を廃止して、英語を国語にすること」を提言した。

明治以後、私たち日本人は、新しい国家として生まれ変わり、西洋の長所を積極的に取り入れることで、一層変化と発展が促進されると考えた。そこには、日本人の「知的劣等説」が前提になっている。

日本人の劣等感には、西洋崇拝（西洋の優れた文化に憧れた）の傾向があった。西洋人を高く評価し、日本人が西洋先進国の国民に追いつくためには、「知的な交流を心がける必要がある」「西洋諸国に追いつく努力を重ねればよい」「教育によって改善できる」「教育制度の近代化によって実現される」と考えられていた。

「教育は百年の大計」と言われ、明治時代より百年を経て、先駆者たちの教育立国の大計・構想は、いかなる今日の日本を形成したか。今、評価されるところでもあろう。

日本人人種改造論

明治の初め、日本を訪れた西洋人は、知的水準が高いだけでなく、その当時の平均的な日本人より、肉体的な面でもはるかに優れていた。白人エリートの知能と体力に、日本人は圧倒され、国民の肉体的な劣等に関して、「人種改造論」として、西洋人との雑婚をすすめる意見等があった。日本人の人種そのものを、西洋人との「雑婚」によって改良しようとしたのである。

「日本人種は劣等人種であり、優等人種と雑婚すれば好結果をもたらす。西洋人は、身長、体重、頭顱《ろ》、いずれも日本人より優れているので、一国の公のため、一身の私のため、能力遺伝を目的として良縁を求め、雑婚することが、日本人種にとって必要である。結婚しても、それによって愛国心が失われることはない。」と、福沢諭吉（一八三四〜一九〇二）の門弟、実業家の高橋義雄は、一八八四（明治十七）年に『日本人種改良論』を発表し、福沢がその序を書いている。

国粋主義

行き過ぎた西洋崇拝を批判し、日本人の主体的な自覚を高めることを目標とする国粋主義は、日本的な伝統、美意識を強調し、欧米政策に対する批判として、明治二十年代から盛んになった。国家の基礎で弱い箇所を修繕すること、具体的に宗教の問題として捉えたのが、仏教哲学者、井上円了（一八五八〜一九一九）であった。雑誌『日本人』第一号「日本宗教論諸言」にて、「日本人の日本人たるものに、その影響重大なるものは、独り仏教なり。仏教を維持拡張するものは、即ち日本人を日本人たらしめ、日本人をして独立、対抗せしむる要法なり」と論じた。国粋主義の立場から、キリスト教に反対し、仏教の覚醒を促したのである。井上円了は、仏教の哲学的形成を目指して活躍した、代表的仏教哲学者の一人であった。

日本の精神的風土の上に現れた、固有の文化的特質に着目し、「護国愛理」を提唱し、仏法の真理と哲学的真理の合一を求め、日本人としての主体性の回復を目指し、批判精神とともに、国粋保存の主義を主張した。

人誰れか生まれて国家を思わざるものあらんや。
人誰れか学んで真理を愛せざるものあらんや。

「護国愛理」、すなわち西洋哲学における愛知を主張した。日本の精神的風土には日本固有の性質があるので、一国の独立を維持するためには、その国の言語と歴史と宗教とを保護することが肝要であるとした。井上円了の護国観は、富国強兵、殖産興業に賛成するものではなく、また仏教は廃仏毀釈から十数年後のことであったが、政教社の国粋主義運動によって、日本固有の宗教としての位置が与えられたと言われる。[1]

武士道と大和魂

日清戦争（一八九四〜九五年）とその十年後の日露戦争（一九〇四〜〇五年）の勝利は、日本国民に戦勝国の誇りを持たせ、国民性が優秀であることを自覚する、極端な「日本人優秀説」を輩出させた。日清戦争は、朝鮮の支配権を巡る戦争であった。甲午農民戦争（東学党の乱）を契機に、日本の朝鮮政府改革要求が清に拒否されて、八月一日に宣戦布告、大本営を広島に置いた。日本軍は、村田経芳考案の歩兵銃を使用する等、優勢な軍事力で勝利を収めた。戦費約二億円を要したと言われる。

一方の日露戦争は、満州・韓国を巡る、日露両国の戦争である。一九〇四（明治三十七）年二月、日本軍の旅順攻撃に始まり、日本の勝利に終わる。一九〇五年九月のポーツマスの講和会議で、戦争終結となった。

敬神（祖先崇拝）、忠君、愛国が我が国体の精華であり、我が国民が支那を破り、露国を破りしを見て、是れ武道の致す所なり。

国民性を武士道とし、大隅重信は「我が国民性と義士」（『日本及日本人』五二四号、一九一〇年）で、日本国民は、忠孝、節義、勇気、廉潔を尊ぶ特性があり、赤穂浪士の主君、浅野長矩の仇を報いた四十七人の武士の行動が、国民性の卓越する証拠だとした。

日清・日露戦争の勝利を、大和魂、武士道という精神力によると考え、日本人の精神的な優秀性を唱えたのは、宗教学者、加藤玄智『我建国思想の本義』（目黒書店、一九一二年）であった。

中国の唐心（からごころ）と対照に、日本人の性格、特徴として大和魂、大和心がある。武士道は、戦国時代以後も、武士階級の精神的支えとなり、江戸時代には、幕府の政治的支配を精神的に支えてきた。

明治維新により、四民平等となった。明治政府は「富国強兵策」で軍事力を増大する一方、その精神面を強化する意味で、武士道の再評価が試みられた。江戸時代は、武士道の忠誠心が、幕府と藩の両方に向けられたが、明治以後は、軍隊の天皇への忠誠心に一元化する。

大和魂は、天皇に一身を捧げる、民の心である。戦時中は戦意昂揚を目的とし、天皇への忠誠が強調された。武士道は、主君のために死ぬことであった。

武士道論の古典として著名なのは、新渡戸稲造の『武士道（BUSHIDO, The Soul of Japan）』（一八九九年）である。武士道は、武士が守るべき道徳的原理の掟であり、平民はその道徳的水準にまでは達していなかったが、大和魂はついにわが国の民族意識を象徴するまでになった。戦時の天皇は現人神とされ、この神人同一思想に基づく宗教意識が、天皇中心主義の一つの根拠となった。尊皇愛国の精神、皇室崇拝、八紘一宇を称揚したのである。

国家主義

国家の利益を個人の利益に優先させる思想は、明治二十年代に高まり、やがて軍国主義、対外膨張論と結びついて、超国家主義へと発展する。国家として、皇室に対する忠誠心が古代から変わらず、君と国は一つであるという、皇室中心主義へ向かう。一八九〇（明治二十三）年発布の、教育の指導原理を示す「教育勅語」は、元田永孚、井上毅らが原案を起草し、儒教的道徳思想を基礎に、家族国家観に立ち、天皇制の強化を図るべく各学校に配布され、奉読させた。敗戦まで教育の基本理念とされて、暗唱している人たちも大勢いたが、一九四八（昭和二十三）年、国会決議にて失効することになった。

明治時代は、国民精神の基礎を「大和魂」と「忠君愛国」に置いたと言える。一九一二（明治四十五）年七月三十日、明治天皇の崩御により大正時代に入る。大正初期には、第一次世界大戦（一九一一四〜一八年）への参戦がある。帝国主義列強の殖民地獲得を巡る対立による世界戦争は、サラエボにおけるオーストリア皇太子の暗殺が引き金となった。ドイツ、オーストリア等の三国同盟国と、英米仏露等二十七国の連合国との戦争で、日本は、日英同盟を名目に連合軍側に参加し、中国、太平洋のドイツ領を攻撃、パリ講和会議で締結されたヴェルサイユ条約で終結となる。戦勝国の一つとなり、国際的地位が上がることとなった。

大正デモクラシーを背景に「普通選挙法」が公布され（一九二五年五月五日）、五月十二日、社会主義運動を弾圧する「治安維持法」が施行された。

一九一八（大正七）年八月、全国的な米騒動があった。米騒動は、富山県での米価高騰に対する、一漁村の主婦たちの蜂起であり、女一揆、女房一揆と言われた。一道三府三十八県にわたる、米価引き下げを要求する騒動で、参加者約七十万人以上、一部に軍隊も出動し、三カ月後には鎮静したが、寺内正毅内閣は総辞職に追い込まれた。

一九二三（大正十二）年には関東大震災があった。九月一日、マグニチュード七・九、震度七の大地震で、東京、横浜等、大都市に災害をもたらし、東京本所の被服廠跡地で死者四万人、全体の死者十万人、行方不明者四万人以上という大被害を与え、不況は深刻化した。震災手形割引損失補償令、支払猶予令を出し、日銀も特別融資を行い、経済活動の混乱を防いだ。

関東大震災の混乱下に、朝鮮人が暴動を起こしたとの流言が飛びかい、住民で組織する自警団の手で、「朝鮮人狩り」として、関東各地で数千人の朝鮮人と、数百人の中国人が殺害されたことは、よく知られている。残酷な話である。

築地小劇場が一九二四（大正十三）年六月に創設されて、社交ダンスの流行等、自由主義的な思想の反映が見られ、大正の世相は、国際主義の立場からの日本人論、西洋文化礼賛論に反発する、民族主義的な西洋批判論も生まれた。

一九一八（大正七）年、日本は第一次世界大戦戦勝国として終戦を迎え、日本は世界の大国であるという国家意識が高まり、国民としての誇りと同時に、日本人を諸外国と客観的に比較する態度が生まれ、文部省は、進んで敵国人に対し、人道主義、国際主義の立場から臨むよう、「訓令」を学生生徒に出し、「交戦国民に対し、不穏当の言動を敢てし、国民の品格を傷くるが如きことなからしむべし」と、国際主義を奨励している。

昭和に入ると、西洋諸国との文化交流もようやく盛んになり、明治から大正にかけての西洋崇拝論、西洋排斥論、日本人劣等説、日本人優秀説という対立ではなく、客観的な国際比較の立場から、日本文化や、日本人を論ずる傾向が生じた。西洋に見られない独自な日本文化、伝統文化、国民性を取り上げて論じることが試みられた。

哲学者、九鬼周造の『いきの構造』（一九三〇年）、哲学者、和辻哲郎の『風土——人間学的考察』（一九三五年）が、大きな反響を呼んだ。

日本の風土と国民性の特徴を捉えようとしたのは、和辻哲郎の『風土——人間学的考察』である。マルクス主義に対する批判の意味を含んだ、日本人論である。日本民族の特質は風土によって規定され、マルクス主義のような西洋思想を、そのまま受け入れるものではないと考えた。パンやソーセージを食べている西洋のプロレタリアートと、米を主食としている日本の貧しい労働者とは違い、そういう日本人の国民性を考慮せぬ、抽象的なマルクス主義は、そのまま日本には適応できないとした。

夫婦関係、親子関係等で形成される家族という共同体が、国民的性格の特質になり、「家」を発達させ、祖先崇拝、忠孝一致、尊皇心、とりわけこの尊皇心が「明治維新の動力」となったとする。

昭和以前の日本人論は、日本精神、皇道精神と呼ばれる国家主義的なイデオロギー、神道の観念を中心に展開された。日本は「八紘一宇《はっこういちう》」の理念から、世界各国の上に立つ国家とされ、国民は「神国」に属する選ばれた民として、諸外国の国民とは違った存在とされた。「八紘一宇」は日本書紀に基づく話で、八紘とは四方と四隅、一宇は一つの家屋で、「全世界が一家のようであること」を意味する。太平洋戦争時、日本の海外侵略を正当化する標語として用いられた。現状打破と、東亜新秩序建設の精神的支柱として唱導されたスローガンであった。日本の世界政策は、八紘をして一宇たらしめるにある『国体の本義』や『臣民《しんみん》の道』を通じて、国民教化が行われた。

一九三七（昭和十二）年五月、文部省は『国体の本義』を発行。「記紀」を基として、国体の尊厳、君臣の大義を説き、戦時下の国民思想教化の根本テキストとして普及させた。

一九四一（昭和十六）年三月には『臣民の道』を文部省教学局が発行し、古今の古典、勅語等から忠君を説いた箇所を引用し、皇国臣民の道を説いた。臣民とは国民、君主国の臣下、皇族以外の者である。

神国思想は、日本は神が守っているという思想である。すでに『日本書紀』に見えるが、元寇の時、石清水八幡宮や筑前筥崎八幡宮に、亀山上皇の「敵国降伏」の宸筆《しんぴつ》を賜って祈願する等、神仏加護の思想が高まり、「神風」が吹いて元船を覆滅させたと信じる鎌倉後期の神道諸派の成立にも影響を与えた。

第二次大戦末期の神風特攻機（隊）はよく知られているが、命知らず、向こう見ずの戦闘であることは、平和な今日から見れば自ずと理解できよう。

「すめらみこと」である天皇は現人神《あらひとがみ》と呼ばれ、日本人は、この神である天皇に仕える君民一如の日本精神を持っていると、日本ファシズムの理論家は考えた。天はすなわち神、神はすなわち至高の理想、その具現者は皇祖皇宗である。日本は神国であるという日本的自尊と自覚は、日清・日露の両役で、国民意識として喚起された。天皇中心の血族的国家という、神代伝説で明らかにされた国体意識をある面、国民性として持っていたのであろうか。

国家主義は、軍国主義ないし侵略主義に陥ることもあった。政治、経済、教育等の組織を、戦争目的のために整備し、戦争によって国の威力を示そうとする考え方であり、侵略主義は、一方的な武力攻撃、または経済的手段等によって、他国の領土や財物を奪い取る、正当な理由のない行為である。

日本人反省論

教育学者、沢柳政太郎は『戦争と国民の精神』で、戦争は野蛮、悲惨、不経済であり、「驕慢の心」「大国になったという安心」は恐ろしいことと戒める。

「愛国心」は、物質的、拝金的な私欲を離れた精神であり、「日本魂」だけならば「人命を損するのみ」と批判し、日清戦争後の戦勝国家のおごりや戦争成金等、好ましくない風潮を批判・警告し、戒めた。当時の文部省普通学務局長の大胆な発言であり、注目に値する。

敗戦の教訓

一九三九（昭和十四）年から一九四五（昭和二十）年までの間、日本はドイツ、イタリアと枢軸国《すうじく》を築き、連合軍（アメリカ、イギリス、フランス、ソ連、中国等）と戦い、一九四五年八月、日本が最後に降伏して戦争は終わった。日本は、歴史上初めて外国に占領された。マッカーサー元帥が、事実上日本の支配者になり、反抗を許さない占領政策が実施された。

天皇は、神聖にして犯すべからずという現人神の存在より「人間宣言」（一九四六年一月一日）をし、神性を喪失した。占領政策は、天皇を象徴天皇とし、アメリカ風の民主主義によって、戦前の封建文化を否定する政策を推進し、アメリカ文化が広まった。このような社会状況にあって、天皇制を廃止し、大統領を国家元首とする主権在民説や、八重山群島に「八重山共和国」を樹立する運動が起こった（それはわずか八日間で、占領軍下の八重山支庁とされてしまった）。

日本をアメリカの一つの州、日本州にしてしまおうという意見も存在した。

作家、志賀直哉は、国語を日本語からフランス語へ変更しようとする意見を述べた。日本の国語ほど、不完全で不便なものはないので日本語を廃止し、世界中で一番美しいフランス語の採用を提言した。明治初期の森有礼の英語採用論の時代より遥かに大きな転換期、敗戦を機に、未来の日本のために思い切ったことをすべきだと、フランス語採用論を語っているのである。

アメリカ人、ルース・ベネディクトによる日本人論『菊と刀　日本文化の型（The Chrysanthemum and the Sword : Patterns of Japanese Culture）』（一九四六年）は、文化人類学者の著述で、文化とは「生活の様式（ライフスタイル）」であると言う。日本人の生活行動に基づく「日本文化論」である。日本文化を「恥の文化」とし、西洋は「罪の文化」と対比させた。恥の文化は、他人の批評を気にして、他人の判断で自分の方針を定める。外国人の目から見た「日本人論」、罪と恥の文化類型論である。

日本社会の戦後復興は順調に進み、講和条約、日米安保条約の締結によって占領は終結し、やがてテレビ時代を迎えて、日本経済は高度成長の段階に突入する。東京オリンピック、万博が開催され、一九六九（昭和四十四）年にはＧＮＰ世界第二位の経済大国に飛躍する。それは、経済を戦後復興の柱とする、国策の成果でもあった。

一九七〇年代、日本経済の海外進出がますます増大し、外国で暮らす邦人も多くなる。国際化時代の日本人のあり方が論じられた。

アメリカの社会学者エズラ・Ｆ・ヴォーゲルの『ジャパン・アス・ナンバーワン――アメリカへ

の教訓（Japan As Number One：Lessons for America）』（一九七九年）は、日本賛美の書として、「日本はGNPで世界一ではないし、政治、文化の面でも、世界の指導的立場にないが、少ない資源にもかかわらず、世界のどの国よりも、脱工業化社会の基本的問題を巧みに処理してきた。その点で日本は、他の国が学ぶべきものを提供できる立場にある」と、日本を世界一と誉めた。日本の成功の要因を一つだけ挙げると、「集団としての知識の追求」であり、ここに最高の価値を置く。そして日本への警告として、「国際的視野を持つ政治家を育てること」と、日本版への序文で述べている。

『ザ・ジャパニーズ（The Japanese）』（一九七九年）、『ザ・ジャパニーズ・トゥデイ（The Japanese Today：Change and Continuity）』（一九九〇年）の著者、日本学者エドウィン・O・ライシャワーは、日本人自身は、日本を小さな国だと思っているかもしれないとし、人口とGNPの大きさで書き換えた地図で、日本の意外な大きさを示している。個人を犠牲にして集団に重きを置き、雇用は退職年齢まで続くのが普通で、そこに安定感とともに、企業に所属する誇りと忠誠心をもたらしている。人間関係で重要な価値は調和であると日本人を語る[2]。

一九八〇年代に入ると、国際的にも「経済大国」日本の姿が顕著になる。史上空前の貿易黒字により、日米経済摩擦が激化し、日本資本の海外進出が拡大する。

天皇の死があり、昭和天皇の葬儀や生涯についての映像が一日中テレビで放映され、昭和の終焉を迎える。日本経済のバブル景気も崩壊を迎える。日本のアイデンティティーを象徴するものが天皇であったのかと思われた。天皇の崩御とともに、明治三十七年に生まれ、大正、昭和と生きてきた私の父も、恩師たちも亡くなり、新しい平成の時代になった。日本人の多くは生活満足派が増え、ゆとりを求める傾向と脱政治の傾向が広がった。

アメリカの経営学者J・アベグレン（James C. Abegglen）の『日本の経営（The Japanese Factory : Aspects of Social Organization）』（一九五八年）が注目された。日本が経済大国へ向かって進むにつれて、内外で日本的経営を巡る論議が盛んになり、一九八〇年代に入ると、日本人の経済行動について、努力主義（日本人はなぜよく働くか）、日本人の経済行動（いかなる特質を持つか）、能力主義、競争原理等が語られ、アフター5のカラオケによるコミュニケーション等が、日本の特徴としてテレビでよく取り上げられた。

〔注〕

（1）池田英俊、笠原一男『明治の新仏教運動』吉川弘文館、二二七〜二六三頁、一九七六年。

（2）南博『日本人論』岩波書店、二〇〇六年。

戦争責任と平和宣言

明治、大正、昭和、平成の現代に至る歴史の中で、国家、つまり政府権力と組織を持つ政治社会が舵取りを間違えた事例が見られ、愕然とすることがある。その一つは明治初（一八六八）年の「廃仏毀釈」であり、もう一つは国家の戦争突入という「戦争責任」である。この政策の間違いが現代社会の今日にも影響を与えている。

貧困には、世俗的な貧困と霊性的な貧困、すなわち宗教心の貧困があるように思う。戦争は、国を焼野原とし、経済的な貧困を誘発し、廃仏毀釈は宗教的な貧困、心の貧困をもたらし、物質文化偏重の生命軽視の人間を誕生させたのではなかろうか。今日ほど生命が軽く扱われ、殺人事件が毎日話題となる社会に誰がしたのであろうか。原因は何なのであろうか。

歴史は、舵取りを間違えば暗黒の時代へと展開し、精神上、生活上、不安や悲惨な事柄の多い世の中や、道徳の廃れた時代へと向かうであろう。

戦後六十三年を経て、浄土宗（総本山知恩院）は、平成二十（二〇〇八）年十一月十九日、広島市中区の「妙慶院」にて、平和を祈念する法要を営み、近代の戦争に協力したことへの反省と、歴史の検証に取り組む方針を盛り込んだ「平和のアピール」を表明した。いわゆる戦争責任の問題である。

戦時中に、同宗が陸海軍に軍用機を献納、戦争協力した事実は否定できず、被爆地広島で非戦非核武装を誓うとの新聞報道である。第二次世界大戦中に、僧侶らが戦意高揚等に協力し、戦争を肯定したとの反省である。過去、真宗大谷派、本願寺派、曹洞宗、臨済宗妙心寺派等が戦争協力について反省を表明している。戦時中に助力した重責に対する懺悔であり、根本精神であるアヒンサー(不殺生)の実践を喪失し、戦争に加担せざるをえなかった国家全体の誤謬を懺悔し、反省する平和への誓いであろう。このような平和宣言は、二十一世紀の今日、なお重要な意味を持つであろう。

二十世紀は、戦争の時代であり、たびたび悲惨な戦争があった。現代社会という歴史区分は、日本史では太平洋戦争敗戦以降、世界史では一般に第一次世界大戦終結の時代をいうが、太平洋戦争とは、第二次世界大戦(全世界規模の戦争、一九三九〜四五年)のうち、主として太平洋方面における日本とアメリカ、イギリス、オランダ等の連合国軍との戦争を意味する。昭和十六(一九四一)年十二月八日、日本はハワイ真珠湾攻撃によって、アメリカ、イギリス等に宣戦した。最初、日本は優勢であったが、昭和十七(一九四二)年半ば頃から連合軍が反攻に転じ、ミッドウェー、ガダルカナル、サイパン、硫黄島、沖縄本島等において日本軍は致命的打撃を受け、本土空襲、原子爆弾投下、ソ連参戦に及び、昭和二十(一九四五)年八月十五日、連合国のポツダム宣言を受諾し、九月二日、無条件降伏文書の調印がなされたことは皆がよく知るところである。戦争中、日本ではこれを大東亜戦争と称した。

第二次ということは第一次世界大戦（一九一四～一八年）もあり、三国（ドイツ、オーストリア、イタリア）同盟と三国（イギリス、フランス、ロシア）協商との対立を背景に起こった世界的規模の帝国主義戦争であった。日本も三国協商側に立って参戦し、ドイツ領であった南洋諸島、青島を占領している。戦争は無傷の戦いではなく、国家規模による人間同士の殺し合いであり、国民を最も不幸にし、貧困にする悲惨な出来事であることは申すまでもないことである。

廃仏毀釈

日本史は、古代、上代、中世、近世、近代、現代と展開するが、

(一) 国家統制の中心地により、飛鳥時代、奈良時代、平安時代、鎌倉時代、南北朝時代、室町時代、安土桃山時代、江戸時代。

(二) 政権担当者により、藤原時代、源平時代、足利時代、織豊時代、徳川時代。

(三) 政治形態により、氏族制時代、律令制時代、封建制時代、資本主義時代。

(四) 人間社会の発達過程として、奴隷制、封建制、資本制。

という時代区分がある。

近世という時代範疇については、

（一）豊臣氏滅亡、元和元（一六一五）年をもって近世の始めとする。

（二）安土桃山時代、江戸時代を合わせたものを近世とする。

（三）戦国時代、安土桃山時代、江戸時代を含めたものを近世とする。

等の諸説があり、近世の時代の上限は何年で下限は何年というように確定されたものではない。

江戸時代の出発点、終期についても、

（一）豊臣秀吉の死去（六十三歳）した慶長三（一五九八）年からペリー渡来の嘉永六（一八五三）年。

（二）関ヶ原の戦いの行われた慶長五（一六〇〇）年から桜田門外の変の万延元（一八六〇）年。

（三）徳川家康が将軍となり江戸幕府成立の慶長八（一六〇三）年から大政奉還の慶応三（一八六七）年。

（四）豊臣氏滅亡の元和元（一六一五）年から廃藩置県の明治四（一八七一）年。

等、時代の始めと終わりについても諸論諸説がある。(1)

現代社会もそうであるが、前の時代の潮流が相当影響している。

近代仏教、明治仏教史、すなわち、明治元（一八六八）年〜十（一八七七）年に至る約十年は廃仏毀釈の時期と言われている。(2)

飛鳥・奈良・平安・鎌倉・室町・戦国時代を経て江戸時代二六〇年余の長い歳月には、仏教教団の因襲による弊風が極度に達し、僧侶の多くが堕落、安逸（仕事をしないで遊び暮らす、安んじて楽しむ）、破戒（僧侶が守らねばならない決まりを破り、持戒せぬこと）の状態にあり、これが江戸時代末の排仏思想、明治初めの廃仏毀釈の第一の原因となり、第二の原因として徳川末期からの国学、儒学、神道等の攻撃となり、平田系神道の排仏思想が、維新政府の対仏教政策に大きな影響を与えたと考えられる。平田篤胤は、復古神道説を提唱し「純固なりし神ながらの道」（『神道玄妙論』）が、仏儒によって汚されたと仏教、儒教を批判、攻撃した。神の子孫である天皇を崇敬の対象とし、政治的実践思想として勤皇家たちに信奉された。

維新政府の発足に伴い、平田系神道家たちは、その宗教政策の立案者となり、古い神道の真姿を再現しようと神仏習合の破棄を宣言し、慶応四（一八六八）年、神仏分離の政策が開始され、仏像や経巻の破毀・焼却、廃寺、合寺、盂蘭盆会を廃止して神道的祖先祭を制定し、領内の全寺院を廃絶し、僧侶を還俗させたのであった。

この「廃仏毀釈」「神仏分離」政策が、今日の精神的荒廃、心不在社会の形成に大きな影響を与え、豊かさの中に大切なものを忘れた危機的日本社会を形成する誘因ともなっているように思われる。つまり「廃仏毀釈」「神仏分離」は間違いであった。

自由民権運動を経て、明治二十二（一八八九）年、明治憲法により国家体制を確立した。そして、明治天皇（一八五二～一九一二）の在位（一八六七～一九一二年）は、日清、日露の戦争に勝利し、天皇はその最高のシンボルであり続けた。

時代は前後するが、徳川時代は仏教を保護し、戦争もなく、二六〇年余り平和な安定した社会が続いたが、戦争が頻発するその後の日本史、日本社会を見ると、平和が継続した徳川時代は、大きく評価されてよい平和な時代であったとも言える。

飛鳥時代から戦国時代にかけて、そして江戸時代の二六〇年余に及ぶ長い歴史を通して、仏教の保護政策による仏教教団の弊風（悪い習わし・風俗、悪風）は極度に達し、僧侶の多くが堕落、安逸、破戒をむさぼり、「破戒の出家は牛に生まるる（次の世には、破戒僧は牛になる）」などと僧を戒める金言も効力を奏せず、この弊風が廃仏毀釈の第一の原因となったと言われている。

また、徳川末期からの僧侶の弊風、迷信、権勢に対する国学者、儒者、神道学者等からの攻撃が第二の原因となっている。

国学の勃興による、国粋主義的な立場からの仏教攻撃であり、これは仏教そのものの破壊、破仏を狙ったものであった。国学者（学者）による儒教系廃仏論者たちの存在がある。

儒学は孔子の教えに基づく学問であり、「四書五経」を経典とし、仁と礼を中心とした実践的道徳の体現と、治国平天下を目的とする。孔子の死後、孟子や荀子に継承され、漢代には国学となり、中国思想の中心となった。日本でも、江戸時代以降、社会的、政治的に大きな影響を与え、朱子学が、江戸幕府の官許の学になって以降、社会一般に及び盛行した。朝鮮でも儒教は隆盛である。

「仏教は、前時代的、非時代的なり」と、儒学者、国学者、洋学者等の多くが排仏論者となり、これがわが国の思想界全般の動向であった。

儒者によって発展せしめられた排仏論を民衆化せしめたのは平田篤胤である。国学一派の代表である。本居宣長の没後の門下生で、神代文字、日文の存在を主張し、古典研究に専念するとともに、仏教を大いに非難した。それは感情論的なものであった。『古史徴』『古道大意』『出定笑語』を著し、彼の多くの門下が、明治の廃仏毀釈の理論的指導者となったのである。

第三の原因として、朝廷、幕府、諸藩とも国家を危うくする切支丹宗門の伝播を防御する政策を江戸幕府は施し、仏教諸宗を優遇し、僧侶の権勢は地方の人々の上に位置する御用役人（時の権力、朝廷、政府におもねりへつらう役人）たる観を呈したほどであった。

それが「尊王攘夷（天皇の尊崇と、排外思想）」となり、王政維新となり、維新政治改革となった。その枢機に参画したのが国学者、儒者、神道家であり、祭政一致の見地から、神社と仏閣は混淆しているとされ、本地垂迹説[3]、両部神道[4]、山王一実神道[5]の教理は空虚妄説との認識となり、神仏判然の制裁となった。さらに、神社を支配してきた社僧を退けて寺院を廃合し、僧侶を還俗せしめ、仏教の教義により宣説奉行してきた諸神諸仏の祭祀式典を、潔く僧侶の手から神祇官の手に収める政策が行われた。そして仏像、仏具をも破毀したのであった。

復古神道派は、江戸中・後期の国学者たちの唱えた神道であり、国学者、加茂真淵や本居宣長によって、古道の闡明とそれへの復帰が唱えられ、平田篤胤により宗教的に信奉され、大きな影響力を持つに至ったが、時至れりとなし、仏像、仏具、経巻の類を取り出し破毀し、焼却し、伊勢、鹿島神領内、隠岐、鹿児島藩領内では完全に廃仏毀釈が実行された。国家権力による仏教弾圧であった。

情けないことに、信仰心が薄く外形僧侶であった人々は、排仏毀釈の処置に従い、仏教関係から離脱し、自由な世俗の生活を営もうとした者も少なくなかった。国策に協力し、排仏を推進した僧侶もいた。僧侶とは何ぞやと、改めて考えさせられる。

明治二（一八六九）年四月、官制を改め、太政官に民部、大蔵、兵部、官内、外務の六省を置き、神祇官をもって太政官の上に置き、寺院僧侶の特権は廃せられ、寺領をも没収された。仏教各宗僧侶は、民部省の寺院寮所轄となった。

同年九月、宣教師を置いて惟神《かんながら》の道をもって天下に布教することとなった。明治四年五月、京都の皇宮中に安置せる仏像、仏具の類はすべて他へ移し、葬礼も神祇祭祀の形式に改めた。仏式の中陰、四十九日の仏事も、十日祭、二十日祭、五十日祭と、神道方式の儀に定められたのである。

〔注〕

（1）蔵並省自（編）『近世日本の展開』八千代出版、一～一一頁、一九七七年。

（2）土屋詮教『明治仏教史』東京帝大仏教青年会（編）、三頁、一九三九年。

（3）ブッダ、本地が衆生を救済するために、また諸仏として姿を顕す仏菩薩が衆生を救済するために、仮に神の姿になって現れるという説。

（4）両部とは、密教の金剛界、胎蔵界であり、それぞれ智と理を指し、外官と内官をあてる。神宮関係の密教寺院において信仰され発展した。鎌倉時代に成立した、真言密教と結合した習合思想。

（5）江戸時代には山王一実神道と称し、天台宗教と習合した思想。

三宝滅尽の時——法城を護る人たち

人には譲ることのできない真髄があろう。それがために生き、それがために死することができる真理がありはせぬか。長いものには巻かれろ（自分より強いもの、大きいものには逆らわず、従ったほうがよい）、流れには逆らわず、流されたほうがよいのであろうか。魂は不要なのであろうか。

神仏判然が政府の方針になり、廃仏毀釈が行われ、それに対する抗議、反抗として、明治四（一八七二）年春、三河大浜に起こった一向一揆は、廃仏毀釈に対する抗争にほかならなかったことはすでに述べたが、宗祖に対する尊崇心の熱烈なこと、その信仰心が反抗（明治元年の三河の一向一揆）となったのである。もともとこの地は信仰心が厚く、家康も三河の一向一揆には手を焼いて、鎮圧に苦労している。結果、仏教保護政策を打ち出した家康は、よく知るところである。

廃仏の急先鋒は、長野県松本であった。明治四年から廃仏の実行に着手している。廃寺帰農の説得も行っている。

曹洞宗霊松寺、安達達淳、大澤寺、快龍（大町村）は、役人に対し大いに語り、閉口させた。

松本の真宗、正行寺、佐々木了綱は、廃仏毀釈、廃寺帰農に反抗して、末寺、宝栄寺の諸寺と協力し、京都本山や浅草の別院輪番の手により、東京府（都）を経て、中央政府に反対運動を続け、廃寺の厄を免れ、藩の取り調べに対して、本山の命令なき以上藩令に従うことはできぬと、身命を賭して抗議した。前後二カ年、十八回ほど藩に出頭して節操を守り通し、ついに寺運を全うし、真宗両派の寺院は、唯、一カ寺を除くほかは、廃仏毀釈による廃寺には至らなかった。この精神は称賛に値する。大切な寺、法城を、命がけで護り通したのである。

信州の時の藩知事、戸田光則は朱子学を奉じ、水戸学を尊崇していた。自ら菩提所、全久院、前山寺の両寺院を廃毀し、範を領内に示し、明治二（一八六九）年七月には祈願所、弥勒院を廃して、その住僧を五社神社の神官とした。藩知事は、旧藩主をそのまま任命した旧藩領の支配官で、藩名をつけて藩知事と言った。(1)

明治三（一八七〇）年八月、藩士（家老、用人、番人より徒士、足軽に至るまで）、町方も残らず神葬祭に改めさせた。士族には新墓地を与え、寺院墓地埋葬を禁じた。村役人に命じて全村民を集め、廃仏の必要性を説き、離檀させ、廃寺を推進した。僧侶には還俗帰農願書の強要を行った。

この戸田領内浄土宗三十カ寺中二十七カ寺、曹洞宗四十カ寺中三十一カ寺、真言宗十カ寺、日蓮宗四カ寺が全廃させられ、真宗は八カ寺のうち一カ寺のみ廃寺させられた。廃寺に伴って、仏具類は火中に投じられ、行方不明になった仏具もあり、寺院の庭にあった石塔類の破壊も盛んに行われた。

明治四（一八七一）年七月、廃藩置県の令が出て、十一月十六日、松本県が廃止せられ、藩主は東京に出たので、廃仏の法難は中止された。国の政策とはいえ、寺を大切にせぬ仏心なき藩知事、戸田光則の仕業は許しがたいものがあろう。

伊勢山田、伊勢の宮川と五十鈴川の間にある神領地域を川内と言うが、浄土宗、真宗、天台、禅の寺院がおよそ百十カ寺あった。度会府《わたらえふ》知事、橋本実梁は、川内神領寺において「一切仏葬を禁止し、神葬をすべし」との令を発令し、各寺住職を呼び出し、「仏葬を禁止した。最早各寺とも維持できぬため、檀家総代と連署のうえ、廃寺願いを差し出し、僧侶は還俗すべきである。廃寺願いを提出し還俗すれば、士族の身分を与え、寺所属の堂塔等の建物は皆、住僧の所持とすることを認める。近々廃寺の令出た時には、総ての建築器物等を官にて没収する。」と申し渡した。

住職たちはどのようにこの廃仏毀釈に抗議したのであろうか。

寺側は四月二十日、山田の浄土宗の寺院より、本山知恩院に廃仏の厳制についての嘆願をしたが、その効力もなく、各宗僧侶の多くは廃寺の願いを差し出した。種々の理由で十数カ寺は残存した。

明治二（一八六九）年二月、「天皇が行幸参拝されるについて、神領中参道に面する仏閣仏像等、悉く取り払うこと。今後、宇治山田町家に於いて、仏書、仏具等商売することを禁ずる。」との度会府より達しがあった。

寂照寺は寺の財産を有するため、廃寺願いを出さずにいた。大道に面していたので十日以内に本堂、鐘楼堂、経蔵、寺門等、皆取り壊す様厳令されたが、本山知恩院に嘆願した。門主より朝廷へお伺いを立てると、朝廷では、廃寺廃仏の趣旨ではないとのことで、それを府知事に上申したので、寺門の前を板囲いとし、取り壊しの厄を免れた。

しかしながら、この地方での廃寺の数は、浄土宗七十九カ寺、曹洞、臨済合わせて六十余カ寺に及んだ。この地方には真宗寺院および日蓮宗の寺はなかった。

さて、土佐の寺院については、檀信徒の維持によるものは少なく、大寺の造営は藩の手により、寺領地は皆藩より与えられたものであった。

明治四（一八七一）年、幕藩体制の旧態を解体し全国を政府の直轄地とする改革が行われた。すでに明治二十年、三府四十三県となったが、廃藩になり寺領造営は廃止されたため、寺院の維持に窮した。そのうえ社寺係、北川茂長等が、熱心に神仏分離を励行し、祖先の仏式葬儀を神式に改めさせた。士民たちは神道に帰するものが多く、僧侶も神職に復飾するものが多かった。

明治以来政府は、神社神道（神社に対する信仰）を宗教として扱わず、国家神道として特別に保護し、天皇崇拝、国家思想統一に利用し、明治政府は、全国の神社を神祇行政下に置き、官社、諸社の神格を定め、祭式を統一した。

官弊社、国弊社は、明治四（一八七一）年成立の神社制度で、神社を官社、諸社の二大別にし、官弊社は、神祇省（後の官内省）から供物を捧げられる格式を持ち、国弊社（国司が幣を奉る神社）はそれに次ぐ社格を持ち、社格制度に基づくものであった。

神道は、仏教思想ほどの思想大系を持たず、哲学も持っていない。社《やしろ》は自然神（海、山、日、月、風、雨等、自然現象に宿るとされる神々）、氏神は各氏の間に伝えられた祖先神や氏を守るとされた守護神である。

伊勢神宮は、天照大神《あまてらすおおみかみ》を祀る。皇大神宮（内宮）にある。高天原《たかまがはら》の主神で、太陽神と考えられ、皇室の祖神である。一方穀物神、豊受大神を祀る豊受大神宮（外宮）があり、これは神明造りである。出雲系神話には、大国主神《おおくにぬしの》が天孫降臨以前、日本の国を支配したとし、大社造りがある。住寺神社は航海守護神で、住吉造りである。

このような神仏混合から、廃仏と神仏分離、仏教遭難史が展開されるのである。

土佐においては、独り真宗寺院のみ依然として継承され、他宗より真宗に転宗してくる状態であった。しかしながら明治四（一八七一）年、寺院数六一五、うち曹洞宗九十八カ寺を始めとし、四三九カ寺は廃寺となった。これが廃仏毀釈政策、仏教弾圧の実情である。

薩摩藩は、慶応元（一八六五）年頃より既に廃寺の具体案がつくられ、「今の時勢に寺院僧侶は不用のものである。それぞれお国のため、若きは兵役に。老いたる人は教員に用うるべし。寺院の禄高は軍用に充て、仏具は式器に用うるべし。」と幕末の政治家、島津久光（一八一七〜八七）にこれを建白し、ただちに採用せられ、廃寺に関する調査係が命じられた。

大乗院始め大小院、総数一、〇六六カ寺、僧侶二、九六四人、このうち十八歳以上四十歳までの者は、兵役に役立つ者、学識あり教員に活用できる者、老年者にして扶助料を与えねばならぬ者、農工商等好むところに任命できる者の、四種に分ける調査結果であった。

明治維新、神仏分離令が出ると、明治二（一八六九）年三月、島津忠義(2)（一八四〇〜九七）は、照子夫人の逝去に際し、二十五日、知政所の名をもって「一般に神葬祭を以て行うべきこと」を令達し、六月には「中陰盂蘭盆会を廃し、祖先の祭は、中春、中冬に行うべき事」を神社奉行に申し渡し、同年十一月、廃仏の令を発布した。

この結果、歴代藩主の廟号も神号に改め、寺地内にある藩の墓地も寺号を地名に改め、寺地は廃せられ、僧侶は還俗を命じられた。仏像・経巻一切の仏具は、藩吏監視の下に焼却せられ、石仏も壊され、河川の水よけ等に用いられたという状況であった。

美濃では如何であったか。苗木においても廃仏は徹底され、藩知事遠山友祥（友禄）は、自ら率先して村々を巡り、排仏帰神を励まし、大小寺院堂宇を壊し、藩よりは、仏具の所有を禁じ、所有者は罪科をというお達しにより、寺・檀信徒の有す仏具は焼却破毀し、その影を止めなかった。

遠山家の菩提寺、臨済宗、雲林寺の末寺十二カ所等、他宗を含め十七カ寺すべてが廃寺となり、住僧は還俗した。独り雲林寺の剛宗和尚のみ還俗せず、国主の多年の恩を報ずるため、遠山家歴代の位牌仏具をもらい受け、末寺下野の法界寺へ退去した。

隠岐では、慶応四（一八六八）年六月、皇漢の学を修めた中沼了三等の急進党が、因循派（寺院僧侶およびその信徒たち）に全勝した際、仏教排撃を実行し、全島、仏教の堂舎、仏像等を破壊し、島民各戸も皆仏像等を破壊した。

明治二（一八六九）年三月以降、真木直人等が主となり数カ月間にて島の四十六カ寺をことごとく廃滅し、神社に安置されていた仏像、仏具も皆取り出して破壊し、松浦荷前《のさき》吉田倭麿は、神社改めを断行した。明治四（一八七一）年正月、島民はまったく仏教を捨て神道に帰し、血判状を提出した。還俗せざる僧侶は島外に追放した。

富山藩では如何であったか。一派一寺の令を出し、藩の大参事、林太仲が一派一寺以外の寺は、明治三（一八七〇）年十月二十七日づけをもって合寺の令を発し、ことごとく廃合した。都市の寺院はすべて一派一寺に改正すべきであり、違背に及ばば厳科に処すべしと令達した。お達しとともに兵を要所に置き、檀徒と各宗本山の連絡を絶つこと、抵抗する者があれば打ち殺す勢いで市内に大砲を置き、昼夜巡回した。この戒厳令下、恐れて人々には抵抗する者はなかった。

明治三年十月二十八日、法華宗大法寺より合寺は迅速に行われ、金仏梵鐘等は、藩より人夫を遣わして没収し、鉄砲製造の材料に供せんとした。藩内の浄土宗十七カ寺、天台二カ寺、真言四十二カ寺、臨済二十二カ寺、曹洞二百カ寺、真宗一、三二〇カ寺、日蓮宗三二〇カ寺、合計一、九二三カ寺を七カ寺に合併しようとした。

最大寺院数一、三二〇カ寺の真宗寺院は、信者も多く、妻子を有するにより、一カ寺に合併することは不可能な状況にあった。

明治三年、真宗恵林寺、渡辺法秀住職は、東京に出て合寺令の苛酷さを政府に陳情、本派から佐田介石、大谷派からは松本白華を派遣して、処置の不条理を陳情、さらには、各宗本山も続々訴えを行った。

明治四（一八七一）年五月、太政官より富山藩に対し、合併の不都合なる声もあり、穏当の処置をするように沙汰が下った。藩では、一向宗僧侶は家族もあるが、他の宗派はそのままでどうかとの伺いが出たが、ちょうど廃藩置県に差しかかり、明治五（一八七二）年七月、各宗代表者が連盟にて、教部省宛に「富山廃寺院旧地回復寺名相続」を願い出た。

それに対し十月二十七日、檀家七十戸以上の寺院に限り合寺を解き、明治九年二月、他の寺院も同じく合寺が解かれ、漸次復興するに至る（『明如上人博』に詳述してある）。

社会に根強い信仰心、基盤を持つ富山ならではの復興であり、身命を賭しても譲れぬ法城を護り得た勝利とも言えよう。

佐渡では、判事奥平謙甫の令で、真宗以外の寺は明治元（一八六八）年十一月二十一日より十二月十日までに、子孫のある真宗寺院は十二月二十日までという期限を設けて、五三九カ寺（真言宗三十六カ寺、天台宗十五カ寺、浄土宗三十八カ寺、禅宗六十五カ寺、浄土真宗四十八カ寺、臨済宗十四カ寺、日蓮宗五十三カ寺等）の寺院を八十カ寺に合寺した（『佐渡廃寺始末』〈すみれ草〉）。

明治二（一八六九）年二月中旬から、各宗の僧侶は続々帰農の願いを出したが、真宗の僧侶は一人も帰俗者がいなかった。根本には、篤信の門徒にあろう。奥平謙甫が佐渡出張の任が解かれ、九月、新五郎が佐渡藩知事に赴任し、多少緩和され、八十カ寺を一三五カ寺の再興との申渡しがあった。明治十一（一八七八）年十月二十日、真言宗十二カ寺再興。明治十二（一八七九）年八月、住職名称の了解が出て、明治十五（一八八二）年頃までには漸次復旧するに至った。

讃岐多度津藩は如何であったか。一宗一寺の断行を行おうと、明治三（一八七〇）年十月二十八日、民生局の名にて、官内の寺院は一宗一寺に縮合を申しつけ、良策があれば申し出るように令達したが、各宗寺院名で延期を嘆願し、各村の百姓より、在来の通りにしてほしいとの願いが出た。領民はほとんど蜂起せんとし、寺院も連日、協議会を開き、「反抗」の態度に出た。西覚寺覚栄、光賢寺幽玄の二人は、覚悟を持って藩に強訴したので、結果、合寺案を撤去することとなった。

奈良においては、奈良興福寺の一乗院、大乗院が春日社の神司となり、しばらく主なき状態となった。その間、経巻、仏器、多くの什宝は、隠匿、売却せられ、散々の状態であった。

高野山では、金剛峰寺を県当局から県社弘法神社としての手続きをとるように内示があったが、一山協議の末、時の長老海充は「自分は今日まで大師の道に従って貫いてきたのだから、このまま死する覚悟である」と主張し、一山を護持した。

このような寺院護持の不退転位の精神により、廃仏毀釈は漸次緩和せらるるに至るのである。

〔注〕

（1）十一世紀南宋の朱熹《しゅき》が大成した儒学の一派。格物致知、運気二元論を説き、身分秩序を重視した。日本には鎌倉時代に伝来、五山僧に普及し、林羅山の幕府登用により、体制維持のための御用学問となった。

（2）江戸末期の薩摩藩主、久光の子。王政復古に尽力、明治二年、長州・土佐・肥前藩とともに版籍奉還を奏請、貴族院議員、公爵。

明治時代の仏教政策

明治維新（明治時代はいつから始まったのか）の起点については、

（一）天保期（一八三〇〜四〇年代前半）に設定する。

（二）ペリー来航から開港（一八五三〜一八五九年）に設定する。

という二説があり、終了点についても、

（一）廃藩置県（一八七一年）

（二）西南戦争（一八七七年）

（三）秩父事件（一八八四年）

（四）憲法発布（一八八九年）

（五）国会開設（一八八九〜一八九〇年）

等の諸論諸説がある。

元号によれば、明治元（一八六八）年の新政府発足から、明治四十五（一九一二）年の天皇の崩御までの四十四年間を明治時代というが、それは便宜的な呼称である。

明治初期の「廃仏毀釈」は、仏教排斥運動であり、慶応四（一八六八）年三月二十八日の「神仏分離令」、明治新政府の「神仏分離策」発布により、全国で仏寺、仏像、経巻等が破壊された。

廃仏論（仏教排斥の思想運動）は、中国北魏の太武帝、北周の高祖武帝、唐の武宗、後周の世宗による三武一宗の法難があり、わが国では、明治維新の際の廃仏毀釈が廃仏論に当たる。

三武一宗の法難により、仏教教団はしばしば廃滅するような大弾圧を蒙った痛ましい経験をしている。中国においては前後四回の破仏が行われたが、北魏の太武帝の破仏が第一回目に当たる。

北魏は建国後、仏教に保護を加えた。北魏において、仏教は空前の繁栄を見るに至り、教団の勢力が強大になるにつれて、種々の弊害や腐敗・堕落も生じ、ことに僧尼の増加や、非常に多くの堂塔伽藍の造営によって、国家経済が著しく疲弊したので、仏教の繁栄を憎む道士（道教を修する人）、寇謙元と、帝の深い信頼を得ていた宰相、雀浩等の陰謀によって、世祖、太武帝は、太平真君七（四四六）年、仏教廃毀の詔を下した。

それから約一三〇年後、北周の武帝も破仏を行った。その原因は大体北魏の破仏と同様であった。武帝の破仏は、儒、仏、道の三教の優劣の問題が真剣に討論され、武帝としては仏教のみを廃毀しようとしたが、仏教側の反論に抗することができず、道仏二教を廃毀せざるをえなかった。

破仏、仏教弾圧は、後にかえって大規模に復興され、以前にも増して繁栄し、北魏仏教は中国文化史上最大な発展を遂げた。

唐の時代に入ると、道教（老子を教祖とする不老長生、現世利益的、多神教的な民間宗教）が仏教と同じく繁栄し、唐の帝室と同姓であるところから、老子をもって唐室の祖先であると、道教は格別の優遇を受けた。玄宗の時には、まるで国教に近いほど尊崇された。

この道仏二教の間には論争が続き、唐の高祖の時、道教の傅奕が寺塔や僧尼の害を強調して、十一カ条の献言をして以来、道仏二教の間に論難の往復が繰り返された。仏教側も法琳その他が相次いでこれに荷担した。高祖は、武徳二年、道仏二教を問題とし、武宗の時、道教の趙帰真等の献言(意見)が容れられて、遂に破仏が実行されることとなった。第三回目に当たるこの法難は、会昌五(八四三)年のことであった。この法難で中国仏教は、唐代に黄金期を形成したものの多大な打撃を受け、容易にはその痛手を癒すことができなかった。

三武一宗の法難の第四回目の破仏は、後周の世宗、顕徳二(九五五)年に詔を下し、僧尼の私度を禁じ、諸寺の廃寺を命じた。復興の緒についた仏教は、またまたここで致命的な打撃を受けることになった。しかしながら、すでに漢民族の宗教になっていた仏教諸宗が完全に壊滅したわけではなく、五代から宋朝に及んで、仏教は再び復興する。

中国仏教は、知識階級の要請に応え、庶民の仏教として都市や農村にまで普及し、生活の中に仏教の教義や儀式が深く融合し、弥陀、文殊、観音等の信仰が庶民大衆の間に普及し、宗教的満足を与えていた。施療院(無料で病気を治療する所)や宿坊を経営し、直接庶民の利益を計る衆生済度、人々を救う利他行、慈善事業が仏教の活動として評価され、庶民の心に深く浸透していたのである。

さて、わが国の明治政府は「神仏分離令」発布により、

（一）神仏分離を実行し、
（二）国教的な仏教を天皇制の配下に従属させ、
（三）信教の自由の名の下に、教育の場から仏教を完全に追放し、
（四）教団活動そのものが、国民生活の中で大きく後退することを余儀なくされた。

すなわち廃仏毀釈は嵐となって、全国に吹き荒れたのである。

江戸仏教の最も大きな遺産は、寺檀制度である。制度は家そのものに根ざし、その本質的な構造は、家の信仰として今日まで継承されている。一般庶民の生活に浸透し、生活と一体の宗教としての江戸仏教の功績は大きく、評価されてよいであろう。

古代社会の後をうけ、封建制社会より近代化の段階へ歴史は発展するが、日本では鎌倉時代から江戸時代まで、ヨーロッパでは十三世紀までの中世社会を封建社会とし、それは主従関係を中心とした統治制度社会であった。上下関係を重んじ因習を守り、個人の人格、自由を軽んじたとも言えよう。

人間関係に義理、人情を重んじ、人に支配を受け、批判的制度がないのが封建制度の名残であろう。明治維新以降、次第に社会全体が人間性や合理性を重んじるようになり、資本主義の形成、個人の自由・独立・平等が確立され、産業革命以降の資本主義経済、政治は民主主義、文化的には合理主義を特色とする思想が、市民社会を形成し、登場する。

江戸末期、仏教は幕府権力の末端機構を受け持ち、政治に完全に従属していた。幕府が倒れ、明

治新政府の世になり、仏教は自主独立を目指す必要に迫られた。

新時代にいかに仏教を適応させるかと問われた時、国家主義への対応が仏教革新運動となって展開され、仏教思想を近代化するという課題が発生した。新時代の国家主義への仏教の隷属は、明治国家権力の要請であり、それに従ったところに、仏教が近代化社会に生き延びることのできた所以があった。

仏教の本義に基づいて僧風を刷新すること、つまり旧弊(古くからある悪習)一洗、僧弊一洗を行い、その結果、各宗から名僧といわれる仏者を輩出したが、江戸仏教同様、自主性の欠如した明治仏教は、多難な船出となった。

政府の宗教政策は、表向きは「神仏習合の廃止」であったが、実際は、国教的位置にあった江戸時代からの仏教を滅亡させ、神道の国教化政策を推し進め、天皇制を復権し、明治絶対主義政策を確立する企画下に行われた「廃仏毀釈」であった。

神仏の関係は、奈良時代『続日本記』によれば、伊勢大神宮寺が成立していて、神仏習合の気風が存在し、こうした習合思想はその後次第に発展し、体系化され、それを本地垂迹思想と呼んだ。仏教の本迹二門説から出ており、本地すなわち絶対者が迹(相対的形態)を垂れて、人間を済度するということである。

仏教用語がそのまま神仏関係に適用され、本地仏が神を応現し、この垂迹によって人間界を譲渡するという思想を生み、日本的な本地垂迹説が出現する。日本においては長く神仏が併存し、本地垂迹説が一般化してくると、仏教寺院には鎮守の杜が勧請され、宮には神宮寺が建立され、両者は統一された社会勢力を形成していた。その神社付属の神宮寺等を破却し、仏像そのものほか一切の什宝の破壊、焼却等の暴挙となったのが、廃仏毀釈であった。

この排仏に心ある崇仏者たち、激怒した庶民たちは各地で一揆を起こし、流血の惨事を見るに至った。いわゆる明治の一向一揆である。中古より行われていた神仏混淆の習俗を改めようとし、神道をもって国教となすとともに、仏教へ抑圧を加える廃仏毀釈に対する一揆であった。明治四（一八七一）年の春、三河国大浜村に起こった一向一揆は、実はこの廃仏毀釈に対する抗争にほかならなかった。(1)(2)

足利時代の一向一揆においても、徳川家康をしばし危機に陥れたのも、三河の一向宗徒であった。沼津の城主、水野出羽守は、大浜付近の領地を持ち、大浜に陣屋を置いていた。維新後、下総（千葉県）の菊間に所替となったが、大浜には依然として領地を持ち、代官服部に管治させていた。この代官服部は「仏教排斥論者」であって、常に破仏説を唱えていたため、一向宗の僧侶は大いに怒り、多くの人々とともに一揆を起こした。宗教的信仰心に熱狂し、人々は大浜代官所に迫り、その道中、官吏遠藤を殺し、次いで代官服部を殺害しようとしたが、急いで鷲塚村片山宅へ逃れ、辛うじて命だけは助かった破仏論者であった。

明治五（一八七二）年、大教院教部省が設置され、教導職の養成が行われ、教則三条が発布された。これは神道の下に諸宗教を統一しようとする明治政府の政策を実施したものである。

政府は、この「三河の一揆」を重大視し、民部省の判事、渡辺清を派遣し、厳重なる調査をし、東本願寺よりは法主代理人として下門民部を向けて調査した。その調査の結果、人々を動かし治安を乱したという理由で、僧徒の首謀、小川村の冷泉寺住職を死刑に処したのを始めとし、多くの者が処罰を受けるに至った。

〔注〕
(1) 細川亀市『明治初年の一向一揆』維新宗教史研究、播州和同社、四頁、一九二九年。
(2) 土屋詮教『明治仏教史』東京帝大仏教青年会(編)、三頁、一九三九年。

仏教弾圧運動の現代社会への影響

明治維新による日本の近代化は、政体的には王政復古(restoration)の形をとった。つまり武家政治が廃止され、慶応三(一八六七)年十二月九日、王政復古の大号令が発せられた。大号令は摂政関白、幕府、将軍(徳川慶喜)を廃し、朝廷政治に復帰することを宣言し、王政に復し、三職(総裁、議定、参与)を設置し、公議、世論の尊重、旧習の打破、人材登用、物価騰貴防止が盛り込まれた。

明治維新における王政復古は、天皇絶対主義、天皇中心の国家、日本主義を生み出すことになった。強力な国家体制をつくる必要性に迫られていたのであろう。

慶応四年（一八六八）年三月、王政復古、祭政一致の精神に基づいて「神仏分離令」が出され、仏具を神社から取り払い、社僧を還俗させ、神社・寺院の所属をはっきりさせた。この勢いおもむくところが「廃仏毀釈」の運動へ発展し、各地で寺院、仏像、仏具の破壊焼却が行われた。

このような仏教破壊運動に対し、時勢に便乗する者、一揆的反抗にて護法一揆を行う者、仏教の旧弊を反省し、仏教界の覚醒に乗り出す心ある僧侶等、三類型を生み出し、渡辺雲照（真言宗、一八二七〜一九〇九）、福田行誡（浄土宗、一八〇九〜八八）等の心ある僧侶の活躍が力強く感じられた。

政府は神仏分離により国民を神道によって統一しようと明治二（一八六九）年、「宣教使」を設置し、「大教宣布」の詔勅を翌年一月に出すが、神道の民衆教化の限界を知り、明治五（一八七二）年三月「教部省」を設置し、仏教を引き入れ教導職に神官と僧侶を任命し、「敬神愛国」「天理人道」「尊王遵朝」の三条の教則により宣教をさせた。神道を優先させながら、仏教を味方にし、キリスト教の制圧を意図したもので、皇国主義の確立が主眼にあった。

明治新政府は神道を国是として、慶応四（一八六八）年三月、邪宗門、キリシタン禁制の高札を全国に掲げ、浦上信徒十三名を斬罪したが、明治六（一八七三）年、外交上不利であると政府は禁を解くことになる。

思想的立場からキリスト教を批判した代表に井上円了（一八五八〜一九一九）がいる。キリスト教を批判することにより仏教の擁護に努めたが、井上円了に至って最高潮に達したと言われる。

井上円了は東本願寺に生まれ、仏教界最初の文学士（東大哲学科）となり、大小百二十余の著述をし、明治二十（一八八七）年には哲学を諸学の基礎として哲学館を創設、明治三十七（一九〇四）年には江古田に哲学堂を建設し、釈迦、孔子、ソクラテス、カントの四聖を祀り、西洋哲学を吸収しつつ、東洋哲学の興隆に力を尽くした。

井上円了はキリスト教の有神論創造説が非科学的であるに対し、仏教は無神論であり、因果応報説は自然科学の因果律と一致し、科学に照らしてみても真理なることを主張した。

江戸時代、儒者の神儒一致論的立場から排仏論が、国学者の立場から仏儒二教排撃論が展開され、なかでも平田系神道の排仏思想は維新政府の対仏教政策に大きな影響を与えた。

平田篤胤（一七七六～一八四三）は江戸後期の国学者である。国学の大成者、本居宣長《もとおりのりなが》の著書に感動し、夢の中で宣長に入門を許されたと称して宣長の長子春庭の門下となり、後に宣長の所説に疑問を抱き、考証よりも国学の宗教化を進めた。秋田藩士、後に脱藩して江戸に出て、本居宣長没後の門人となり「復古主義」「国粋主義」の立場から復古神道を大成した。

激しい儒教批判・排撃と熱烈な尊王思想を幕府に危険視されて、天保十二（一八四一）年執筆禁止、江戸追放を命じられ、郷里秋田へ帰った。

彼の思想は非合理的・独善的要素が強いが、熱烈な尊王思想と排外主義の平田国学は地方の神官、村役人層等に広く信奉され、各地の多くの門人を通じ幕末の政局、尊王攘夷運動に大きな影響を与えた。『古史徴』『古道大意』等の著書がある。

本居宣長は、儒教的精神を排し古道をよく伝える『古事記』『日本書紀』『万葉集』等に学ぶべきことを唱え、『古事記』の中に儒教や仏教に影響されていない純粋な古代日本人の精神を見出した。(1)宣長の思想的側面を継承したのが平田篤胤で、宣長の古道説に宗教性を加え、復古神道として発展させた。

『出定笑語』(一八四一年)は、平田篤胤の著した仏教批判の書である。それは平田篤胤が関東での門下を増やすため、富永仲基の『出定後語』(一七四五年)や服部天淤の『赤倮倮』を参考にして著述したもので、付録では日蓮、親鸞を攻撃している。『出定後語』は仏教経典が、釈尊入滅後に成立したことを論証し、儒・仏・道教を批判した書であり、本居宣長が随筆『玉勝間』で本書を賞揚したため平田篤胤に注目された。

平田篤胤は神道と国学を結びつけ、復古神道説を提唱し、「純固なりし神ながらの道」(『神道玄妙論』)、この道が仏儒によって穢されたと仏教および儒教、習合神道を批判・排撃した。

神の子孫である天皇を直接崇敬の対象とする政治的実践思想のため勤皇家たちに信奉された。維新政府の発足に伴い、平田系の神道者たちはその宗教政策の立案者となった。

そこでまず新政府は古神道の真姿を再現しようと神仏習合の破棄を宣言した。この法令によって神仏分離の政策が実施され、仏像や経巻の破毀・焼却、廃寺・合寺、僧侶の還俗という廃仏毀釈にまで進んだのである。この廃仏毀釈の現象は各地に波及し、薩摩、隠岐、美濃苗木、松本、富山、佐渡、土佐の各藩において厳しく行われた。

その状態を見ると、薩摩藩は、明治二（一八六九）年三月以降はすべて神葬祭にするように指令し、六月には盂蘭盆会を廃止し、神道的祖先祭を制定した。一、〇六〇カ寺が破壊され、十一月には領内の全寺院を廃絶し、僧侶を還俗させ、仏像、経巻をことごとく焼き、石像類は壊して河原の堤等にし、寺院領は軍事費に充当した。

仏教徒はそれと抵抗して、ひそかに他県より一向末派の僧侶を招き入れ、夜中に辺鄙な野山、空閑房堂に仏座を設け、群居して法談を聴聞したとある。

隠岐においても慶応四（一八六八）年六月、全島で廃仏が断行され、一寺も残さず壊して本尊、法具、路傍の石仏・木仏に至るまでことごとく壊しつくし、僧侶も五十三人を還俗させて農業に従事させ、再興すべき形態にはない状況であった。

富山藩では一、九二三カ寺のうち一、六二九カ寺が廃寺となった。

信濃の諏訪神社で役人が諸仏堂の破壊を始めた時、近辺のお百姓さんが役人を中止させた。

信仰深い三河愛知県の大浜と越前福井の大野では、民衆を動員して積極的な抵抗運動が勃発した。(2)にもかかわらず、明治政府は神道の国教化を進め、国家神道とし、慶応四（一八六八）年三月、神仏分離令、さらに明治四（一八七一）年正月、上地令を発令し、寺領を没収あるいは削除し、境内地を除く寺有地はすべて上地を命ぜられ、しばらくは収納の五分の寺領を認められたが、七年に逓減禄制を公布し、十カ年間に全廃することになった。さらに明治四年、宗門人別寺請制度の廃止等が進められ、明治八（一八七五）年、地租改正の一環として仏事用以外の土地の上地が命じられた。従来は皇居内にも仏像や仏具が安置されていたが、宮中の葬式も神祇祭祀方式となった。一千有余年の伝統ある宮中での仏事法要はすべて廃止された(3)。

鎌倉の鶴岡八幡宮は明治維新まで鶴岡八幡宮寺と呼ばれ、お寺が主であった。仁王門輪蔵（経蔵）、多宝塔等、仏教的な建物は壊され僧侶は還俗させられた。奈良の興福寺五重塔は二十五円で売り出される状態だった。寛永寺、輪王寺等、徳川家に縁故の深い寺院は逓減制の適用から除外された。

筆者には、明治政府の神仏分離令、廃仏毀釈が現代社会にも大きな影響を及ぼし、誠に宗教的素養に乏しい現代人を生み出し、社会から宗教的基盤を喪失させ、無信仰亡国国家を形成する一因となっているように思える。

明治、大正、昭和、平成と時代は進み、仏罰とも言える第二次世界大戦にて大きな犠牲を払い、焼け野原となり、今日の日本へ復興はしたものの物質的繁栄国家の中で廃仏思想の伝統が芽を出し、継承され、開花しつつあり、廃仏思想には根強いものがあるように感じられる。

明治政府の失策、歴史の失敗を繙きつつ、現代社会に仏教の復興を念じずにはおられないのは筆者だけであろうか。

明治政府誕生以来、敗戦に至るまで近代史の中で永遠に変わることのない価値として教えられたものは、天皇に対する忠節の道であり、天皇への忠だけが不易の道として終戦まで強調された。

忠君愛国（君主に忠義を尽くし身命を惜しまぬこと、自分の国を愛すること）
八紘一宇《はっこういちう》（太平洋戦争期にわが国の海外進出を正当化するために用いた標語で、世界を一つの家にするの意）

八紘一宇は、田中智学が日本的世界統一原理として、明治三十六（一九〇三）年に『日本書紀』から抽出して造語したものである。

天皇の祖先である神々が無の世界の中に日本の国土を生み、そこに人民をつくり、その支配者を高天原から派遣してくれたという日本の歴史が教えられた。

敗戦までは日本人のすべては天皇に忠節を尽くし、天皇の国土である日本を愛することが日本国民として当然の義務であると教えられた。それが「忠君愛国」の実践であった。

日本は日清戦争（一八九四～九五年）、日露戦争（一九〇四～〇五年）、第一次世界大戦（一九一四～一八年）を経て、第二次世界大戦（一九三九～四五年）に国民は「忠君愛国」と「八紘一宇」の価値基準実践のため、生命と財産を捧げ、生命と流血の歴史となったのである。

戦前における理想的日本人に与えられた最も栄光あるシンボルは、金鵄勲章《きんしくんしょう》であった。明治二十三（一八九〇）年制定され、陸軍軍人に下賜され、終身年金を伴った。この勲章を胸に戦前の社会では胸を張って生きることができた。

終戦（昭和二十年八月十五日）一夜明けたらどうなったか。勲章はまったく無価値となり、戦犯の一つの条件にもなるマイナス価値へ変わった。

天皇への忠節は誤りとして取り消され、価値基準体系が百八十度の転換をとげる。古い時代の価値が否定された。忠君愛国、八紘一宇、天皇制護持の教説の否定であり、民主主義社会の建設に努力を惜しまない人こそ、最も期待される日本人の人間像に変わったのである(4)。

さて、今まで史実を検証したように、明治維新の仏教政策は、復古神道に始まった。神の子孫である天皇を直接崇敬の対象とし、政治的実践、思想となって、勤皇家たちに信奉された。

維新政府の発足に伴い、この平田系の神道者たちは、その宗教政策の立案者となった。そこでまず、古神道の真姿を再現しようと、神仏習合の破棄を宣言したのである。そして、天皇制に基づく神道国家政策を強引に推進した。

慶応四(一八六八)年、「神仏分離令」を発した。政府当局者の多くが、仏教に好感を持っていなかったこともあり、やがてそれは「廃仏毀釈」の風潮となった(5)。

廃仏毀釈により、寺院、僧侶は徹底的に減少せしめられ、「神葬祭の公認・奨励」、戸籍法の改正により、江戸時代の「檀家制」は封建遺制のなごりとして、近代寺院の確立に向けて漸次崩壊の道を歩む。寺院領は封建制領有地として、大名領地と同様に上知せしめられ、寺院は宗教的弾圧により、経済的にも著しく無力化する。しかしながら、国民の宗教は依然仏教であり、新政府に不満を持つ者も少なくなかった。外交政策上公認したものの、キリスト教の将来も懸念された。

政府は、国策を全面支持する教化機関として、現状、寺院は教化機関と改組されたが、期待の成果は上がらなかった。したがって政府は、近代的宗教政策として「学校教育の振興」に重点を置き、仏教に伝道の自由を与え、側面的にその施策に政府が協力する施策をとった。

仏教は、政府の保護下にて復興の道を辿り、封建遺制の整理教化機関への改組、仏教復興をなすことになる。

神仏分離により、神社における仏教的諸要素は徹却された。全国各地を襲った廃仏毀釈の嵐により、数万の寺院、仏堂は廃毀され、多数の僧侶は還俗、帰農を余儀なくされた。

明治四（一八七一）年五月、戸籍法を改正し、「宗門改乃至宗門人別帳作成」の撤廃により、檀家制度は、法的根拠を失い、国策としての江戸時代のような檀家制は廃止となった。廃仏毀釈による廃絶寺院の領有地、廃合寺院の跡地は、府、藩、県が没収し、あるいは士族、僧侶の帰農者に下付・払下げ、一般市民に払い下げて耕作、開墾させた。

明治八（一八七五）年七月「廃合社寺跡地処分について」、九月内務省達「廃合寺院跡並びに建物処分の規則」を発布している。

新政府は、諸大名の土地と人民支配権を取り上げ、社寺がその所領に対して持っていた土地と人民支配権も没収となった。社寺がその領有地に対して持っていた重要な行政的権限は、すべて府藩県において取り扱われることとなった。また、旧社寺領の地租収納事務は府藩県の管轄となり、改められた。

戦後、仏教の歩みは徐々に変容しているが、本質的には江戸時代の仏教の延長線上にあるといってよい。現代仏教の伝統的性格を理解するために、江戸仏教は今後、いっそう究明されなければな

らないであろう。(6)

寛文十一(一六七一)年、キリスト教を防止するために寺檀制度をつくり、幕府は、寺請証文によって檀那寺に所属することを証明させるとともに、「宗旨人別帳」を各寺院に作成させた。

江戸仏教の最も大きな遺産は、寺檀制度である。信教の自由の名のもとに、明治政府は、教育の場からも仏教を完全に追放したが、三世紀続いた寺檀制度は、一朝一夕にして解体するものではなく、基本的には現代まで残存している。一般の庶民の生活の中に浸透した江戸仏教の功績は大きいと言えよう。

二十世紀は戦争の世紀であった。大勢の人が、敵味方双方、国家間の戦争の犠牲者となった。二十一世紀は、平和な、戦争のない新世紀を願ったが、今日なお地球から戦争はなくならない。不殺生をもっとアピールすべきで、殺人者のいない国、交通事故死のない国を願ってやまない。人の命ほど尊いものはないのだから。

日本は資源の少ない国である。教育を通して、質の高い技術力による発明や発見により、付加価値の高く質の高い製品を開発し、国際社会に貢献し、評価を得る能力を持った、優秀な国民である。そこには「教育立国」という重要課題があろう。

日本は仏教伝播の古代より仏教国であり、仏教の歴史が日本史を貫く。仏教は、寛大な和の精神を根本とし、融和共生(ともに生きる)精神を重要視し、信頼に足りる日本人の心を形成している。

今後日本社会は、少子化を阻止し、子どもの出生率を高め、人口増を呼び戻す施策を積極的に推進せぬ限り、国力は低下し、経済力も消費も低迷し、繁栄国家は遠のくであろう。アメリカ同様の多民族混血、多人種社会となり、日本社会は大きく変貌することになろう。

日本人とは何か。今、日本人は優秀であるとの国際的評価の中で、文化や宗教、日本社会の伝統を大切にしつつ、国際社会への貢献についても充分議論し、万機公論に決し、日本の将来について、よい方向を皆で考えて、舵取りをせねばならぬ状況が訪れているのではなかろうか。

「戦争放棄」（日本国憲法第九条）は、戦争という大きな犠牲を払った史実を忘れぬためにも、戦争への歯止めとして、戦い好きな日本、アメリカにとって重要な教訓になるであろう。ノーモア広島であり、戦争は二度と起こしてはならぬという戒めである。優秀な日本人、そしてともに生きる国際社会、二酸化炭素の削減や平和貢献など、自他ともどもの繁栄のために、何か良い智慧、方策があるのではなかろうか。

私たちは、子々孫々日本人であり続けるのだから。

〔注〕

（1）林陸朗ほか（編）『日本史総合辞典』東京書籍、一九九一年。
（2）千葉乗隆、北西弘、高木豊『仏教史概説　日本篇』平楽寺書房、一九六九年。
（3）松尾剛次『仏教入門』岩波ジュニア新書三二二、一九九九年。
（4）笠原一男『現代人と仏教』評論社、一九七一年。

（5）千葉乗隆、北西弘、高木豊『仏教史概説　日本篇』平楽寺書店、二三〇頁、一九六九年。
（6）宮坂宥勝『日本仏教のあゆみ―その歴史を読み解く』大法輪閣、三二〇頁、一九七九年。

あとがき

青年時代、誰の人生も同様であろうが、アイデンティティーの形成が求められる。人生の有限性に気づき、「生死度脱の道」を求め、先達の叡智を尋ね、求道的研究に専念した若い日を思い出す。哲学や宗教書を通して苦悩を解決し、生きる意味を探究する日々であった。

親鸞聖人の、生死度脱の仏智探索の生涯に興味を持ったが、実存主義の哲学者カミュ、ニーチェ、キルケゴール等の苦悩解決の哲学的思索や、親鸞教学のみならず仏教学の領域にも宝を求め入山した感がする。比較思想に興味を持ち、親鸞の三願転入とキルケゴールの美的・倫理的・宗教的実存の比較研究を行った時期もある。宗教的実存、生死を度脱した永遠なる境遇を若き日の筆者は求めていたのであった。

実存主義の人間探究も心を躍らせ面白かったが、「生死度脱の道」という思春期からの人生のテーマ、問題の所在、その解決の叡智が仏教思想にあり、浄土教にあることを悟り、印度学、仏教学の学問研鑽の道も大切に思い、主体的に仏教書を多く繙く日々が続いた。恩師、西義雄先生の恩師、仏教の心理学的考察を展開なさった木村泰賢先生の名著『大乗仏教の思想論』（全集第六巻、大法輪閣）

にて、生死度脱の道は「正覚（本願）」にあることに気づかされた。天台本覚思想の専門家である大学の恩師、田村芳朗先生は、「大切な叡智に割に早く気づいたね」と犒《ねぎら》いのお言葉をくださり、安堵の表情をなさったことを思い出す。もう四十年以上昔の院生時代の、今となっては懐かしい思い出である。

晩年の金子大榮先生の京都のご自宅に、出版社の編集長をしていた院生時代の友人とお伺いした時、「仏教は聞思の道に究まる」とのご教示が遺言の如く心に響いた。『如是我聞』という著述が筆者の本棚には残っている。

己が能をよく思量し、聞法求道したことをよく吟味し、聞思修する道の実践者として、大乗仏教の宣布、すなわち伝道、一宇を建立し、拠点づくりという仏教の実践に猛進する人生行路を進むこととなった。二十四歳の時が出帆であり、すでに四十二年の歳月が光陰矢のごとく流れている。「宗教はなぜ必要か」という、若い時からの筆者にとっても大切な宗教的なテーマは、大乗仏教の心の理解の重要性を論じ、『十住毘婆沙論　易行品講義』と『観無量寿経講義』『阿弥陀経講義』『大無量寿経講義』（山喜房佛書林刊）の三部経の著述を著すことになり、了解を求められた。『孫・子に贈る親鸞聖人の教え』（中外日報社発行、法藏館発売）、『親鸞聖人の救済道』（国書刊行会刊）、『蓮如　北陸伝道の真実』（北國新聞社刊）、『蓮如の福祉思想』（北國新聞社近刊）もその軌跡といえる。

大乗仏教の時機相応の教えに基づき、『仏教エコフィロソフィ』（国書刊行会）も刊行したが、万般大乗仏教の心が根本となっている。決して一宗一派のセクショナリズム（sectionalism）や我田引水思想によるものではない。

　セクショナリズムは、もともと地方的な偏見と排他性を意味していた。今日では公私の官僚的な組織や集団の中に生じる派閥や部局の割拠主義を総称し、権限や予算をめぐる官僚間の「縄張り争い」に典型的に見られるように、同じセクションに属する者同士が共同の利害関心、つまり利益の追求と不利益の排除を求め、感情によって内集団として結合・連帯する一方、他を外集団と見なし、対立・抗争する現象をいう。いわゆるインタレストグループ（interest group）であり、ある特別の利害、関心、欲求、価値の維持・遂行のため組織化された集団である。よく聞かれる「派閥」「閥」である。社会や集団の内部にて何らかの私的な属性、関係に基づいて成立した非公式な部分集団であり、成員の勢力維持と拡大を図るものである。

　政党の派閥はよく知られる通りであるが、「何々宗何々派」という宗教団体においても一宗一派の偏見がいまだに教育され、僧侶の思想にも、集団にも、セクショナリズムが今日も残存している。小乗仏教ならぬ派閥仏教である。

　筆者の姿勢は大乗仏教の思想大系にて仏教把握に努めている。大乗仏教教団としてわが国は、大きな、広い、大乗仏教相応の地としての精神を継承し、再興せねばならぬ時を迎えている。信仰は、大切な孫子に継承されるものであることは皆が賛同するに違いない。その一方、無信仰は亡国に至るのではないかという護国愛理の思想が、宗教はなぜ必要かという筆者の一思索にもなっている。その大乗仏教の心、思いを拙論としてまとめたのが本著である。

院生時代より親交のある国書刊行会の佐藤今朝夫社長および今野道隆編集ご担当のご高配により、小著が誕生することとなった。

浅学菲才の点はご指導賜われば幸いである。

平成二十三年春

蓮如山　阿弥陀寺にて筆者識す

宇野弘之（うの・ひろゆき）

1944年、愛知県生まれ。宗教哲学者。1969年、東洋大学大学院文学研究科修士課程修了、1972年、同大学院博士課程でインド学仏教学を専攻研鑽。

1998年4月、介護福祉士養成校として専門学校「新国際福祉カレッジ」（介護福祉学科）、救急救命士養成校として「国際医療福祉専門学校」（救急救命学科）千葉校を設置し、学校長に就任。2004年4月、千葉校に精神保健福祉学科および通信制、理学療法学科を増設。2007年4月、石川県七尾市に救急救命士、理学療法士、作業療法士を養成する国際医療福祉専門学校の七尾校、2011年4月、岩手県一関校に救急救命学科を設置し、学校長に就任。

●主な役職

【宗教法人】浄土真宗　霊鷲山　千葉阿弥陀寺住職

【学校法人】〔阿弥陀寺教育学園〕能満幼稚園・ちはら台幼稚園・専門学校新国際福祉カレッジ・国際医療福祉専門学校　各理事長
〔宇野学園〕千原台まきぞの幼稚園・おゆみ野南幼稚園　各理事長

【社会福祉法人うぐいす会】特別養護老人ホーム誉田園・介護老人保健施設コミュニティ広場うぐいす園・ケアハウス誉田園・指定障害者支援施設こころの風元気村・稲毛グループホーム・デイサービスセンターはなみずき　各理事長

【社会福祉法人おもいやり福祉会】ちはら台東保育園理事長

【有料老人ホーム】敬老園ロイヤルヴィラ（稲毛・西船橋・八千代台・大網白里・札幌・東京武蔵野・千葉矢作台・千葉城そば）・敬老園サンテール千葉・ナーシングヴィラ（東船橋・浜野・八千代台）　各理事長

【医療法人社団シルヴァーサービス会】シルヴァーサービス会理事長、介護老人保健施設船橋うぐいす園・デイサービスセンター矢作　各理事長

【霊園】メモリアルパーク千葉東霊園・佐倉メモリアルパーク・船橋メモリアルパーク・市川東霊園・市川聖地霊園・メモリアルパーク市原能満霊苑・桜の郷花見川こてはし霊園　各管理事務所長

●主な著書

『大無量寿経講義』『阿弥陀経講義』『観無量寿経講義』『正信念仏偈講義』『十住毘婆沙論 易行品講義』（以上、山喜房佛書林）、『大乗仏教の社会的救済実践とその思想――仏教福祉学序説』『大乗仏教の社会的救済実験とその系譜』『心の風邪治療法』『心の病の人間学』『仏教精神生活療法』『宇宙法則の発見』（以上、阿弥陀寺教育学園出版局）、『孫・子に贈る親鸞聖人の教え』（中外日報社発行、法藏館発売）、『蓮如　北陸伝道の真実』（北國新聞社）、『「心の病」発病メカニズムと治療法の研究』『住職道』『高齢化社会における介護の実際』『親鸞聖人の救済道』『仏教エコフィロソフィ』（以上、国書刊行会）

無宗教亡国論——宗教はなぜ必要か

2011年9月12日　初版第1刷発行

著　者　　宇野　弘之
発行者　　佐藤今朝夫

〒174-0056　東京都板橋区志村1-13-15
発行所　**国書刊行会**
TEL.03(5970)7421(代表)　FAX.03(5970)7427
http://www.kokusho.co.jp

装丁　Cforce
印刷　三報社印刷株式会社
製本　株式会社ブックアート
落丁本・乱丁本はお取替いたします。
ISBN978-4-336-05420-3

住職道

宇野弘之　現代社会における寺院の役割りを大乗仏教精神による衆生済度の念からの考察・実践過程から明らかにする。都市における布教の実際から、高齢化社会への奉仕、仏教精神による教育活動など著者二十五年の「住職道」。

四六判・上製　一二四頁　二〇三九円

高齢化社会における老人介護の実際

宇野弘之　有料老人ホームの質・量が強く問われる社会状況がすでに始まっている。仏教福祉の実践者がこれまでの全国十数施設の有料老人ホーム経営と老人介護の実際から、現場のケアー実例を資料・写真で明らかにする。

四六判・上製　一五二頁　二〇三九円

「心の病」発病メカニズムと治療法の研究　精神保健福祉学序説

宇野弘之　臨床福祉の現場にある著者が、現代ストレス社会にあって心の病で苦しむ大勢の人たちの治療救済の道を探究した成果。西洋思想の上に東洋思想とくに仏教思想を加味して論述する。

A5判・上製　二七六頁　三九九〇円

※表示価格は税込

親鸞聖人の救済道　臨床の視座

宇野弘之　単なる机上の理論ではなく、病人を診断し治療する臨床の視点から、親鸞聖人の臨床的実践思想を探求し、人間救済道を説く。

四六判・上製　三〇四頁　二九四〇円

仏教エコフィロソフィ

宇野弘之　自然との共生を目指し、低炭素社会をを実現する大乗仏教思想「仏教エコフィロソフィ」。世界の温暖化対策の動向を解説し、日本での取り組みも紹介。今からすぐ始められる身近な温暖化対策も多数紹介する。

四六判・上製　三四一頁　三五七〇円

法王さま、親鸞が答えます　なぜ、わたしはクリスチャンにならなかったか

入井善樹　ヨハネ・パウロ二世の仏教批判は、経典や祖師の教えに対しては間違っている！キリスト教へ向けられる著者の真摯な反論は、等しく真宗の伝統教学（＝蓮如教学）にも向けられる。仏教徒、キリスト教徒、共に必読の比較宗教論。

四六判・上製　二七二頁　一八九〇円

※表示価格は税込

慈悲の教育　仏教教育選集①

齋藤昭俊　仏教教育の指導原理と理念を探り、日本における展開を歴史的に調査。現代の教育へ活かす指針を提示する。特に近世の寺子屋教育の実態について豊富な資料で論述。

A5判・上製函入　二八〇頁　六〇九〇円

仏教教育の展開　仏教教育選集②

久木幸男編　日本における仏教教育のあり方を、①古代・官僧教育とその周辺、②中世・顕密仏教のトリレンマ、③近世・寺院法度の内と外の三部構成・八論文で詳細に論究する。

A5判・上製函入　四一六頁　八六一〇円

仏教と教育学　仏教教育選集③

和田修二編　仏教と教育学の関係を八人の碩学が詳細に検討。日本人の伝統文化である仏教を実践教育に活かすための指針となるであろう。

A5判・上製函入　三四四頁　七一四〇円

※表示価格は税込

仏教と道徳　仏教教育選集④

成瀬良徳　日本人の道徳・倫理の形成に仏教はどのように関わってきたのか。古代インド思想、儒教、西洋思想なども含め総合的に論究。

Ａ５判・上製函入　三六八頁　八〇八五円

仏教教育の実践　仏教教育選集⑤

神　仁　寺院は社会とどのように関わっていけるのか。今日的寺子屋教育の実践活動を通して、寺院を中心とした教育活動の可能性を提示する。

Ａ５判・上製函入　三三六頁　六〇九〇円

仏教と生き方　仏教教育選集⑥

齋藤昭俊　仏教という宗教は人々にどのような生き方を教えてきたのか。仏法即人生のあり方について鋭く論及する。

Ａ５判・上製函入　三二八頁　七三五〇円

※表示価格は税込